Pamela Obermaier | Petra Falk

Gut gebrüllt und schon gewonnen

Pamela Obermaier | Petra Falk

GUT GEBRÜLLT UND SCHON GEWONNEN

Was Ihre Stimme über Sie verrät und wie Sie ihre Kraft wirkungsvoll einsetzen

GOLDEGG VERLAG

Bildrechte Autorenfoto: Christian Rudolf
Bildrechte Umschlag: © GlobalP – istockphoto.com

Verlag und Autorinnen sind für Reaktionen, Hinweise oder Meinungen dankbar. Bitte wenden Sie sich diesbezüglich an verlag@goldegg-verlag.com.

Der Goldegg Verlag achtet bei seinen Büchern und Magazinen auf nachhaltiges Produzieren. Goldegg Bücher sind umweltfreundlich produziert und orientieren sich in Materialien, Herstellungsorten, Arbeitsbedingungen und Produktionsformen an den Bedürfnissen von Gesellschaft und Umwelt.

ISBN Print: 978-3-903090-96-5
ISBN E-Book: 978-3-903090-97-2

Friedrichstraße 191 • D-10117 Berlin
Telefon: +49 800 505 43 76-0

Goldegg Verlag GmbH, Österreich
Mommsengasse 4/2 • A-1040 Wien
Telefon: +43 1 505 43 76-0

E-Mail: office@goldegg-verlag.com
www.goldegg-verlag.com

Layout, Satz und Herstellung: Goldegg Verlag GmbH, Wien
Druck und Bindung: EuroPb, CZ

Stimmen sind hörbare Stimmungen.
Andreas Tenzer (deutscher
Philosoph und Pädagoge, *1954)

*Für meine Mutter, die mich nicht nur
das Sprechen gelehrt, sondern auch meine
Liebe zu den Worten geweckt hat.
Für meinen Vater, bei dem mich immer beeindruckt hat,
wie selbstsicher und gekonnt er mit den Menschen redet.
Für meinen Lebenspartner Stefan, dessen sonore
Stimme mich von Beginn an genauso gefesselt hat
wie das, was er zu sagen hat und wie er es sagt.
Und für meinen Cousin Raphael, durch den ich bereits
als Kind entdeckt habe, welch wichtiges Instrument
unsere Stimme und welch machtvolles Werkzeug
unsere Fähigkeit zu sprechen und zuzuhören ist.*
Pamela Obermaier

*Für meine Eltern, die immer zugelassen
haben, dass ich meine Stimme erhebe – auch
wenn das manchmal unbequem war.
Für meine geliebten Kinder. Denn durch sie darf
ich täglich erfahren, wie Worte wirken und lenken
können, wenn sie die richtige Tonalität haben.
Für meinen Wegbegleiter und Lebensgefährten
Willi, der mich während der Entstehung dieses
Buches in jeder Sekunde unterstützt hat.
Für die Lehrer und Vorgesetzten in meinem Leben, die
mir dabei geholfen haben, meine Talente zu entfalten.
Und für die hunderten Menschen, die sich
mir im Training anvertraut und mir so über ihre
Stimme einen Blick in ihre Seele erlaubt haben.
Vielen Dank für dieses große Vertrauen.*
Petra Falk

Inhaltsverzeichnis

Geleitwort von Frank Hoffmann

Liebe Leserin, lieber Leser,

die Stimme und ihr Gebrauch sind ein sehr sensibles und höchst kompliziertes Zusammenspiel von physiologischen wie physikalischen Komponenten. Das beginnt beim Atem und dessen Steuerung durch das Zwerchfell und endet bei der Formung des Tons im Kopfraum, bevor dieser hörbar wird. Aber bei all dem darf nicht übersehen werden, dass die Sprache nur das Vehikel für das ist, was sich im besten aller Fälle zuvor im Gehirn des Stimminhabers geformt hat. Daher die Regel aller Regeln: Sprich niemals schneller als Du denken kannst!

Selbstverständlich ist ein bewusster, ja möglicherweise sogar geschulter Einsatz der Stimme durchaus vorteilhaft. Besonders dann, wenn der Adressat des gesprochenen Worts die in der Sprachschule erworbenen Kenntnisse nicht mehr durchschimmern hört. Wenn also folgende Voraussetzungen gegeben sind: ein bewusster Einsatz der Stimme/Sprache und der zuvor wohlerwogene Inhalt der Mitteilung, dann kommt es darüber hinaus noch auf die persönliche – vielleicht sogar auf die unverwechselbare – Note des Sprechers oder der Sprecherin an. Das betrifft den Klang der Stimme ebenso wie die Sprachmelodie. Die einzigartige Sprachmelodie eines Oskar Werner machte sicher einen nicht unwesentlichen Teil der Magie dieses Jahrhundertschauspielers und Rezitators aus. Wurde er synchronisiert – wurde ihm also eine fremde Stimme unterschoben –, blieb zwar immer noch die optische Faszination, aber ein wesentlicher Teil seiner Wirkung wurde amputiert.

Und hier bin ich bei meiner sehr unvollständigen Betrachtung von Stimme und Sprache schließlich noch beim Stimmklang. Es gibt den sympathischen und den eher als unsympathisch empfundenen Stimmklang, wobei die tieferen Stimmlagen zumeist als angenehmer empfunden werden als die hohen. Weshalb das so ist und ob für diese offensichtliche Ungerechtigkeit womöglich in den Tiefen unseres Gehirns gespeicherte Informationen aus den Urzeiten der Menschheitsgeschichte verantwortlich sind, entzieht sich meiner Kenntnis.

Eines ist jedoch sicher: Ein wesentlicher Teil einer abgerundeten Persönlichkeit – weiblich wie männlich – ist die Fähigkeit, die eigene Stimme in maximaler Weise zum Vorteil des Geäußerten einsetzen zu können. Beim Erlangen dieser Fähigkeit wird Ihnen dieses Buch auf angenehme Weise behilflich sein!

In diesem Sinne: Viel Freude beim Lesen wünscht
Frank Hoffmann

Vorworte zweier Stimmliebhaberinnen

Liebe Leserin, lieber Leser,

es gibt viele Bücher, die sich mit Stimmbildung und Sprechtechnik beschäftigen. Sie werden schnell feststellen: Unser Buch ist anders! Zwar finden Sie im zweiten Teil sehr wohl auch praktische Übungen, die Sie sofort ausprobieren können, aber unser Fokus liegt auf der »Psychologie des Sprechens«: Wir nehmen Sie mit auf eine Reise, durch die Sie erfahren werden, wie sich der Zusammenhang zwischen Psyche und Stimme, Wohlbefinden und Sprechweise und Persönlichkeit und Art zu sprechen gestaltet. Auf diese Weise werden Sie erfahren, was Ihre Stimme und Ihre Sprechweise über Sie verraten – und können dann entscheiden, ob das so stimmig ist oder ob Sie das lieber verändern möchten. Damit wir Ihnen ein besonders reichhaltiges Abbild dieses Bezugs von Stimme und Sprecher und der damit verbundenen Wechselwirkung bieten können, kommen unterschiedliche Menschen zu Wort, die uns interessante und wertvolle persönliche Einblicke in ihre Erlebnisse und ihr Wissen gewährt haben, was jeweils unsere eigenen Beobachtungen und Erfahrungen bestätigt hat. Lassen Sie mich gleich mit meiner eigenen allerersten einsteigen:

Als ich gerade sechs Jahre alt geworden war, kam mein Cousin zur Welt, und zwar ohne das Geschenk des Augenlichts. Er war folglich ein ganz besonderes Kind, musste sich auf seinen Tastsinn, sein Gehör, sein Gespür für die Umgebung und nicht zuletzt auf die Stimmen seiner Mitmenschen verlassen. Ich habe ihn vom ersten Tag an liebgehabt und außerdem hat er mich fasziniert, als er älter wurde: Für ihn waren es vordergründig die Stimme und die mit ihr gebildeten Aussagen eines Menschen, von denen er darauf schließen können musste, wie dieser sich fühlte und welches Ziel er gerade verfolgte – denn Mimik und Gestik fehlten ihm für diese Einschätzung gänzlich. Uninteressant war deshalb für ihn auch das in unserer Gesellschaft ohnehin überbewertete Aussehen einer Person. Mir war schnell klar: Was bedeutend für die Kommunikation mit ihm war, konnte nicht das Nonverbale sein, sondern alles, was mittels menschlicher Stimme transportierbar ist. So konnte ich durch ihn in eine völlig neue Welt eintauchen und lernte bereits als Kind einen äußerst bewussten Umgang mit meiner Stimme. Es liegt in der Natur der Sache, dass wir beide am liebsten Hörspiele horchten, uns über Bücher unterhielten und später die größte Freude daran hatten, fiktive Radiosendungen auf Tonband aufzunehmen und uns so als Moderatoren zu versuchen.

Alles rund um Stimme, Sprache und Sprechen hat mich wohl auch deshalb von klein auf fasziniert. Was für ein spannendes Thema! Wie ich »nur« durch den unterschiedlichen Einsatz meiner Stimme – tief und fest angesetzt oder eher lieblich weich und höher – in gänzlich verschiedene Rollen schlüpfen und dadurch in unterschiedlichen Situationen, je nach Bedarf, vermutlich wie eine völlig andere Person wirken kann, finde ich bis heute erstaunlich. Sich auf diese Weise immer wieder neu zu erfinden, auszuprobieren, wann welche Stimmstrategie zum gewünschten Erfolg führt, hat mir von jeher gefallen. Und was welche Stimmlage und welche Art zu sprechen beim aktuellen Gegenüber auslöst und bewirkt, empfinde ich ebenfalls als ausnehmend interessante Angelegenheit, ist es doch Teil meines Arbeitsfeldes als Vortragende, Kommunikationsexpertin, Trainerin und Moderatorin. Bevor es allerdings so weit war, dass ich diese Leidenschaft zum Beruf machen konnte, habe ich viele weitere Erfahrungen rund um die Stimme und das Sprechen gemacht: Innerhalb des Studiums der Deutschen Philologie gab es etwa das Fach »Sprachwissenschaft«, im Rahmen dessen ich Sprachinselforschung anhand des »Zimbrischen« in Lusern betrieben habe. Lusern ist eine Ortschaft in der oberitalienischen Provinz Trient, in der nicht mal dreihundert Menschen leben, von denen neunzig Prozent Zimbrisch sprechen. Diese Sprache ist eine traditionelle oberdeutsche Sprache, die zu den südbairischen Mundarten zählt und insgesamt von nicht mehr als tausend Menschen gesprochen wird. Ich fand das unheimlich packend, im Zuge der Exkursion in diesen verlassenen Ort mit den dort ansässigen Menschen zu reden, die Interviews zu transkribieren und zu übersetzen. Während der Gespräche kam ich nicht umhin zu bemerken, wie stark mein Verstehen dieser fremden Sprache davon abhing, auf welche Weise mein jeweiliges Gegenüber seine Stimme zum Einsatz brachte. Spannungsreich war außerdem, was ich auf der Universität in meinem Nebenfach, der Psychologie, gelernt habe, weil ich schon damals Zusammenhänge zwischen Krankheitsbildern und Stimme und damit Psyche und Stimme sowie Wohlbefinden und Stimme feststellen konnte. Das passte zu meinen eigenen Erlebnissen, denn während meiner Gesangsausbildung, also in jener Zeit, in der ich regelmäßig mit meinem Stimmwerkzeug gearbeitet und fleißig Atemübungen gemacht habe, war mir bereits aufgefallen, wie entspannend das auf mich wirkte, als ich es mal zulassen konnte, den Bauch beim Atmen weit hinauszustrecken, und dass sich das Singen beinahe wie eine Art Therapie angefühlt hat. Im Studium wurde dann klar: Nicht nur die Stimme hat Einfluss auf mein Wohlbefinden und auf meine zwischenmenschlichen Beziehungen, sondern umgekehrt haben auch meine Erlebnisse und wie es mir ergeht, Auswirkungen auf den Klang meiner Stimme – und depressive Menschen, so lernte ich, sprechen besonders leise, monoton und verhalten. Das fand ich bemerkenswert. Nachhaltig in meinen Beobachtungen und Erfahrungen bestätigt hat mich dann vieles von dem, was ich während meiner neurolinguistischen Ausbildung feststellen konnte: Wir klingen, wie wir uns fühlen und wir fühlen uns so, wie wir klingen – und wir wirken durch die Art, wie wir klingen!

Was ich auch im privaten Umfeld immer wieder gesehen habe und mich darin bestärkt hat, dass dieses Buch für viele hilfreich und fesselnd sein dürfte: Der spielerische Umgang mit den eigenen Sprechwerkzeugen fällt nicht jedem leicht. So bin ich stets von Neuem überrascht, wenn ich mit durchaus selbstbewussten, erfolgreichen und auf zahlreichen Gebieten bewundernswerten Frauen in einem Lokal zusammensitze und diese gerne etwas bestellen oder später zahlen würden, es aber aus irgendeiner Hemmung heraus nicht wagen, stimmlich präsent genug zu sein und sich beim Kellner Gehör zu verschaffen, weshalb sie zigmal schlichtweg überhört werden. Wenn ich dann nach mehrmaligen schüchternen und leisen Anläufen meiner jeweiligen Begleitung mit meinem zuweilen recht lauten Organ »Dürfen wir bitte zahlen?« durch den Raum rufe, kommt es nicht selten vor, dass ich von ringsum erstaunte bis beinahe vorwurfsvolle Blicke ernte. Das ist man von Frauen nach wie vor nicht gewöhnt, eventuell ziemt es sich gar nicht für das schwache Geschlecht, die Stimme derart laut zum Einsatz zu bringen, weil das nun mal als unweiblich gilt. In derlei Situationen wird mir eindringlich bewusst, wie stark Sprach- und Stimmentwicklung mit Persönlichkeitsentwicklung zusammenhängt – und dass das eine kaum vom anderen trennbar ist. Dass ich von Berufs wegen reden darf und mir andere Menschen dabei zuhören, ist etwas, das mich dankbar und glücklich macht. Und wenn ich jene, die nicht so gern vor Publikum reden, ein Stück weit dabei begleiten darf, ihre Komfortzone zu verlassen, bis sie sich wohl genug fühlen, das eines Tages mit einer gewissen Freude – oder wenigstens ohne Ängste und Schweißausbrüche – zu schaffen, dann stimmt mich das froh und auch stolz.

Dieses Buch soll Ihnen den Zusammenhang zwischen Ihrer Persönlichkeit, die in Ihnen steckt, und der dazu stimmigen Stimme genauso näherbringen wie Ihnen Lust auf das Spielen mit Ihrem Sprechorgan machen – und zwar unabhängig davon, wie alt Sie sind. Fühlen Sie sich am Leben, entdecken Sie sich neu und verleihen Sie Ihrer Persönlichkeit den Ausdruck, den sie verdient, indem Sie Ihre wahre Stimme und Ihre optimale Art zu sprechen freilassen! Denn vergessen Sie nicht: Wer sich verstanden fühlen will, muss sich verständlich machen – und wer im positiven Sinne gemeint gut brüllen kann, hat meist schon gewonnen! Und dabei geht es nicht darum, besonders laut oder grob zu sein, sondern wie ein Löwe die volle Kraft, den gesamten Umfang sowie die komplette Bandbreite der eigenen Stimmmöglichkeiten zu erkennen und zu entfalten. Das Bild vom König der Tiere hilft Ihnen, zu erfassen, was genau gemeint ist: Ein Löwe kann sich schon Gehör verschaffen, indem er nur leise etwas von sich gibt – das reicht, um Aufmerksamkeit zu bekommen. Wenn er seine Umgebung hingegen niederbrüllt, verschüchtert er womöglich alle Anwesenden. Übersetzt bedeutet das: Menschen, die vielleicht durchgehend zu laut sind, können sich in ihrem Brüllen ein wenig zurücknehmen und einen sanfteren Weg der Kommunikation und des eigenen Ausdrucks finden, um weniger anzuecken und besser anzukommen. Auch dabei will dieses Buch zur Seite stehen.

In diesem Sinne wünsche ich Ihnen viel Freude beim Lesen und beim bewussten Erfahren und Entdecken Ihrer wahren Stimme!

Herzlichst,
Pamela Obermaier

Liebe Leserin, lieber Leser,

Stimmen können verzaubern, ermuntern, verführen, umgarnen, schmeicheln, nerven, bedrücken, ermüden und vieles mehr. Dieser Tatsache war ich mir schon in frühester Kindheit bewusst. Ich weiß noch, wie mich einige Stimmen aus Radio und Fernsehen völlig in ihren Bann gezogen, ja nahezu hypnotisiert haben. Andere hingegen, wie zum Beispiel die Stimmen der Zeichentrickfigur Helmi oder des Clowns Enrico, sind mir durch Mark und Bein gegangen und haben mir sogar körperliches Unbehagen bereitet. Wie sehr konnte ich Menschen bewundern, wenn sie sich sprachlich und stimmlich ausdrücken konnten – das führte schließlich so weit, dass ich davon geträumt habe, selbst einmal auf der Bühne oder vor dem Mikrofon zu stehen. Jahre später habe ich mir diesen Traum schließlich erfüllt. Ich habe zunächst eine klassische Radiojournalismus- und Sprecherausbildung gemacht, die mir das übliche Rüstzeug mit auf den Weg gegeben hat: Neben dem journalistischen Schreiben habe ich das Sprechen am Mikrofon erlernt. Zum Beispiel, dass man ein Hauptwort besonders stark betonen muss, wenn es vor einem Zeitwort steht, außer es wurde vorher bereits gesagt und derlei Dinge. Doch irgendetwas hat gefehlt. Lange habe ich nicht gewusst, was es ist, bis ich dahintergekommen bin, dass Sprache und Stimme mehr sind als bloßes »technisches Werkzeug«. Also bin ich der Sache auf den Grund gegangen und habe in München eine Lehrerin gefunden, die mir auf erstaunlich anschauliche Weise nähergebracht hat, wie Sprechtempo, Sprechmelodie, Stimmklang auf uns wirken. Diese großartige Frau hat zum Beispiel absichtlich besonders hektisch gesprochen, also ganz schnell und zack-zack-zack-zack-zack, und ich habe gemerkt, wie ich Herzklopfen bekommen und flacher geatmet habe. Ich habe auffallend stark auf die Art reagiert, mit der sie mit mir gesprochen hat. Und dann hat sie mir einen verschrumpelten Apfel hingelegt und mich aufgefordert, davon abzubeißen. Und ich sagte angewidert, dass ich das nicht will. Sie hat das alles auf Band aufgenommen und darauf konnte ich später hören, wie ich plötzlich in diesem ganz engen E gesprochen habe – das passiert, wenn man eine Abneigung entwickelt und dadurch automatisch das Kinn leicht zurückzieht, wodurch sich die Kehlkopfstellung verändert und man Hals und Ohren zum Klingen bringt, was die Stimme gepresst, halslastig und kehlig klingen lässt und somit die gewollte Distanz zum Ausdruck bringt. Das hat mich beeindruckt. Ich hielt mit dieser Ausbildung ein Regelwerk fürs Sprechen, für die Intonation an sich in Händen. Was mir allerdings gefehlt hat, war die Information darüber und das dazugehörige Erlernen davon, dass man das, was man liest, auch erleben muss, damit es glaubwürdig und authentisch rüberkommt. Ansonsten klingt es immer ein bisschen so, als würde man ein auswendiggelerntes Gedicht aufsagen. Das hat mich gestört, also habe ich weiter nach einer Lösung gesucht.

In einem ersten Schritt habe ich mir angesehen, wie das im Schauspiel funktioniert. Ich wollte der Frage auf den Grund gehen, wie es sein kann, dass eine Angelina Jolie vor der Kamera einen hysterischen Anfall bekommt und das so echt wirkt. So habe ich herausgefunden, dass gute Schauspieler ihre Komfortzone komplett verlassen können, wenn sie eine Rolle ausfüllen. Sie (er)leben das, was sie vorspielen, als wäre es echt. Und das dazugehörige Sprechverhalten zieht dann mit. So wurde mir schnell klar: Es gibt eine Wechselwirkung zwischen dem Sprechverhalten, der inneren Haltung und dem Hormonhaushalt. Fakt ist nämlich: Wenn ich mich drei Minuten in Siegerpose vor den Spiegel stelle und mich dabei wie eine Gewinnerin fühle, ist eine halbe Stunde später in meinem Blut messbar, dass der Testosteronspiegel gestiegen ist, während der Cortisolspiegel gesunken ist. Es nützt deshalb nichts, wenn uns ein Lehrer sagt: »Sprich, als wärst du dominant!«, wenn wir uns schüchtern und unsicher fühlen. Auch die gutgemeinten

Tipps á la »Du musst jetzt präsent sein, den Mund weiter öffnen und die Punkte am Ende der Sätze sprechen!« bringen letztlich nichts, wenn die innere Haltung nicht stimmig ist. Weil Sprechen nun mal eine Form des Verhaltens ist – schon im Begriff »Verhalten« kommt ja das Wort »halten« und damit die innere Haltung vor –, wird jemand, der hart an seiner Technik arbeitet, zwar eine bestimmte Rede, auf die er sich lange und gut vorbereitet hat, zufriedenstellend halten können, aber danach sofort wieder in sein altes Muster zurückkippen, solange sich psychisch und mental nichts verändert und entwickelt hat. Ausgehend von dem Begreifen, dass der Einsatz von Stimme und Sprache ein Verhalten ist und Verhalten immer von alten Strategien und Mustern geprägt ist, begann ich zu recherchieren, ob es Studien über den Zusammenhang zwischen Psyche und Stimme gibt. Seriöse Studien zur Beeinflussung der psychischen Befindlichkeit auf das Sprechen und den stimmlichen Ausdruck gab es zwar noch keine, aber ich fand durch das Beobachten von Personen in meinem Umfeld heraus, dass depressive Menschen einen völlig anderen Sprechrhythmus haben als nicht depressive: Sie reden langsam und ohne erkennbaren Grund plötzlich wesentlich schneller, ihre ganze Art zu sprechen ist unrhythmisch, und viele haben ein unangenehmes Rasseln in der Stimme.

In einem nächsten Schritt habe ich meine empirischen Ergebnisse mit zwei Psychologen besprochen, die mir meine Annahme auch aus ihrer Erfahrung bestätigen konnten: »Gebrochener Mensch – gebrochene Stimme« ist ein durchaus bekanntes Phänomen in Psychologen- und Psychotherapeutenkreisen. Das passte wiederum dazu, dass mir längst bewusst war: Wir hören im Gespräch auch in der Stimme, ob ein Mensch distanziert ist oder uns näherkommen möchte – alles wird mittransportiert und ist sogar weit dominanter als der Inhalt des Gesprochenen.

Später stieß ich während einer meiner Ausbildungen in

Deutschland auf das Stimmhauskonzept von Jochen Waibel. Es besagt, dass jeder Ton für eine gewisse Eigenschaft steht und sogar körperliche Reaktionen hervorruft. Verantwortlich dafür sind unter anderem die Spiegelneuronen im Gehirn, auf die in diesem Buch später noch genauer eingegangen werden wird. Wenn unser Gegenüber ein sehr hohes und schrilles I von sich gibt, bewirkt das in unserem Gehirn, dass die Amygdala aktiviert wird und unser Körper einen Cocktail aus Stresshormonen ausschüttet, wodurch wir uns panisch bis hysterisch fühlen werden. In einem Seminar, das die Thematik des Hochstatus und des Tiefstatus zum Inhalt hatte, lernte ich aus dem Improvisationstheater nach Keith Johnstone, wie sich die innere Haltung eins zu eins auf das Kommunikationsverhalten auswirkt.

Die am Ende dieses Buches vorgestellte Methode habe ich über Jahre entwickelt, indem ich damit experimentiert habe, was passiert, wenn ich Kunden in eine bestimmte Rolle schicke und mir angesehen habe, warum sie in einer fremden Rolle plötzlich problemlos anders sprechen konnten.

Denn ich bin davon überzeugt: Jeder Mensch kann eine angenehme Stimme haben, jeder Mensch kann dramaturgisch reden, jeder Mensch kann gut sprechen und vortragen, jeder Mensch kann anatomisch gesehen laut sein, wenn er das nur möchte.

Also lassen Sie sich auf das Abenteuer »Stimme« ein! Viel Freude beim Lesen!

Herzlichst,
Petra Falk

PS: Wir haben uns dazu entschlossen, der Leserfreundlichkeit halber auf das Gendern zu verzichten. Selbstverständlich sind immer beide Geschlechter gemeint, wenn wir nicht ausdrücklich darauf hinweisen, dass es gerade nur um Frauen oder nur um Männer geht.

Faszination Stimme – Wunderwerk Sprechinstrument

Der Wiedererkennungswert – keine Stimme ist wie die andere

Unsere Stimme ist einzigartig wie ein Fingerabdruck. Oder kennen Sie etwa zwei Menschen, die dieselbe Stimme haben? Eben! Eine Stimme ist immer ein Unikum, ein Original. Einmal dem Kindesalter entwachsen, verändert sie sich nicht mehr erheblich. Gut, im hohen Alter mag sie bei manchen etwas zittrig oder dünner werden und darum älter und geringfügig anders für uns klingen, aber grundsätzlich verändert sich unsere Stimme nicht – ganz im Gegensatz zu unserem äußeren Erscheinungsbild, das sich praktisch laufend ändert. Darum hat sie einen höheren Wiedererkennungswert als unser Aussehen.

Vielleicht sind auch Sie schnell mal irritiert, wenn ein Schauspieler in einem Hollywoodstreifen plötzlich von einer anderen deutschen Stimme synchronisiert worden ist? »Was? Der hat doch jetzt die Stimme vom xy – das passt ja überhaupt nicht!«, hört man in solchen Fällen nicht selten von Mitzuschauern vor dem Fernseher oder im Kinosaal. Manche können sich kaum mehr auf einen Film einlassen, wenn die Lieblingsakteurin oder der favorisierte Leinwandheld komplett verändert wirken, weil jemand anders als gewohnt ihr oder ihm seine deutsche Stimme geliehen hat. Die Person ist uns zwar bekannt, aber wir haben dennoch den Eindruck, einer fremden zuzusehen, weil wir durch die unbekannte Stimme den ganzen Menschen anders und neu wahrnehmen. Wenn ein Schauspieler hingegen sein Äußeres für eine Rolle verändert hat – Männer plötzlich Bart tragen, Frauen eine andere Haarfarbe und Frisur haben, sich die Körperfülle reduziert hat oder mehr geworden ist –, was praktisch ständig passiert, bringt uns das weit weniger aus dem Konzept. Das akzeptieren wir, das finden wir sogar spannend. Nicht so geht es uns mit einer unbekannten Stimme.

Besonders schwierig wird das, wenn zwei Schauspieler in einem Film aufeinandertreffen, die üblicherweise dieselbe Synchronisationsstimme haben – so geschehen 2013/2014 bei »Escape Plan«, für den Sylvester Stallone und Arnold Schwarzenegger in den Hauptrollen besetzt worden sind. Beide werden normalerweise vom Berliner Sprecher und Schauspieler Thomas Danneberg synchronisiert, also musste eine Lösung gefunden werden. Die Produktionsfirma Concorde Filmverleih entschied sich dafür, dass Danneberg diesmal nur einem der beiden seine Stimme leihen dürfe, um eine Verwechslung beim Zuschauer zu vermeiden: Arnold Schwarzenegger wurde deshalb stimmlich von einem anderen Synchronsprecher, nämlich vom Moerser Schauspieler Ralph Schicha, verkörpert, was den eingesessenen Action-Fans überhaupt nicht gefallen hat, war doch auch die Begründung insofern unzufriedenstellend, als genau jene zwei Schauspieler bereits in den früheren »Expendables«-Filmen sehr wohl beide von Danneberg synchronisiert worden waren. Der Synchronsprecher selbst äußerte sich dazu, indem er festhielt, er könne seine Stimme durchaus so verstellen, dass man die beiden Figuren im Film problemlos auseinanderhalten würde können. Das war Wasser auf den Mühlen des Unmuts der Fans, denn Ralph Schicha arbeitet mit einer vollkommen anderen Intonation als Thomas Danneberg, weshalb der Spaß am neuen Streifen für viele stark eingeschränkt war.

Kürzlich waren einige Leute von ähnlichen Umständen irritiert, weil der Trailer zum US-amerikanischen Film »Allied – vertraute Fremde« mit einer anderen Synchronisationsstimme für Marion Cotillard, die darin Marianne Beausejour verkörperte, gezeigt worden ist, als dann der Film an sich: Die gewohnte deutsche Stimme der französischen Schauspielerin gehört der Münchner Synchronsprecherin Natascha Schaff, die auch unter dem Künstlernamen Natascha Geisler arbeitet, doch in diesem Film lieh ihr letztlich die Sprecherin und Schauspielerin Jessica Walther-Gabory die deutschsprachige Stimme. Da der frühe Trailer noch mit der gewohnten Stimme produziert wurde und erst kurz vor Filmstart neu aufgenommen worden sein dürfte, sorgte das für einige Verstörung bei hartgesottenen Fans. Wir sehen einmal mehr: Wenn wir erst ein Gesicht mit einer bestimmten Stimme verknüpft haben, mögen wir es grundsätzlich nicht besonders, wenn diese verändert wird.

Die Stimme macht nicht nur den Wiedererkennungswert eines Menschen aus, weil sich jemand aufgrund seiner uns bekannten Stimme vertraut für uns anfühlt und uns eine Veränderung unnatürlich vorkommt und deshalb richtiggehend verunsichert, sondern sie bestimmt auch die vorherrschende Stimmung. Zudem macht unsere Stimme unsere Gedanken hörbar, für andere wahrnehmbar, ja erweckt sie richtiggehend zum Leben – und natürlich ebenso unsere Gefühle. Wir wissen etwa sofort, wie es unserer Freundin am anderen Ende des Telefons geht, wenn wir ihre Stimme hören. Da muss sie noch gar nicht viel gesagt haben. Die Frequenz der Stimme, ihre Tonalität und ihr Volumen verraten im Gesamtpaket so einiges über die Charaktereigenschaften sowie die aktuelle Befindlichkeit des jeweiligen Stimmbesitzers – wie auch die Art zu sprechen und zu reden. Denn Sprechweise, Artikulation und Aussprache sowie Sprechtempo geben genauso Aufschluss über Herkunft und Bildung wie Satzkonstruktionen, verwendete Wörter und Ausdrücke. Unsere Befindlichkeit – wie auch immer sie im betreffenden Moment geartet sein mag – verrät sich über unsere Stimme. Ob wir wollen oder nicht: Ob wir nervös, überrascht, entspannt, ängstlich, glücklich, besorgt, müde, krank, gut gelaunt oder irritiert sind – all das transportieren wir durch unsere Art zu klingen und zu sprechen. Damit ist unsere Stimme der Spiegel unserer Persönlichkeit, unseres wahren Selbst.

Wer sich mit markanten Stimmen beschäftigt, der kommt an der Wiener Moderatorin und Schauspielerin Chris Lohner nicht vorbei. Man könnte durchaus sagen, dass ihre Stimme österreichisches Kulturgut ist, denn sie wird vermutlich noch Jahrzehnte oder länger an den Bahnhöfen und in den Zügen der Österreichischen Bundesbahnen erklingen, um die richtigen Haltestellen anzusagen: »Wenn ich bereits als Asche im Meer schwimme, hört man noch immer meine Stimme in den Zügen der ÖBB«, sinnierte sie kürzlich in einem Interview im österreichischen Magazin »moments«. Und das ist auch gut so, denn die Lohner'sche Stimme hat einen besonders hohen Wiedererkennungswert, weshalb wir uns richtiggehend »zu Hause« fühlen, wenn wir sie hören. Auch die Besitzerin dieser perfekten Sprechstimme hat übrigens Lieblingsstimmlagen, wie sie uns verraten hat: »Ich mag dunkle Stimmen, weil sie beruhigend und unaufgeregt auf mich wirken.« Stimme macht eben Stimmung.

Ebenso ist die aus Hessen stammende Schauspielerin Jessica Schwarz – 1993 als »Bravo«-Girl entdeckt, bevor sie zunächst als Model, dann als TV-Moderatorin und schließlich als Film- und Fernsehschauspielerin durchstarten konnte – eine Frau, die anhand der Stimme meistens schnell erkannt wird. Das liegt unter anderem daran, dass sie in ihren jungen Jahren als Fernsehmoderatorin niemand darauf hingewiesen hat, worauf man achten muss, wenn man der eigenen Stimme nicht schaden will. Aus diesem Manko entwickelte sich ungeplant ein Markenzeichen: »Meine Stimme ist mein Werkzeug. Es ist zwar nicht wie bei einer Sängerin, aber die Stimme spielt bei mir trotzdem eine wirklich große Rolle. Ich habe ja sehr lange ›Viva‹ gemacht, habe dort drei Jahre moderiert, und uns hat damals niemand beigebracht, wie man mit der Stimme umgeht. Ich habe bei vielen Konzerten und Veranstaltungen geschrien ohne Ende und mitgegrölt. Damit habe ich meine Stimme einerseits ruiniert, ihr aber andererseits dadurch ein Timbre gegeben, das man mit mir verbindet. Wenn man auf Wikipedia schaut, dann steht dort ›Husky Voice‹! Man muss zwar im ersten Moment überlegen, was so eine Husky Voice ist, aber im Prinzip hat man dann schnell ein Bild im Kopf. Meine Stimme war lange noch viel rauchiger und ruppiger – das hat sich jetzt wieder beruhigt. Gesund war das natürlich nicht für die Stimme, und das hat zum Teil auch wehgetan«, erinnert sich der deutsche Publikumsliebling.

Wesentlich rauer noch kennen wir die Stimme der walisischen Pop- und Rockröhre Bonnie Tyler, die sich einst der Anweisung ihres Arztes nach einer Operation, bei der ihr Knötchen von den Stimmlippen entfernt worden waren, widersetzte, indem sie sich nicht schonte. Zunächst schien ihre Karriere damit beendet, doch wie wir wissen, kam es anders. Das sind freilich die Ausnahmen, die es im Showbusiness zwar immer wieder auf den unterschiedlichsten Ebenen gibt, die aber allzu leicht vergessen lassen, dass es sich dabei eben nicht um die Regel handelt: Nicht aus jeder Not lässt sich mit Leichtigkeit eine Tugend machen – dazu gehört vor allem eine große Portion Glück. Darum ist der sicherere Weg, auf die eigene Stimme zu achten und unseren Sprechapparat auf die richtige Weise einzusetzen.

Wie sich Verbrecher durch ihre Stimme verraten

Wie weit die Rückschlüsse von der Stimme auf die Persönlichkeit eines Gesprächspartners gehen können, weiß und nutzt man in der Kriminalistik, wo der – laut des emeritierten Professors für Phonetik, Hermann Josef Künzel, leider fälschlicherweise so bezeichnete – »Voiceprint« inzwischen einen ebenso hohen Stellenwert hat wie der altbekannte Fingerprint, was unter anderem bei Entführungen oder Erpressungen äußerst hilfreich sein kann. Künzel ist *der* Pionier auf diesem Gebiet: Er hat sich schon immer intensiv mit der menschlichen Stimme beschäftigt und vor Jahren etwa für Menschen mit Lippen-Gaumen-Spalte ein Trainingsprogramm entwickelt, mit dem sie ihre Artikulationsprobleme bewältigen können. Er erstellt internationale Gutachten von immenser Bedeutung, die dazu führen, dass Verbrechen aufgeklärt oder gar im Vorfeld verhindert werden können. Die jüngsten der Öffentlichkeit bekannten Fälle, von denen er folglich erzählen darf, waren das 2014 verschwundene Flugzeug der Malaysia Airlines und 2015 ein misslungener Staatsstreich in Afrika: »Im ersten Fall wurde ich hinzugezogen, weil die Ermittler wissen wollten, wer während des Fluges am Steuer saß – der Kapitän oder der Copilot. Es gibt ja so ein ungeschriebenes Gesetz, das lautet: Der, der funkt, ist nie der, der fliegt. Und im zweiten Fall musste ich ein Gespräch zwischen zwei der Rädelsführerschaft angeklagten hochrangigen Politikern analysieren, um herauszufinden, ob es echt oder zusammengestückelt war.«

Hermann Künzel hat, bevor er an die Universität ging, um Forensische Phonetik zu lehren, knapp zwanzig Jahre lang die Abteilung für Sprechererkennung und Tonbandauswertung am Deutschen Bundeskriminalamt geleitet, die er zunächst selbst aufgebaut hatte. Dort waren der Phonetikspezialist und sein Team tagtäglich damit konfrontiert, akustisches Material wie Telefonaufzeichnungen von Erpressern, Tonspuren von Recordern, die nach einem Flugzeugunglück geborgen werden konnten, oder Anrufe mutmaßlicher Gewalttäter bei der Polizei zu durchleuchten. So konnte er viele der tragischsten und spektakulärsten Kriminalfälle in der jüngeren deutschen Geschichte aufzuklären helfen, etwa die Erpressung des Lebensmittelkonzerns Nestlé oder die als »Reemtsma-Entführung« bekannte Freiheitsberaubung des Hamburger Publizisten und Mäzens Jan Philipp Reemtsma. Auch der Immobilienspekulant Jürgen Schneider, der wegen Betrugs und Urkundenfälschung gesucht und später verurteilt sowie inhaftiert wurde, konnte mit Hermann Künzels Hilfe gefasst werden.

Zurück zum Begriff des Voiceprints, der laut Künzel gänzlich unglücklich gewählt ist, wofür er uns auch den Grund genannt hat: »Der Fingerprint ist das Muster der Papillarlinien auf den Fingern. Bei ›Voiceprint‹ denkt man also unweigerlich *daran* und stellt sich vor, dass das auch etwas ganz Eindeutiges und kaum fehleranfällig ist. In Wirklichkeit ist das aber lediglich die geschickt gewählte kommerzielle Bezeichnung der amerikanischen Herstellerfirma für die besondere grafische Darstellung der Spektrallinien einer Sprachprobe, die leider von vielen Journalisten übernommen wurde und auch immer noch verwendet wird, obwohl sie so irreführend ist. Laien nennen die Menge der Information, die man über einen Sprecher einholen kann, wahrscheinlich aus Unwissenheit so. Richtiger ist es allerdings, von einem ›Stimmprofil‹ zu sprechen, denn das ist es, worum es in Wahrheit geht.« Statt auf diese unvollständigen Stimmprofile alias Voiceprints zu setzen, hat Künzel ein Paket aus Verfahren entwickelt, die zusammen noch wesentlich verlässlichere Rückschlüsse auf Verdächtige zulassen. Das war ein echter Durchbruch in der Stimmerkennung, denn beim allgemein als Voiceprint bekannten Verfahren wird hauptsächlich die individuelle Sprechweise eines Menschen und somit dessen Muster von Lautstärken und Frequenzen abgebildet. Stark beeinflussend ist aber auch der Zeitfaktor, und dieser jeweilige Umstand der Übertragung fehlt bei der ursprünglichen Vorgehensweise, meint Künzel. Sie können sich das so vorstellen: Werden zwei Sprachsignale mit demselben Störfaktor aufgezeichnet, könnte man prinzipiell den Eindruck gewinnen, es handle sich um dieselbe Person, die hier gesprochen hat – dabei ist es aber womöglich lediglich dasselbe Telefon gewesen. Diese Fehlerquelle hat mehrere Ursachen: Tiefenfrequenzen werden bei einem Telefonat nicht übertragen, bei einem Handygespräch gibt es sogar eine erhebliche Verzerrung, die selbstverständlich nicht vernachlässigt werden darf. Der deutsche Sprachdetektiv erklärt dazu: »Ein Stimmprofil entsteht durch ein Vergleichsverfahren, bei dem man zwei spezielle Arten von dreidimensionalen Spektren gemacht und auf den Tisch gelegt hat, um sie zu vergleichen. Man hat also etwas visuell gesehen, das man gar nicht hören konnte. Ein klassisches Spektrogramm ist in der Physik zweidimensional: Die Energie wird gegenüber der Frequenz aufgetragen. Beim dreidimensionalen Kurzzeitspektrogramm wird als dritte Dimension die Zeit aufgetragen. Bei der erstmaligen digitalen Realisierung dieses Analyseinstruments, bei dem die Energieverteilung auf einer Falschfarbenskala als Funktion von Frequenz und Zeit dargestellt wird, war ich beteiligt. Die erste wissenschaftliche Veröffentlichung im Jahre 1985 beschäftigte sich mit der Diagnostik verschiedener Heiserkeitstypen in der Medizin. Das Verfahren ist heute eines der stärksten Tools für die konventionelle Sprechererkennung.«

Eine heisere Stimme kann durchaus verräterisch sein. Hermann Künzel hat darum einen Prozess aus der Medizin herangezogen und ihn weiterentwickelt. Das entsprechende Computerprogramm gehört inzwischen längst zum Standard beim Bundeskriminalamt. Mit ihm können Eigenarten eines Lautes mit dem Computer in Zahlen und Kurven übersetzt werden. Oszillogramme[1] beschreiben dann Parameter wie Akzent, Satzmelodie, Schmatzlaute, Pfeiftöne, auffällige Atmung oder die vorhin erwähnte Heiserkeit. All diese Faktoren lassen sich schließlich in Messwerten wie Hertz oder Dezibel darstellen. Künzel hat repräsentative Daten über Stimmtonhöhen sammeln und auswerten lassen. Aus ihnen lässt sich ableiten, in welcher Stimmlage Menschen für gewöhnlich sprechen. Die Stimmbandgrundfrequenz ist durch die Anatomie und Physiologie des Kehlkopfes ja vorgegeben. Beim Mann sind die Stimmbänder durchschnittlich 2,2 Zentimeter lang und normalerweise liegt dann die Stimme in einem Bereich von ungefähr 120 Hertz. Das ist aber nur der Wert, der sich ergibt, wenn man sich ruhig und emotional unaufgeregt mit jemandem unterhält. Wenn man nun aber einen Brief vom Finanzamt bekommt und sich so richtig ärgert, weil man die Forderung darin für ungerechtfertigt hält, kann es schon sein, dass man wesentlich lauter wird. Das bedeutet: Man strengt die Zwischenrippenmuskeln stärker an und dadurch entsteht mehr Luftdruck in der Lunge, wodurch die Stimmbänder schneller schwingen und die Stimme höher wird. So kann man auch bei einer Ausgangslage von 120 Hertz auf 180 Hertz kommen. Das Umgekehrte kann passieren, wenn ein Verdächtiger, der gerade festgenommen wurde, sich »So ein Mist, meine so gut geplante Straftat geht nicht auf!« denkt, dadurch deprimiert ist und deshalb leiser, tiefer und vor allem monoton spricht. Monotonie ist außerdem ein Leitsignal für Depression. Wenn jemand manisch-depressiv[2] ist, kann er in den manischen Phasen eine Straftat begehen oder einfach nur jemanden wie die Polizei anrufen und behaupten, jemanden erstochen zu haben, und dann wird sein Stimmton in der gesprochenen Rede eben monotoner verlaufen – ohne dass sich der typische Mittelwert an sich ändert. Die Grundfrequenz der Stimme ist also flexibel. In Bezug auf jemanden mit diesem Krankheitsbild erinnert sich Künzel an einen besonders kuriosen Fall: »Da gab es eine Frau, die von Zeit zu Zeit mitten in der Nacht wahllos bei unterschiedlichen Polizeirevieren anrief. Sie verschreckte die verschlafenen Beamten, indem sie mit monotoner, tiefer Stimme sagte, sie habe gerade ihren Mann erstochen, alles sei voller Blut und sie wisse nicht, was sie jetzt tun solle. Die Polizisten waren natürlich total erschrocken. Ich habe ihre Stimme anhand einer Anrufaufzeichnung analysiert und konnte wegen der als Leitsymptom einer Depression bekannten Monotonie des Stimmtons schnell die Vermutung äußern, dass die Taten in Wirklichkeit gar nicht stattgefunden hatten. Nach der Identifizierung der Anruferin einige Zeit später hat sich diese Diagnose auch bestätigt.«

Der Mittelwert der Stimmverteilung bei Männern liegt bei 116 bis 118 Hertz, bei Frauen zwischen 203 und 206 Hertz. Wenn die Stimme eines Verdächtigen in diesem Normbereich liegt, ist ihr individualtypischer Wert somit gering, erklärt Künzel: »Aber in dem Maße, wie die Stimme davon wesentlich nach oben oder unten abweicht, wie es zum Beispiel beim ›Polizistenmord Holzminden‹ der Fall war, wird es interessant, denn das ist dann entsprechend außergewöhnlich und ein sprechertypisches Merkmal, mit dem man gut arbeiten kann.« Falls Sie sich nun fragen sollten, worum es im genannten Mordfall gegangen ist: Anfang der Neunzigerjahre hatte ein gewisser Dietmar Jüschke im deutschen Holzminden in Niedersachsen gemeinsam mit seinem Bruder zwei Polizisten ermordet, nachdem die beiden sie in einen Hinterhalt gelockt hatten. Jüschkes Stimme lag bei einer mittleren Frequenz von 179 Hertz und war damit so hoch wie höchstens eine unter zweitausend Männerstimmen. Nach genau derlei Abweichungen suchen Sprachforensiker. Das bedeutet im Umkehrschluss freilich, dass sich ein gesuchter Täter mit einer durchschnittlichen Stimmlage nicht so einfach verraten würde. Dafür können aber etliche andere Faktoren Hinweise auf den Gesuchten geben, die die Stimme eines Menschen unverwechselbar machen: wie langsam oder schnell jemand spricht, wie viele Pausen er einlegt oder wie er Füllwörter wie »Äh«s und »Öh«s – auch »Gedankenrülpser« genannt – einbaut. Dieses umfassende System, die phonetisch-akustisch-linguistische oder auch konventionelle Sprechererkennung, funktioniert »in Oslo genauso wie in Mauritius oder London«, so Künzel – und es ist vor Gericht zulässig.

Auch einen »prominenten« Terroristen der späten Siebzigerjahre hat Künzel damals anhand eines Sprachfehlers identifiziert: Die RAF[3] hatte seinerzeit ein Gespräch zwischen dem am 5. September 1977 entführten und wenige Wochen später durch das RAF-Kommando ermordeten Wirtschaftsfunktionär und Manager Hanns Martin Schleyer und dessen Bewacher aufgezeichnet – offenbar mit der Absicht, der Nachwelt ein »revolutionäres Dokument« zu hinterlassen. Einer Lücke zwischen seinen Schneidezähnen wegen war stets ein charakteristischer Pfeifton zu hören, wenn der Bewacher den Laut »sch« produzierte. Künzels Gutachten konnte unter anderem aufgrund dessen später vor Gericht eindeutig belegen, dass es sich um Peter-Jürgen Boock handelte, der nicht nur wegen einer Beteiligung am Kidnapping Schleyers, sondern des Mordes am Bankiers Jürgen Ponto überführt und verhaftet werden konnte.

Die Sprache des jeweiligen Sprechenden kann genauso entlarvend sein. Künzel hat deshalb während seiner Zeit im deutschen Bundeskriminalamt rund zweihundert regional gefärbte Umgangssprachen phonetisch transkribieren und in eine Datenbank eingeben lassen. Das Ergebnis: Wenn beispielsweise ein Erpresseranruf aufgezeichnet wird, können Phonetiker mithilfe dieser gespeicherten Daten feststellen, aus welcher Gegend der Betreffende stammt. Bei Personen mit einer anderen Muttersprache gibt es weitere Parameter zu beachten, schildert Künzel: »Türkische Frauen etwa sprechen Türkisch häufig in einer anderen Stimmlage als Deutsch, nämlich um 20 oder 30 Hertz höher. Deshalb ist das Frequenzmerkmal einmal mehr nicht unter allen Umständen zuverlässig.«

Der aktuelle Stand der Methodik sieht inzwischen völlig anders aus: Heutzutage sogar wichtiger als die konventionelle Methode ist die automatische Sprecheridentifizierung durch den Computer. Die ursprüngliche Sprechererkennungsmethode ist seit den Neunzigerjahren durch eine wissenschaftlich völlig unabhängige und neuartige Verfahrensweise ergänzt worden, ohne die in zahlreichen Fällen der Gegenwart gar keine Identifizierung möglich wäre.

In Bezug auf den Gründer und Anführer der al-Qaida, Osama Bin Laden, erinnert sich die Forensik-Koryphäe an eine bestimmte Situation zurück, der dieses Phänomen zugrunde lag, dass eine Stimme aufgrund einer Aufzeichnung in einer anderen Sprache nicht sofort zuordenbar ist und der Rechner einen exakten Stimmvergleich durchführen muss: »Von einem ausländischen Dienst beziehungsweise aus dem Internet gab es schon Stimmproben von ihm auf Arabisch. Dann tauchte in Afghanistan oder Pakistan – das war nicht so eindeutig – eine Stimme auf, die man ihm zuordnete. Diese Aufzeichnung war jedoch in einer anderen Sprache. Der Stimmenvergleich war wirklich wichtig, um zu eruieren, ob Bin Laden noch am Leben war. Sie müssen sich das so vorstellen: Tausende von Telefonkanälen werden angezapft und so landen viele tausend Stimmen von tatsächlich oder vermutlich gefährlichen Leuten auf einer Festplatte. Dann fängt man ein Gespräch auf und merkt: Der Sprecher war drei Monate nicht aktiv und jetzt hat er innerhalb von vierundzwanzig Stunden zehnmal telefoniert. Wenn man dem Rechner sagt, er soll immer, wenn eine verdächtige Stimme auftaucht, Alarm schlagen und das Gespräch aufnehmen, dann wird der zuständige Dolmetscher es gleich übersetzen, und wenn der Inhalt militärisch bedeutend ist, gibt er das Ergebnis weiter und der militärische Befehlshaber kann sofort entscheiden, ob beispielsweise eine Patrouille doch nicht losgeschickt werden sollte, weil es gefährlich werden könnte. Das kann Leben retten! So können Millionen Gespräche am

Tag abgehört werden. Lawful Interception, also Telekommunikationsüberwachung, ist nicht illegal, sondern wird gerichtlich angeordnet, damit – gerade auch in Bezug auf den Terrorismus – viele Verbrechen aufgeklärt oder verhindert werden können.«

Fälle, in denen es um Deutsch als zu untersuchende Sprache der Verdächtigen geht, bilden übrigens die Ausnahme für Künzel – meist sprechen die potentiellen oder mutmaßlichen Täter Türkisch, Russisch, Polnisch, Sinto oder eine afrikanische Sprache, die das Basismaterial seiner Arbeit bilden, die der Sprachforensiker mit Leidenschaft ausübt, weil es ihm wichtig ist, Verbrechen zu verhindern: »Aktuell habe ich einen Fall, wo es darum geht, dass alte Menschen in ganz Deutschland um ihre Ersparnisse betrogen werden, und das von Leuten, die sich als Polizisten und Staatsanwälte ausgeben. Die haben im Hintergrund toll organisierte Banden, die aus einem eigenen Callcenter im Ausland anrufen und alles penibel geplant haben. So etwas kann furchtbare Auswirkungen haben: In einem früheren ähnlichen Fall hat sich eine Frau aus Verzweiflung, weil all ihr Geld weg war, von einem Dach gestürzt. Damit so etwas nicht mehr passiert, mache ich das immer noch!«

Diese drastischen Fälle zeigen auf eindringliche Art und Weise, was unser Stimminstrument und unsere Art des Sprechens über uns verraten, was alles mitschwingt, wenn wir zum Reden ansetzen. Das betrifft uns natürlich auch unmittelbar in unser aller Leben, und zwar in alltäglichen Situationen, wie wir uns nun genauer ansehen werden.

Stimme als unverfälschtes Sprachrohr der Seele

Lassen Sie uns nochmal festhalten: Wir können mittels Stimme und Art zu sprechen nur schwer verbergen, was wir fühlen, denken und wer wir sind. Und das gilt freilich auch für Menschen ohne gewalttätige, illegale und verbrecherische Absichten. Meistens wählen wir zwar unsere Worte mehr oder weniger bewusst, aber nicht, *wie* wir sie aussprechen. Denn *was* wir sagen, können wir planen, aber *wie* wir es tun, wird in der Regel von unserem Unterbewusstsein, dem Grad der Entspanntheit oder umgekehrt Nervosität, der individuellen Situation und unserem Gegenüber diktiert. Deshalb ist die Art, wie wir sprechen samt der Stimme selbst etwas nur schwer Kontrollierbares. Sogar Profis, die gelernt haben, ihren Stimmapparat bewusst einzusetzen, investieren für gewöhnlich den größten Teil ihrer Energie darin, *wie* sie etwas sagen, statt *was* sie sagen, um glaubhaft zu sein. Die Stimme lügt nicht, man muss nur genau zuhören, meint Film- und Fernsehschauspielerin Barbara Kaudelka: »Ein Mensch, der sich verstellt oder versucht, etwas zu überspielen, verrät sich im Normalfall immer durch Kleinigkeiten in der Stimme: Sie bekommt etwas Unnatürliches, ist nicht authentisch. Derjenige spricht dann einen Tick zu laut oder zu leise, zu schnell, stottert oder räuspert sich.« Was sie damit anspricht, kennen wir alle aus unterschiedlichsten Situationen: Mütter etwa werden vom Klang der Stimme schnell rückschließen können, ob ihre Sprösslinge etwas angestellt haben und deshalb gerade schwindeln. Ehemänner können ein Lied davon singen, dass ein in einer bestimmten Tonlage ausgesprochenes »Nein, nichts!« von ihrer Gattin auf die Frage »Bist du wegen irgendetwas sauer?« das Gegenteil der Aussage an sich bedeutet. Denn wenn wir ehrlich sind, heißt ein »Nein!« bei uns Frauen je nach Stimmlage »Nein!«, »Ja!«, »Vielleicht!«, »Ja, schon, aber nicht mit dir!« oder

»Das traust du dich mich überhaupt fragen?!«, weshalb es gar nicht allzu sensible Zuhörer braucht, um die wahre Gefühlsstimmung hinter der Formulierung festzustellen, da das schon unsere Tonlage für uns erledigt.

Auch Jessica Schwarz ist davon überzeugt, dass die Stimme unfreiwillig vieles über ihren Besitzer verrät: »Ich finde, man merkt über die Stimme recht schnell, ob jemand etwa entspannt ist – oder recht flatterhaft. Bei besonderen Situationen, in denen man zum Beispiel aufgeregt ist, muss man aber immer erst mal vierzig Prozent von dem, was man da hört, abziehen, weil man in Situationen wie etwa bei einem Casting eine andere Tonfärbung und Höhe bekommt. Und das sagt dann ja nichts über die Person aus, außer dass sie eben gerade aufgeregt ist.« Da hat sie selbstverständlich recht: Wenn wir aufgeregt oder unsicher sind, weil etwas für uns Wichtiges auf dem Spiel steht, das wir schaffen, erreichen oder bewältigen wollen, dann geht die Stimme schon mal mit uns durch, weshalb eine Interpretation auf anderes, als die aktuelle Situation mit Vorsicht zu genießen wäre. Aber selbst die Auswüchse unserer Stimme in außergewöhnlichen Momenten können wir ein Stück weit in den Griff bekommen und kontrollieren, wenn wir uns erst mit unserem Stimm- und Sprechapparat beschäftigt und ihn bestmöglich kennengelernt haben.

Wenn wir nun also wissen, was unsere Stimme alles über uns verrät – ob wir das nun wollen oder nicht –, wird schnell klar, warum es so hilfreich ist, uns diese Auswirkungen bewusst zu machen und zu lernen, unser hörbares Gedanken- und Gefühlstransportmittel zielorientiert einzusetzen, um seine Macht positiv nutzen zu können. Denn wer um die Zusammenhänge und Wechselwirkungen weiß, hat den Klang der eigenen Stimme wesentlich besser in der Hand – und auch, ob und wann und wie er verrät, wo er emotional gerade steht.

Profilerin Patricia Staniek geht aus diesem Grund äußerst gezielt mit ihrem Sprechinstrument um: »Ich kann meine

Stimme so einsetzen, dass das dazu führt, dass mir die Menschen vertrauen. Ich spreche dann ruhig, mit tieferer Stimme, freundlich, druckfrei und stressfrei.« Vertrauen als Komponente einer guten Gesprächsbasis kennen wir auch alle: Einer Person, die uns vertrauenswürdig vorkommt, kaufen wir viel eher etwas ab – sei es nun wortwörtlich ein Produkt oder im übertragenen Sinne eine Meinung oder Haltung. Ob wir jemandes Wort vertrauen, das hängt wiederum stark von der Ausstrahlung unseres Gegenübers ab, und die wird zu einem großen Anteil von seiner Art zu klingen und zu sprechen manifestiert. Patricia Staniek kann so einiges aus einer anderen Stimme herauszuhören – gerade wenn ihr der Besitzer Vertrauen schenkt: »Die Stimme gibt Auskunft darüber, was vom Gesagten stimmt und was nicht. So kann ich eine Lüge entlarven. Egal, welche Form des Gespräches ich führe, versuche ich immer den neutralsten Stimmausdruck zu eruieren, also herauszufinden, wie sie klingt, wenn sie entspannt ist. Denn ich brauche eine Basisstimme und von der ausgehend bin ich wiederum auf Abweichungen angewiesen. Eine Abweichung könnte sein, wenn die Stimme in bestimmten Sequenzen zu zittern beginnt, denn das tut sie nur, wenn Stress auftaucht. Und dann muss ich herausfinden, ob *ich* das bin, die den Stress auslöst, also ob es die Situation ist oder ob der Stress aus der Lüge kommt. Die Stimme kann sogar brechen, wenn jemand lügt – sie bröselt dann richtig weg, geht hinten hoch oder hinunter, wenn sie zuerst normal war. Alles dreht sich darum, den Unterschied zwischen der Basislinie und dem Ereignis herauszufiltern. Wenn ich eine Veränderung höre, komme ich durch verschiedene Strategien an die Wahrheit heran. Auch die Sprachmuster, also wie jemand die Sätze zusammenbaut, geben Hinweise auf Angst, Druck oder Unsicherheit. Beim Lügen oder im Stress kommen andere Satzstellungen als sonst vor. Genauso ist es mit der Atmung, die mir ebenfalls viel verrät: Ich kann mich an eine Rede der deutschen Bundeskanzlerin Angela

Merkel erinnern, in der sie über Flüchtlinge gesprochen hat und bei der ihre Stimme extrem gepresst klang. Das ist ein Hinweis darauf, dass sie etwas sagen musste, das sie nicht sagen wollte.« Natürlich geht es beim Profiling um das Gesamtpaket – um die Kombination aus Stimme, Mimik, Gestik, Körpersprache, Augenbewegungen, Hautveränderungen, Haltung, Schluckbewegungen und Gang –, weshalb die Stimme nur ein Steinchen in einem großen Mosaik darstellt, aber es gibt durchaus Situationen, wo sie als einziger messbarer Parameter zur Verfügung steht, etwa beim Telefonieren. Und in jenen Momenten, in denen Patricia Staniek eben auf die Stimme angewiesen ist, kommt ihr Sensor in Bezug auf das Hören ganz stark zur Geltung, denn dann filtert sie so klar, was sie wahrnimmt, dass sie jede Kleinigkeit erkennt: »Wenn der Überprüfungsmechanismus für das Gesicht fehlt, werde ich für die Stimme besonders sensibel«, erklärt sie diesen Umstand.

Selbst Menschen wie wir Autorinnen oder die drei in diesem Kapitel zu Wort gekommenen Damen – also Personen, die auf ihre Art und in ihrem Bereich ebenfalls Stimm- und Sprechprofis sind – haben nicht zu hundert Prozent in der Hand, was unsere Stimme über uns verrät. Aber wir wissen, wie man gut brüllen kann, um sich verständlich zu machen, und wie wir die Bandbreite unseres Brüllens bewusster einsetzen oder auch ausleben können.

Wenn die Stimme mehr als das Aussehen verrät

Lassen Sie uns noch weiter in die Tiefe und ins Detail gehen! Sie kennen das bestimmt: Sie telefonieren erstmals mit jemandem und machen sich automatisch und damit unbeabsichtigt ein Bild von der Person am anderen Ende der Leitung. Wenn Sie sie irgendwann persönlich treffen, sind Sie vielleicht völlig überrascht, weil Sie sie sich komplett anders vorgestellt hatten.

Ein solches Erlebnis hatte Schauspielerin Jessica Schwarz kürzlich: »Ich habe mit einem Produktionsbüro in Hamburg telefoniert und hatte bei der Frau, mit der ich geredet habe, sofort ein Bild vor Augen. Und dann sehe ich sie vorige Woche zum ersten Mal persönlich und plötzlich steht da eine ganz andere Person vor mir, als ich erwartet hätte – nicht schlechter oder besser, nur komplett anders, als ich sie mir durch ihre Stimme und ihre Art zu reden vorgestellt hätte. So etwas finde ich immer sehr interessant. Aber es ist über die Stimme sofort eine Sympathie dagewesen. Deshalb war bei ihr klar: Die könnte aussehen, wie sie wollte, ich würde sie einfach mögen.« Und damit ist sie nicht allein: Wir alle entscheiden stark anhand der Stimme, ob wir jemandem gewogen sind, uns bei ihm oder mit ihm wohlfühlen, ihm vertrauen – oder eben nicht. Die Art des Kommunizierens, der Einsatz des Vokabulars, der Wortschatz, die Stimmlage, das Sprechtempo und die Sprachmelodie sind dabei maßgeblich beteiligt, und zwar oftmals wesentlich vehementer als etwa das Äußere einer Person.

Apropos: Kommen wir an dieser Stelle zu einem speziellen Aspekt rund um unsere menschliche Stimme: Haben Sie sich schon mal überlegt, wie wichtig die Stimme der anderen dann erst für jene ist, die das Gesicht zur Stimme nie sehen werden, die immer, ausschließlich und rund um die Uhr auf deren Wahrnehmung angewiesen sind, weil sie eine starke Sehschwäche oder eine Sehbehinderung haben? Blinde machen sich ihr Bild von ihren Mitmenschen naturgemäß nicht mit den Augen, sondern durch das Hören. Ob jemand allgemeinhin als attraktiv gilt, ist für sie irrelevant, und auch Mimik, Gestik, Gehabe sind weitgehend uninteressant – schön, liebenswert, vertrauenswürdig, freundlich, verschlagen, unsympathisch, dreist oder aufmerksam werden Menschen durch sie einzig durch ihre Stimme und Art zu sprechen, und infolge natürlich durch den Inhalt, den sie mit ihrem Sprechorgan wiedergeben, wie es bei Sehenden genauso der Fall ist.

Kommunikationsexpertinnen wie wir können durch diese Menschen interessante Aspekte kennenlernen, wovon wiederum unsere Klienten profitieren, denn wer sehen kann, bedenkt vieles gar nicht, weil das Sichtbare sich augenscheinlich aufdrängt und das Hörbare daher weniger bewusst wahrgenommen wird. Raphael Spitzer wurde blind geboren und musste sich deshalb auf die Stimmen in seiner Umgebung verlassen können: »Die menschliche Stimme sendet Signale aus. Zu meinem Erstaunen muss ich immer wieder feststellen, dass viele diese Signale überhaupt nicht wahrnehmen. Offensichtlich ist für Sehende das Visuelle das Vordringliche und ein böser Blick wird rascher wahrgenommen als ein Unterton, der verrät, dass jemand sauer ist. Mir fällt jedenfalls auf, dass viele Leute nicht darauf eingehen, was der andere mit seiner Stimme oder Sprechweise signalisiert. Unbewusst kann man sich der Wirkung einer Stimme aber trotzdem nicht entziehen. Ich kann mich an eine Situation erinnern, wo eine Dame, die ich recht gut kannte, derart kühl mit einem Angestellten gesprochen hat, dass ich beinahe zu frieren begonnen hätte. Diesen Ton kannte ich von dieser Stimme bislang nicht. Als ich sie darauf angesprochen habe, stellte sich heraus, dass sie das selbst nicht mal registriert hatte.«

Wie herausfordernd es oftmals sein kann, alles richtig einzuordnen, was er über die Stimme wahrnimmt, kann man sich als Sehender nur schwer vorstellen, doch der juristische Berater kann das recht eindringlich beschreiben: »Ich höre bei jedem Menschen zwar einen Grundton, den seine Stimme immer hat, aber dann gibt es gewisse Abwandlungen dieses Grundtons, weil die Stimme ja wandlungsfähig ist. Wenn man einen Menschen genauer kennt, ist es sehr viel einfacher, diesen Grundton zu erkennen und infolge auch, dass seine Stimme sich gerade in einer der möglichen Abwandlungen befindet. Ich selbst habe eine tiefere Stimme, und wenn irgendetwas nicht in Ordnung ist, wird sie höher. Bei meiner Partnerin Katharina ist es umgekehrt: Sie hat eine eher hohe Stimme und ihre Misstöne spielen sich weiter unten ab. Ich kann mich deshalb nicht immer auf die Interpretation einer Färbung verlassen und sofort zuordnen, wie jemand gerade aufgelegt ist, sondern täusche mich auch ab und zu. Wenn ich jemanden nicht kenne, brauche ich wesentlich länger, um alles zuzuordnen. Je näher ich die jeweilige Person kenne, desto leichter tue ich mir allerdings. Ich nehme an, das wird mit dem Gesichtsausdruck ähnlich sein, dass jemand vielleicht beleidigt dreinschaut, es aber in Wahrheit gar nicht ist. Deshalb ist der erste Eindruck nicht immer der richtige. Was ich als Erstes wahrnehme, ist, wie hoch oder tief eine Stimme ist und ob die dazugehörige Person laut oder leise spricht. Als Nächstes versuche ich herauszufiltern, ob ich bereits eine Stimmung erkennen kann. Am einfachsten ist es, Wut, Ungeduld oder Traurigkeit herauszuhören. Weiters entnehme ich der Sprechweise, ob sich jemand verstecken will und unauthentisch ist, indem er beispielsweise ein künstliches Hochdeutsch spricht, aus dem ich heraushöre, dass es nur Tarnung ist. Am schnellsten erkenne ich, ob jemand offen oder zurückhaltend ist: Dunklere Stimmen gehören meistens zu Menschen oder Situationen, in denen mal abgewartet wird, während hellere Klangfarben darauf schließen lassen, dass jemand relativ offen in eine Begegnung geht. Vieles muss ich zeitgleich analysieren, weil es nicht auseinanderdividierbar ist, weshalb das teilweise auch herausfordernd sein kann. Irrtümer nicht ausgeschlossen, aber Aggressionen, die jemand verbergen möchte, höre ich meistens heraus. Ähnlich geht es mir mit depressiven Anteilen, die jemand überspielen möchte, sich aber durch seine Stimme trotzdem vermitteln. Das ist das Ohrenfälligste sozusagen. Das Gehetzte in einer Stimme kann Eile und Ungeduld verraten, aber mir auch sagen, dass der andere eigentlich aggressiv ist. Bei Niedergeschlagenheit sorgen zittrige Anteile in der Stimme dafür, dass ich das bemerke. Meistens sprechen solche Menschen auch auffallend leise und langsam. Daran kann ich mich halten, diese beiden Grenzbereiche sind einfach die Extreme und vermutlich darum am leichtesten erkennbar. Ich höre auch schnell, wenn sich jemand zu maskieren versucht und aus diesem Zweck Sprechtraining genommen hat, weil er weiß, dass er depressiv oder aggressiv rüberkommt und diese Enttarnung verhindern möchte.«

Wärme in einer Stimme zu spüren, macht den Gesprächspartner sympathisch: »Das klingt wahrscheinlich banal, aber es gibt mir ein gutes Gefühl. Das ist natürlich bei Frauen anders als bei Männern: Ein Mann klingt für mich warmherzig, wenn eine gewisse Tiefe in seiner Stimme liegt. Darum konzentriere ich mich in meinen Beratungsgesprächen auch immer bewusst auf die Tiefen, wenn ich meinen Klienten beruhigen möchte, da ich weiß, dass man damit am besten Mitgefühl transportieren kann. Frauen haben es in dieser Hinsicht schwerer und müssen wohl mehr an ihren Stimmen arbeiten. Abgesehen davon gibt es männliche wie weibliche Stimmen, in denen eine Kälte liegt, was durch eine starre Modulation noch verstärkt wird, also wenn es nicht fließend, sondern abgehackt ist, ist das auch alles andere als gewinnend, weil das Zugewandte fehlt. Dieses Empathische ist aber sehr einnehmend. Hartes wirkt unsympathisch, Weiches sympathisch.«

Spitzers Lebensgefährtin Katharina Lennartz ist im Alter von achtzehn Jahren vollständig erblindet, hatte allerdings vorher schon eine Sehschwäche, die stufenweise stärker wurde. Die Pädagogikstudentin wusste daher bereits von klein auf um die Bedeutung der Stimme: »Je länger ich damit gelebt habe, weniger zu sehen, desto besser habe ich darauf geachtet, wie jemand klingt. Für mich ist die Stimme einfach sehr wichtig, weil sie mir ein Bild darüber gibt, wie der andere ist. Teilweise verrät sie mir auch, wie die Person aussieht oder wie sie sich in einer Situation verhält. Bei Leuten, die sehen können, ist es vermutlich so: Du siehst jemanden und schätzt den anderen in wenigen Sekunden ein. Bei mir war es immer schon schwierig, weil ich zwar etwas gesehen habe, aber nicht so viel und nicht so gut. Wenn ich höre, wie jemand klingt und sich äußerst, dauert das ein bisschen länger, aber bringt unterm Strich dasselbe Ergebnis: Ob mir jemand wohlgesonnen ist, erkenne ich daran, ob er auf mich eingeht, wenn er sich mit mir unterhält. Aber das kann man auch vortäuschen. Allerdings: Wenn jemand freundlich ist und das echt ist, merkt man das – das kann man kaum nur darstellen, denn dann ist die Stimme oft piepsig und irgendwie anders. Also wenn man krampfhaft versucht, sich zu verstellen, ist das in der Stimme hörbar, weil sich die Stimme dann einfach künstlich anhört – außer man ist wirklich gut trainiert, wie ein Schauspieler. Wenn eine Stimme einen schönen Klang hat, ist mir der Mensch oft sympathisch. Natürlich kann ich mich vertun und schätze die Person falsch ein, dass ich etwa dachte, jemand sei sehr nett, weil die Stimme angenehm war, aber ich im Nachhinein erfahren habe, dass sie viel überspielt hat und gar nicht so nett war. Manche Leute haben so quäkige Stimmen – das mag ich nicht. Ich bekomme häufiger gesagt, dass ich eine schöne Stimme habe, aber wenn ich nervös bin, geht meine Stimme hoch und das hört sich dann nicht gut an. Ähnlich ist es, wenn ich besonders freundlich sein möchte, wenn es bemüht wird – das klingt schlimm. Am schönsten ist eine Stimme sicher, wenn man authentisch ist.«

Auch Katharina Lennartz hat zusätzlich eine spezielle Erfahrung mit Stimme im Rahmen ihres Berufes gemacht, erinnert sie sich: »In einem Praktikum in einem Arbeitstrainingszentrum, wo Leute mit einer psychischen Erkrankung hingehen, um wieder ins Arbeitsleben zurückkehren zu können, dachte ich, ich würde viel verpassen, weil ich Mimik und Gestik nicht sehen kann. Doch trotzdem konnte ich meinem Chef nach einem Gespräch genau sagen, wie sich der Betreffende verhalten hat – und das war richtig. Wenn jemand reinkam und demotiviert war, konnte ich das hören. Dazu brauchte ich nicht das jeweilige Gesicht zu sehen.«

Am Telefon geht es jedem von uns naturgemäß so wie Raphael Spitzer oder Katharina Lennartz Zeit ihres Lebens, denn sobald die Optik wegfällt, bleibt uns allen »nur« die Stimme. Wir möchten Sie deshalb dazu anstiften, mehr und besser auf Ihre eigene Stimme zu achten, denn leider wird das unserer Erfahrung nach schändlich vernachlässigt. Dabei könnten dadurch Konflikte vermieden oder zumindest besser aufgelöst werden.

Probleme mit der Stimme zu haben ist aufgrund dessen, dass man so vieles aus ihr heraushören, aus ihr ablesen und ableiten kann, meistens mit persönlichen Problemen gleichzusetzen. Außerdem genieren sich viele für ihre Unzulänglichkeiten in Bezug aufs Sprechen und auf die eigene Stimme, weil durch das bloße Vorhandensein des Sprechwerkzeugs grundsätzlich erwartet wird, dass man auch gut damit umgehen kann. Zu nuscheln, einen S-Fehler zu haben, zu stammeln oder zu stottern – in der Fachsprache werden derlei Störungen der Aussprache und der Artikulation übrigens im Sammelbegriff »Dyslalie« zusammengefasst – wird gesellschaftlich gesehen als peinlich eingestuft und kann schlimmstenfalls zu Ausgrenzung führen, wie wir an späterer Stelle noch genauer besprechen werden. Man kann derlei Schwächen freilich auch weniger gut verbergen oder wenigstens kaschieren wie andere Handicaps.

Blick in den menschlichen Körper

Die Stimme ist eng verbunden mit unserer Seele, unserer Psyche, unserer Persönlichkeit – aber auch mit unserem Körper. Der Sänger Eric Papilaya hat uns offenbart, dass er alles, was sich auf seinen Körper auswirkt, in seiner Stimme spürt: »Darum wecke ich immer zuerst meinen Körper auf, und erst wenn der wach und warm ist, kommen die Stimmbänder dran.«

Sehen wir uns das Ganze mal rein anatomisch an: Die menschlichen Stimmbänder sind Muskeln. Sie können deshalb aktiv angespannt werden, sich aber ebenso entspannen und dadurch ihre Form ändern. Der Ringknorpel kann sich relativ zum Schildknorpel verdrehen, wodurch die Stimmbänder wiederum angespannt werden. Und die Stellknorpel können seitlich gekippt werden. Dadurch entfernen sich die Stimmbänder voneinander oder nähern sich einander an oder aber schließen sich gänzlich. Das für die Produktion von Sprache notwendige Ansatzrohr – vergleichbar etwa mit dem Mundstück bei Blasinstrumenten wie Flöten oder Trompeten – bilden Mund-, Nasen- und Rachenraum. Bei der Produktion eines Lauts wird die natürliche Ausatmung am Kehlkopf und im Ansatzohr modifiziert und das Schwingen der Stimmbänder erzeugt schließlich eine Art Rohmaterial für die Lautproduktion.

Was ist noch alles von Bedeutung für unsere Stimme und den Akt des Sprechens? Unsere Zunge – und zwar die Zungenspitze, das Zungenblatt, die Zungenwurzel und der Zungenrücken, da jeder Bereich für eine andere Lautgebung zuständig ist – ist unverzichtbar dafür. Zudem sind die Schneidezähne und die Lippen daran beteiligt, dass wir Laute formen können.[4]

Damit alles rund um das Instrument »Stimme« astrein funktioniert, nehmen Gesangskünstler vieles auf sich, verrät Eric Papilaya dazu: »Weil ich es immer in der Stimme spüre, wenn ich auf einer Party in einem verrauchten Lokal gefeiert habe, kann ich mir das nicht oft leisten. Musiker können es nach einem Auftritt krachen lassen, aber als Sänger muss ich schauen, dass ich ins Hotel oder in den Tourbus komme, um mich entspannen und ausschlafen zu können, damit sich das nicht auf die Stimme schlägt. Talent reicht nämlich nur für eine gewisse Zeit – dann braucht es Technik, Disziplin, Training und die richtige Lebenseinstellung. Darum leben die wirklich großen Sänger unserer Zeit auch ein gänzlich anderes Leben als andere Menschen.« Dabei ist zu singen wesentlich anspruchsvoller als zu reden, weiß Papilaya, der auch als Fernsehmoderator Erfahrungen gesammelt hat: »In beiden Fällen lege ich einen Schalter um und verwende eine bestimmte Technik. Beim Singen ist das Ganze sensibler und filigraner, während es beim Moderieren um einen Modus geht, der eine stimmschonendere Phonetik mit sich bringt. Würde ich dauernd im Dialekt sprechen, wäre das nämlich am anstrengendsten.«

Was genau passiert während des Sprechens im menschlichen Gehirn? Das kommt darauf an, was genau wir gerade tun: Wenn wir lediglich etwas nachsprechen, das uns jemand vorsagt, sind nur jene Teile unseres Gehirns aktiv, die für die Steuerung unserer Sprechwerkzeuge – konkret Kehlkopf, Zunge und Lippen – zuständig sind. Wenn wir allerdings eine komplexe Aussage treffen wollen, wenn es somit auch um Inhalt geht, dann werden zudem Hirnareale aktiviert, in denen das Arbeitsgedächtnis sitzt, und auch solche, die für die Argumentation zuständig sind, wozu eine andere Art der Vernetzung notwendig ist. Damit eine Schallwelle unseren Mund verlassen kann, aus der ein Laut, ein Wort oder gar ein Satz entstehen kann, müssen gut hundertfünfzigtausend kleine Entscheidungen in unserem Gehirn getroffen worden sein. Wenn das Wunder »Stimme« wie eine Maschine in Betrieb genommen wird, passiert demnach eine ganze Menge im Gehirn und auch im restlichen Körper des Menschen, denn dass auch die Atmung – und damit Brust und Bauch – beteiligt ist, spüren wir beim Tönen und Sprechen recht unmittelbar.

Der Neurobiologe Marcus Täuber erklärt aus der Sicht der Hirnforschung, warum sprachliche Kommunikation unserem Gehirn Höchstleistungen abverlangt: »Fälschlicherweise wird das Broca-Areal, das bei den meisten Menschen in der linken Hirnhälfte sitzt, oft als ›Sprachzentrum‹ bezeichnet. Zugegeben: Mit diesem Bereich unter der Schläfe können wir sinnvolle Wörter finden und entsprechende Sätze bilden. Allerdings müssen wir auch deutlich festhalten, dass sprechen weit mehr ist. Bildhafte Worte werden in der visuellen Großhirnrinde verarbeitet, Erfahrungen mit dem emotionalen Gedächtnis abgeglichen und immer reden auch das Stirnhirn, unser Verstand und Bewusstsein mit, wenn wir sprechen.«

Wenn wir uns damit beschäftigen, wie wir beim Sprechen artikulieren, wird vorwiegend das »Muskelgedächtnis« trainiert, das für den richtigen Gebrauch von Mund, Zunge, Kehlkopf, Lippen und Zähnen zuständig ist. »Jeder Körperteil, den wir bewusst ansteuern können, ist im sensomotorischen Bereich der Großhirnrinde wie auf einer Landkarte abgespeichert. Besonders viel Raum im Gehirn nehmen Zunge und Lippen ein, denn mit ihnen können wir sehr feine Berührungen wahrnehmen, aber auch Muskelbewegung steuern«, so Täuber. Er kann außerdem aus wissenschaftlicher Sicht bestätigen, was wir in unserem täglichen Arbeitsumfeld immer wieder erleben, nämlich dass Stimm- und Sprechtraining keine aussichtslose Angelegenheit ist: »Studien an Klavierspielern zeigen, dass durch regelmäßiges Üben von Musikstücken die Repräsentation der Finger im sensomotorischen Bereich unseres Gehirns größer wird. Es ist plausibel, dass Stimmtraining einen ähnlichen Effekt hat und im Gehirn die Repräsentation unserer Körperteile für unsere Artikulation wachsen lässt. Wie der Klavierspieler an Fingerfertigkeit zunimmt, gewinnen Stimmgeübte an Manövrierfähigkeit ihrer Stimmwerkzeuge« – ein guter Grund, dass wir Ihnen weiter hinten die eine oder andere Übung vorstellen, damit Sie gleich damit beginnen können, sich vermehrt mit Ihrer Stimme zu beschäftigen!

Dass diese Auseinandersetzung aber weit mehr auslösen kann, ist ebenfalls mit Forschungsergebnissen aus der Neurobiologie belegbar, denn tiefes Atmen aktiviert den Nervus vagus, unseren Entspannungsnerv. Dieser zieht vom Hirnstamm, dem untersten Teil unseres Gehirns, durch den ganzen Körper und sorgt für Erholung, Regeneration und Wohlbefinden. Auch Summen oder Gähnen kann solche Ergebnisse hervorrufen. Vom Kehlkopf zieht ein Ast zum Nervus vagus. Ein lockerer Kehlkopf kann uns darum insgesamt gelassener und entspannter machen – und ein entspannter Grundzustand strahlt Souveränität und Sympathie aus. Wenn es uns gelingt, aus dieser Ruhe heraus lebendig und abwechslungsreich zu reden, erzielen wir beim Gegenüber Interesse und Aufmerksamkeit. »Denn unser Lernzentrum für Wissen und Erfahrungen im Gehirn, der Hippocampus, springt auf alles an, was Action verspricht. Er hasst Langeweile und mag es abwechslungsreich«, so der Hirnforscher. Wer seine Stimme variantenreich und bunt zu modulieren versteht, hinterlässt daher einen bleibenden Eindruck bei seiner Zuhörerschaft oder auch nur einem einzelnen Gegenüber.

»Ich bin der König der Welt!« – wie uns Stimmen berühren

Sicherlich kennen Sie jemanden, der eine für Sie so eindrucksvolle Stimme hat, dass Sie sofort wissen, was gemeint ist, wenn wir behaupten: Stimmen berühren uns auf eine unvergleichliche Art und Weise! Sie sind ein machtvolles Instrument, ein Schlüsselreiz der Kommunikation, denn schon bevor wir unsere Zuhörer mittels des Inhalts erreichen, den wir von uns geben, ist unsere Stimme längst bei ihnen angekommen – und zwar mit allem, was mit ihr mitschwingt: Stimmung, Gefühlszustand, Persönlichkeit, Intention. Jeder Mensch hat seinen eigenen Klang, und wie jemand klingt und spricht, gibt zunächst Hinweise auf Alter, Geschlecht und Herkunft. Gleichzeitig gewähren Stimme und Sprechweise auch ungewollt Einblicke in das Innerste eines Menschen. Emotionen wie Ärger, Freude oder Furcht werden durch subtile Vorgänge in den Kehlkopfmuskeln für andere hörbar. So konnte etwa das Stimmig-sein-Institut in Köln mit mehreren Untersuchungen bestätigen, dass unser psychisches Befinden sich unmittelbar auf den Klang der Stimme auswirkt, was in erster Linie an einer Schutzfunktion des Kehlkopfes liegt: Die Enge, die im Kehlkopf und Ansatzrohr beim Schlucken entsteht, wird auch bei psychischer Belastung und Bedrohung aktiv. Der berühmte Kloß im Hals ist demnach nichts anderes als die körperliche Reaktion auf eine psychische Belastung. Auch für den deutschen Sprechwirkungsforscher Walter Sendlmeier sind nicht die Augen der Spiegel der Seele, sondern die Stimme. Wir können das nicht nur bestätigen – wir ergänzen es an dieser Stelle um eine weitere Komponente: Die Stimme ist unserer Erfahrung nach nicht nur der Spiegel der eigenen Psyche, der als Gratmesser unseres Gefühlszustandes darlegt, wie es uns geht, sondern sie ist auch das Fenster oder sogar die Tür zur Seele anderer, da wir unsere Mitmenschen mit kaum etwas so schnell und gut erreichen – oder ebenso rasch kränken, langweilen oder abstoßen – wie mit dem Einsatz unseres Stimm- und Sprechapparats. Von der Stimme lässt sich nicht nur auf die psychische Verfassung, sondern ebenso auf die Persönlichkeit eines Menschen schließen, und sogar körperliche Erkrankungen schlagen sich im Stimm- und Sprechausdruck nieder.

Die menschliche Stimme wird einerseits von physischen Faktoren wie Hormonen und Körperbau geprägt, und anderseits in einem nächsten Schritt durch Erziehung, Sozialisierung und den Zeitgeist. Darum haben Menschen auch vor zweihundert Jahren völlig anders geklungen als heute – der allgemeine Sprechstil, aber auch die Stimmhöhen verändern sich laufend.

Zurück zur Fähigkeit, andere mit der eigenen Stimme berühren zu können: Die Spiegelneuronen tragen das Ihre dazu bei, dass ab dem ersten Moment eine Verbindung zwischen Sprechendem und Zuhörer entsteht. Denn diese im menschlichen Gehirn sitzenden Nerven sorgen dafür, dass wir beim Zuschauen einer Begebenheit genauso reagieren, als würde der betreffende Vorgang aktiv vollzogen werden. Das ist auch der Grund, warum wir Filme so lieben und sie so gut für uns funktionieren: weil wir uns mit den in ihnen vorkommenden Figuren, wenn sie von begabten Schauspielern dargestellt werden, meist recht einfach identifizieren können und daher einen körperlichen Schmerz fühlen, wenn sie von einem Pfeil durchbohrt werden oder sich auch nur den kleinen Zeh stoßen. Genauso müssen wir mit ihnen mit weinen, wenn sie am Grab eines geliebten Menschen stehen oder der Liebeskummer einsetzt. Wer spürt keinen Kloß im Hals, wenn die schöne Kate Winslet als verzweifelte Rose DeWitt Bukater in »Titanic« ihren leblosen Jack, grandios von Leonardo DiCaprio gespielt, von der Eisscholle stoßen muss, an der er bereits festgefroren ist, um selbst eine Überlebenschance zu haben? Dass uns das derart berührt, liegt an den Spiegelneuronen, die das Leben wesentlich bunter für uns machen! Wenn Sie nicht besonders empfänglich für überschäumende Romantik dieser Art sind und weder bei »Love Story« noch bei »Ghost« oder »Wie ein einziger Tag« weinen oder wenigstens laut schluchzen müssen, dann kennen Sie das sicherlich aus einem anderen Lebensbereich, wo es nicht um Liebes-, sondern um körperlichen Schmerz geht, den man sich selbst zufügen muss, weil es die Umstände erfordern: Tut es Ihnen beinahe körperlich weh, sodass Sie gar nicht richtig hinsehen können, wenn eine Filmfigur sich ohne Betäubung eine Wunde näht oder umständlich eine Kugel aus einem stark blutenden Einschussloch herauspult? Eben! Und in Bezug auf Ekel geht es den meisten ähnlich: Wenn in »Trainspotting« oder in »Headhunter« der jeweilige Protagonist in einer Toilette beziehungsweise einem Plumpsklo voller Kot untertaucht, wird das ziemlich sicher etwas mit Ihnen machen, oder?

Das funktioniert natürlich beim Reden und Zuhören genauso. Auch das kennen Sie wahrscheinlich: Wenn jemandem, dem wir lauschen, die Luft beinahe wegbleibt, dann fühlt sich das so an, als würden wir selbst im nächsten Moment nach Luft schnappen müssen. Wenn der Sprechende sich räuspert, spüren wir schon einen Frosch im Hals. Wer heiser ist, sollte deshalb möglichst mit niemandem reden, aber auch nichts anhören, nicht mal Musik, weil man im Geiste stets mitdenkt und mitspricht und die Stimmbänder daher kaum merklich, aber doch immer mit vibrieren. Selbst mit der Aufregung klappt das: Horchen wir jemandem zu, der überaus nervös wirkt, werden wir selbst auf einmal unruhig. Das Mitfühlen, Mitleiden und Spiegeln setzt vom ersten Laut an ein – dafür sorgt unser Gehirn, dagegen können wir uns kaum wehren. Die Auswirkungen auf unsere Befindlichkeit als Hörer, auf unseren aktuellen Allgemeinzustand, können enorm sein: Wenn ein Vortragender etwa langweilig in seinen Ausführungen ist oder eine monotone Art und Weise des Sprechens aufweist, dann werden die

Leute im Publikum müde, weil es immens anstrengend ist, jemandem zu folgen, der immer im selben Sprechtempo und -rhythmus vorträgt. Womöglich haben Sie auch schon mal jemanden dabei beobachtet, wie er gegen das Einschlafen angekämpft hat oder tatsächlich eingenickt ist. Das Schöne ist, dass es umgekehrt ebenso wunderbar klappt: Wenn ein Redner wach, charismatisch und begeistert klingt, wird auch das Publikum aufmerksam, gefesselt und aufnahmefähig sein. Die Formel ist somit an und für sich ganz einfach!

Nochmal zurück zu Kate und Leo: Wenn die Synchronisation in jener Sprache, in der wir den Film sehen, nicht glückt, dann nimmt uns das viel vom Erlebnis, denn wenn unglaubwürdig gesprochen wird oder die Stimme nicht zum gezeigten Charakter oder Aussehen passt, ist das genauso schlimm, weil desillusionierend, wie wenn die Schauspielleistung an sich schlecht ist.

Der berühmte deutsch-österreichische Schauspieler Frank Hoffmann, der sich bereits im Geleitwort geäußert hat, ist höchst sensibilisiert auf alles rund um die menschliche Stimme. Er rät Menschen, beim meist automatischen und instinktiven Ablauf des Sprechens und Redens nicht zu übersehen, dass der normale Gebrauch der Stimme lediglich das Vehikel für das ist, was sich »im besten aller Fälle zuvor zwischen den Ohren, nämlich im Gehirn des Stimminhabers, geformt hat«. Die Regel aller Regeln lautet seiner Erfahrung nach deshalb: Sprich niemals schneller, als du denken kannst! Ein hervorragendes Beispiel für überlegtes Formulieren sind seiner Empfindung nach die amerikanischen Ex-Präsidenten Bill Clinton und Barack Obama: »Bei beiden hatte man den Eindruck, man könne ihnen in den Sprechpausen beim Denken zuhören. Der aktuelle Präsident Donald Trump unterscheidet sich von seinen beiden Vorgängern nicht nur in dieser Hinsicht leider wenig vorteilhaft. Er spricht, um das Gesprochene danach zu relativieren – und das zudem in einer Stimmlage, die gewöhnungsbedürftig ist.«

Wie jemand spricht oder mit uns redet, beeinflusst die zwischenmenschliche Kommunikation nun mal erheblich: Im besten Fall entspannt sich der Zuhörende, weil es angenehm ist, den Worten des Sprechenden zu lauschen, wodurch dessen Botschaft ankommen, der Inhalt des Gesagten vom anderen wahrgenommen werden kann. Im umgekehrten und schlechtesten Fall stellt es dem Gegenüber die sprichwörtlichen Nackenhaare hoch, wenn der Redner etwa hörbar laut Luft holt, ständig »Äh« und »Hm« sagt, schmatzende Laute von sich gibt, unangenehm näselt, also durch die Nase spricht, viel zu laut oder zu leise ist oder auch mit unpassenden Begriffen oder erfundenen Wörtern (»supermega-cool« geht ja noch, aber hören Sie mal Teenagern zu, die als Steigerungsform für ein Wort nur mehr »das ist dicker, fetter Mercedes, Alter« verwenden, weil sie »schön – schöner – am schönsten« nicht kennen oder verwenden wollen) um sich wirft.

Aber nicht nur die Stimmen anderer berühren uns, sondern auch unsere eigene. Menschen, die an ihrer Stimme und Aussprache arbeiten, erleben häufig außerordentlich intensiv, wie etwas Verborgenes zum Ausbruch kommt. Manche beginnen zu weinen oder verstummen zunächst gänzlich, wenn sie Stimmübungen machen und etwa einen Summton von sich geben sollen. Das zeigt uns immer wieder, wie stark Singen, Tönen oder Summen die Seele berühren kann, denn wenn Menschen auf eine bislang ungewohnte Art und Weise mit ihrer Stimme Kontakt aufnehmen, löst das recht häufig heftige Gefühle aus – weil sie dadurch mit Emotionen in Berührung geraten, die verschüttet und verdrängt waren und eben erst dadurch ans Licht kommen, dass sie sich mit ihrem Stimmapparat beschäftigen, wodurch alles Emotionale zu fließen beginnt und damit ein Ventil öffnet. Das verdeutlicht einmal mehr: Stimme und Psyche hängen zusammen.

Wird jemand beispielsweise gemobbt, so kann das durchaus im Stimm- und Sprechtraining hochkommen. Menschen, die etwas Neues ausprobieren – mit einer festeren Stimme zu sprechen beginnen oder eine andere Strategie verwenden –, bekommen schnell von anderen ein völlig neues Feedback: Mehr Anerkennung und Respekt sind die übliche Folge. Dadurch kommen sie automatisch auch persönlich weiter, was wiederum bestätigt, dass wir Persönlichkeit und Stimme kaum voneinander trennen können: Wer an seiner Stimme arbeitet, entwickelt sich automatisch auf der Persönlichkeitsebene, arbeitet damit auch immer an der eigenen Psyche.

Kleinkinder experimentieren von allein mit ihrer Stimme, um herauszufinden, wie sie klingen, was das für einen Unterschied in der Wirkung macht und letztlich auch, mit welcher Stimmlage sie bekommen, was sie wollen. Die Gesellschaft beantwortet das, indem sie etwa Mädchen mehr gewährt, wenn sie lieb und brav sind. Das funktioniert bei Buben wiederum weniger gut, denn von ihnen wird eine nachdrücklichere Strategie nicht nur akzeptiert, sondern sogar oft eingefordert.

Es wäre uns jedenfalls geschlechtsunabhängig in die Wiege gelegt, uns mit unserem körpereigenen Instrument zu spielen, auseinanderzusetzen und zu beschäftigten. Aber irgendwann hören wir auf, unsere Komfortzone zu verlassen, was diesen Aspekt unserer Persönlichkeit betrifft, wodurch das im Erwachsenenalter üblicherweise nicht fortgeführt wird. Durch die Sozialisierung werden wir schließlich in ein Schema gepresst, tun stimm- und sprechtechnisch in ähnlichen Situationen häufig das Gleiche – und wundern uns womöglich, warum keine anderen Ergebnisse dabei herauskommen.

Mit unserer Stimme können wir uns unbewusst schützen, indem wir bildlich gesprochen das Visier unserer Rüstung herunterklappen. Stellen Sie sich eine Frau vor, die toll aussieht und extrem viel Sexappeal ausstrahlt, aber deren Stimme im Hals sitzt, wodurch sie keifend klingt. So jemand wirkt naturgemäß unsympathisch, hantig und scharf. Das kann dazu führen, dass eine solche Frau beispielsweise am Arbeitsplatz nicht integriert und von ihren Kollegen nicht gemocht wird, was zu einer inneren Unzufriedenheit führen kann, wenn sie diese Ablehnung nicht kalt lässt. Dabei könnte der Hintergrund ein durchaus gutgemeinter sein: Dadurch, dass sie so attraktiv und sexy ist, hat sie sich eventuell angewöhnt, mittels Stimme eine extreme Distanz zu vermitteln, damit sie nicht ständig angemacht und nur auf das Sexuelle reduziert wird. Die persönliche Stimmstrategie einer derartigen Frau sollte ursprünglich vielleicht einfach nur verhindern, dass sie sexuell auffällt, weil sie optisch zu einladend wirkt. Der Ursprung dieser an sich klugen Strategie liegt wahrscheinlich im Teenageralter, wenn sie damals häufig von jungen Männern angefasst worden ist. Für eine gestandene, selbstbewusste Frau ist diese Art zu klingen allerdings nicht mehr notwendig – denn als Erwachsene kann sie sich auch anders wehren. Sie muss nur wissen, wie sie ihre Stimme neu entdeckt, damit sie anders und zu ihrem erwachsenen Ich stimmiger wirken kann.

»Das ist stimmig!« – was Stimmen bewirken können

Stimme beeinflusst die Wirkung, Stimme macht Stimmung. Die deutsche Sprache weiß um diesen Zusammenhang und hat viele Redewendungen hervorgebracht, die das veranschaulichen und verdeutlichen: »jemandem seine Stimme geben«, »der inneren Stimme folgen«, »einer Sache zustimmen«, »etwas bestimmen«, »Bestimmt!« als »Zustimmung« sagen, »verstimmt sein«, mit jemandem in einer Sache »übereinstimmen«, über eine Angelegenheit »abstimmen«, »jemanden überstimmen«, »Das stimmt so nicht« kontern, »die

Stimme der Vernunft«, auf die »Stimme des Herzens« hören, »Das stimmt mich fröhlich« äußern, »ein Musikinstrument stimmen« – all diese Formulierungen zeigen, wie zentral das Thema rund um die Stimme in unser aller Alltagsleben tatsächlich, wenn auch meist unbemerkt, ist.

Der Medien- und Kommunikationscoach Georg Wawschinek bringt diese Wirkung auf den Punkt, indem er erklärt, warum das gar nicht anders sein kann: »Wenn jemand auftritt und im Raum ist leise, und das Einzige, was man hört, ist die Stimme dessen, der spricht, dann macht das unweigerlich Stimmung. Wenn man da Nervosität heraushört, wird es schwierig. Das Ohr ist das einzige Organ, das wir Menschen anatomisch nicht verschließen können. Bei den Augen haben wir Lider, die wir zumachen können, Ohren kann man höchstens zuhalten, aber an und für sich sind sie immer in Betrieb.« Das trifft den Nagel tatsächlich auf den Kopf, denn immerhin kommen Geräusche und Informationen sogar im Schlaf über unsere Ohren im Gehirn an. Wie stark müssen sie demnach erst im wachen Zustand auf uns wirken! Wer das weiß, kann es zu seinem und dem Vorteil der anderen nutzen, indem er sich gut überlegt, was er wie sagt.

Jessica Schwarz schildert dazu eine ihrer Erfahrungen: »Es geht nicht nur um die Stimmfarbe, sondern zum Beispiel ebenso um das Tempo. Das kann auch negativ auffallen und anstrengend sein. Vor Kurzem bin ich an eine Verkäuferin mit so einer anstrengenden Art zu reden geraten: zu viel, zu schnell, zu hoch – man wollte einfach nur raus aus diesem Geschäft. Das ist natürlich schade, aber mit so einer Stimme verkauft man einfach nicht gut. Eine Stimme hat nun mal auch einen psychologischen Einfluss auf einen anderen Menschen. Manchmal wirkt jemand beruhigend durch seine Stimme – bei Taxifahrern ist das oft so. Man nimmt leicht eine extreme Art zu reden von seinem Gegenüber an. Beim Schauspielen ist es total schwierig, sich da abzugrenzen.

Wenn man in einer Szene ganz ruhig und gelassen sein soll und das Gegenüber muss sehr aggressiv und laut in seiner Rolle sein, dann ist es anstrengend, sich nicht von dem anderen anstecken zu lassen und aus seiner eigenen Rolle herauszukommen. Im Alltag ist das ähnlich: Wenn jemand stimmmäßig eine ganz besonders starke Ausstrahlung hat, ist es schwierig, dort nicht hineinzukippen.«

Wenn Sie einnehmend, sympathisch und gewinnend auf andere wirken möchten, wenn Sie jemanden beeindrucken oder von sich überzeugen wollen, dann denken Sie daran: Inszenierung ist auch hier die halbe Miete! Zeigen Sie sich nicht sprechfaul oder darbietungsbequem, was den Einsatz Ihrer Sprechwerkzeuge betrifft, sondern schöpfen Sie aus dem Vollen, indem Sie mit Begeisterung sprechen, mit Leidenschaft und emotionsgeladen erzählen, Ihr Gegenüber das komplette Repertoire Ihrer Stimme erleben lassen! Das wirkt im beruflichen Kontext, wenn Sie vor Ihrem Chef oder den Kollegen brillieren, einen Kunden gewinnen oder ein Produkt verkaufen wollen, genauso wie privat, wenn ein klärendes Gespräch ansteht oder Sie bei einer für Sie interessanten, aber noch fremden Person gut ankommen oder gar Eindruck schinden möchten. Selbst an einem Tag, an dem es Ihnen vielleicht physisch oder psychisch nicht optimal geht, können Sie gegensteuern, weil Sie nun wissen, was sich alles ungewollt mittransportiert, wenn Sie zum Sprechen ansetzen. Es muss nicht sein, dass Ihre Stimme verräterisch auf dem Silbertablett serviert, wenn Sie nicht gut drauf sind – wenn Sie an einem solchen Tag besonders bewusst sprechen, sich um einen angenehmen Stimmsitz bemühen, sich auf eine ruhige Sprechweise konzentrieren und damit gar nicht erst zulassen, dass jeder im Umkreis sofort von Ihrer Unpässlichkeit Notiz nimmt, dann können Sie auch an schlechteren Tagen gut brüllen und den richtigen Ton treffen.

Wir wissen, wovon wir reden – so habe ich [Pamela Obermaier, infolge kurz *pyno*] etwa vor Jahren an einem

Tag, an dem ich unter Schmerzen litt, in einem Vorstellungsgespräch trotzdem so überzeugt, dass ich nicht nur in die nächste Runde eingeladen worden bin, sondern schließlich auch das Hearing in der letzten Bewerbungsrunde gewonnen habe. Wie habe ich das gemacht? Nachdem ich mich ob des miesen Timings zu Ende geärgert hatte, habe ich in meiner Wissenskiste gekramt und alles daraus hervorgezaubert, von dem ich wusste, dass es mir helfen wird, dennoch gut gelaunt und nicht missmutig rüberzukommen: Ich habe kurz vor diesem für mich wichtigen Termin, nämlich während der Autofahrt, Atem- und Summübungen gemacht, und während des Gesprächs selbst habe ich mich darauf konzentriert, grundsätzlich langsam zu sprechen, meine Stimme nicht nach oben auskommen zu lassen, wodurch ich leicht jammernd wahrgenommen werden hätte können, sondern sie unten zu lassen, damit sie angenehm klingt. Neben einer aufrechten Körperhaltung, die ich ebenfalls äußerst bewusst eingenommen habe, um nicht »in den Schmerzen zu versinken«, hat das gemeinsam mit einer lebendigen Sprechweise und freilich einem sinnvollen Inhalt, dazu geführt, dass vermutlich niemand gemerkt hat, wie viel lieber ich zu Hause im Bett geblieben wäre. Und das können Sie auch! Wir werden Ihnen auf der Reise durch dieses Buch noch reichlich Wissen und Werkzeug dafür zur Verfügung stellen.

»I have a dream!« – Stimmen, die die Welt verändert haben

Jeder von uns kennt sicherlich die eine oder andere große Rede, die das Weltgeschehen verändert hat – oder weiß zumindest, dass es sie gegeben hat, dass sie gehalten wurde. Niemand würde diese Reden kennen, wenn sie von jemandem gehalten worden wären, dem die Gabe, sein Publikum zu fesseln und zu erreichen, gefehlt hätte. Redner, die das

Talent haben, ihre Zuhörer zu berühren, zeigen, wie weniger Worte es manches Mal bedarf, um Geschichte zu schreiben und den Lauf der Welt zu lenken. Ob das nun Bruno Kreisky, Martin Luther King, Nelson Mandela oder vor weit längerer Zeit Jesus von Nazareth war – die unsterblichen Persönlichkeiten der Menschheit sind uns oftmals durch ihre Worte in Erinnerung geblieben und haben es durch ebendiese in die Geschichtsbücher geschafft.

So war es ein einziger Ausspruch am 12. Juni 1987, bestehend aus elf Wörtern, der rückblickend zu einer der wichtigsten Reden des damals amtierenden US-Präsidenten Ronald Reagan werden sollte, als der vor dem Brandenburger Tor in Berlin durch seine sicher mit Bedacht gewählten Worte dazu beigetragen hat, das damalige Weltgeschehen nachhaltig zu verändern, indem er sagte: »Mister Gorbatschow, open this gate! Mister Gorbatschow, tear down this wall!«, auf Deutsch übersetzt »Herr Gorbatschow, öffnen Sie dieses Tor! Herr Gorbatschow, reißen Sie diese Mauern nieder!« An diesem denkwürdigen Tag wagte es sich kaum jemand vorzustellen, dass die Mauer, die Ost- von Westdeutschland trennte, zweieinhalb Jahre später tatsächlich fallen würde.

Ein weiterer Präsident der USA bleibt ebenfalls einer bestimmten Rede wegen unvergesslich, und wieder hat sie mit dem Kommunismus in Europa respektive Deutschland zu tun: John F. Kennedys Ansprache vor dem Schöneberger Rathaus in West-Berlin am 26. Juni 1963, in der er sich mit dem vielsagenden Satz »Ich bin ein Berliner« insofern mit den West-Berlinern solidarisch erklärte, als er klarstellen wollte, dass die Vereinigten Staaten mit dem sowjetischen Kommunismus nicht einverstanden waren, ist weltweit bekannt geworden.

Aber auch große Europäer haben uns unvergessliche Sätze hinterlassen. Denken Sie nur an Winston Churchill – obwohl die Briten selbst sich nicht immer zu Europa zählen wollen –, der Großbritannien als Premierminister durch den Zweiten

Weltkrieg geführt hat: Seine berühmte »Blood, toil, tears and sweat«-Rede vom 13. Mai 1940, in der er über »Blut, Mühsal, Tränen und Schweiß« sinnierte, was seiner Aussage nach das Einzige war, das er »anzubieten« hatte, war eine verhältnismäßig kurze Ansprache, die aufgrund ihrer Treffsicherheit Berühmtheit erlangt hat. Stilistisch handelte es sich um einen Appell mit doppelter Stoßrichtung, mit dem er sich an Churchill und die Parlamentarier des britischen Unterhauses sowie an das Volk Großbritanniens richtete, inhaltlich wollte er wohl beide Gruppen auf die Leiden und die Härten des Krieges vorbereiten. Warum war diese Rede so wirkungsvoll, wie es die Geschichtsbücher übermitteln? Wohl wegen der offenen und auch schonungslosen Ehrlichkeit, die ihr Redner mit ihr an den Tag legte. Damit hat er die Zuhörer abgeholt und diese konnten sich so verstanden fühlen. Denken wir an viele Politiker der Gegenwart, die Schwierigkeiten häufig herunterspielen und ihre Wähler wie Nicht-Wähler regelmäßig damit verärgern, dass sie lediglich zu *Schön*rednern geworden sind, während sie selten wirklich gute *Redner* sind, so ist verständlich, warum diese kompromisslosen Worte ihre Zuhörerschaft berührt und getroffen haben. Nicht umsonst wird diese Ansprache als eine der berühmtesten politischen Reden überhaupt gewürdigt. Churchill hat freilich nicht nur mit den richtigen Worten berührt, sondern ihnen durch seine Stimme erst ernstzunehmende Glaubwürdigkeit verliehen, was mitunter das wichtigste Element einer nachhaltigen Rede ist. Und wie erlangen wir Glaubwürdigkeit? Durch Authentizität, ja, freilich, aber auch durch den passenden Ausdruck in unserer Stimme! Wenn wir für etwas brennen, selbst daran glauben, dann transportiert das unsere Stimme, indem sie uns leidenschaftlich, offen und ehrlich klingen lässt. Damit eine Ansprache eindringlich und richtig gut wird, die Menschen erreicht und berührt, sind die richtigen Worte allein nämlich nicht ausreichend. Begeisterungsfähigkeit und Glaubwürdigkeit sind mindestens genauso wichtig. Und beides können wir durch unsere Stimme hörbar machen. Das wusste auch der große Martin Luther King, dessen berühmte »I have a dream«-Rede vom 28. August 1963 nur deshalb zum Sinnbild der Bürgerrechtsbewegung in den USA werden konnte, weil er ein Gespür für seine Zuhörer hatte und rechtzeitig merkte, dass die von ihm vorgelesenen Worte diese emotional nicht abholten. Das Publikum driftete merklich weg, also hörte King auf, an seiner geschriebenen, sicherlich gut durchdachten Rede festzuhalten, las nicht mehr vom Blatt, sondern folgte mit Leidenschaft seinem Herzen, formte die vier Wörter »Ich habe einen Traum«, wurde damit glaubwürdig, holte die Menschen emotional ab und traf damit ins Schwarze.

Auch in Österreich gab es nicht nur eine legendäre Ansprache: Leopold Figl, der erste Bundeskanzler nach dem Zweiten Weltkrieg, erlangte Berühmtheit durch seine Rede vom 15. Mai 1955, in der er nach der Unterzeichnung des Staatsvertrags Österreichs Souveränität ausgerufen hat. Seine beinahe erlösenden Worte »Österreich ist frei!«, die er dem österreichischen Volk vom Balkon des Schloss Belvedere aus zugerufen hat, sind weit über die Grenzen des Landes bekannt. Noch berührender waren vermutlich Figls Worte anlässlich des Heiligen Abends in einer schwierigen Zeit, die er zehn Jahre vorher ans Volk gerichtet hatte: »Ich kann Euch zu Weihnachten nichts geben, ich kann Euch für den Christbaum, wenn Ihr überhaupt einen habt, keine Kerzen geben, kein Stück Brot, keine Kohle zum Heizen, kein Glas zum Einschneiden. Wir haben nichts. Ich kann Euch nur bitten: Glaubt an dieses Österreich!« Die Emotionalität dieser Rede vom 24. Dezember 1945 scheint unübertroffen, und Menschen derart zu erreichen, gelingt nicht mit einer monotonen Sprechweise oder einer unangenehmen Stimme, wie Sie sich bestimmt vorstellen können.

In derselben Liga, was die Wirkung auf das kollektive Bewusstsein betrifft, spielen auch Kaiser Wilhelms Erklärung vor dem deutschen Reichstag im August 1914 (»Ich kenne keine Parteien mehr, ich kenne nur noch Deutsche«) und Willy Brandts Regierungserklärung von 1969 (»Wir wollen mehr Demokratie wagen«). Aber wir müssen gar nicht so weit zurückgehen: Es ist noch nicht allzu lange her, dass der vorige amerikanische Präsident Barack Obama unvergessliche Worte ausgesprochen hat, die seinen Erfolg geebnet haben: »Yes, we can!« ging mit einem glaubwürdigen, emotionsgeladenen Auftritt einher und war darum so beeindruckend für unterschiedlichste Menschen auf der ganzen Welt. Mit diesem treffsicheren Slogan hat er die Stimmung einer ganzen Generation eingefangen und abgeholt und sich zeitgleich einer weltweiten Öffentlichkeit bekannt gemacht. Wenn Zuhörer in der Stimme eines Redners Ehrlichkeit, Authentizität und Leidenschaft spüren, verzeihen sie auch mal nicht optimal gewählte Worte, denn nichts ist eindringlicher als eine Stimme, die einen in der Seele trifft. In Kombination mit solchen Worten ist man folglich unschlagbar.

Eine große Rede spiegelt freilich nicht automatisch die Wahrheit einer Epoche wider – große Lügen und Manipulationen machen ebenso Geschichte. Reden haben sowohl Kriege begonnen als auch Frieden eingeleitet. Wenn wir an den Zweiten Weltkrieg denken, fallen zwei Ansprachen sofort ein: Adolf Hitlers Rede anlässlich des Kriegsausbruchs am 1. September 1939 (»Seit 5.45 Uhr wird jetzt zurückgeschossen! Und von jetzt ab wird Bombe mit Bombe vergolten!«) und Joseph Goebbels' Sportpalastrede am 18. Februar 1943 (»Wollt Ihr den totalen Krieg?«), mit der er zur Intensivierung des Krieges aufgerufen hat und die ein Paradebeispiel für NS-Propaganda ist. In solcherlei Reden sollen die Zuhörer nicht lediglich überzeugt, sondern richtiggehend überrumpelt werden.

Viele Ansprachen wiederum künden von großer Weisheit – denken wir nur an die Vertreter des Freiheitskampfes gegen soziale Ungerechtigkeit und Unterdrückung, wie Mahatma Gandhi, Nelson Mandela oder eben Martin Luther King. Ebenso viele Reden beinhalten oder transportieren allerdings fatale Irrtümer, wie etwa Neville Chamberlains »Friede in unserer Zeit«-Rede, die er gehalten hat, nachdem er 1938 mit Hitler das Münchner Abkommen geschlossen hatte. Was sie in jedem Fall gemeinsam haben, wenn sie im Gedächtnis bleiben, sind Redner, die ihre Stimme dazu verwenden, um zu beeindrucken. Wenn jemand rein stimmlich komplett unauthentisch wirkt, dann gelingt so etwas nicht. Das kennen Sie sicher nicht nur von diversen Politikern, die leidenschaftslos klingen und nicht ehrlich wirken, allein weil die Art ihres Redens leblos und langweilig ist. Da reicht es den Zuschauern dann eben nicht, wenn etwas Kluges oder wohlwollend Formuliertes zum Besten gegeben wird, ein Volksvertreter behauptet, es gehe »vordergründig um die Menschen« oder ein Geschäftsführer beteuert, die Firma sei »eine große Familie«, wenn die Stimme verrät, dass das nicht ehrlich gemeint ist, sondern die Zuhörerschaft besänftigt oder ihnen Honig ums Mail geschmiert werden soll. Ohne Glaubwürdigkeit geht eine Rede nicht auf – und die menschliche Stimme ist *das* Transportmittel dafür. Umgekehrt lässt sie aber eben auch das Gegenteil davon mitschwingen und weist das Publikum darauf hin, wenn etwas nicht aufrichtig gemeint ist.

Was außerdem einen Einfluss auf die Wahrnehmung einer Rede hat, ist die Art zu sprechen: Wenn die Stimme noch so schön ist, der Redner noch so charismatisch und sympathisch, wenn die Worte noch so grandios gewählt sind – wenn man nicht versteht, was gemeint ist, weil viel zu schnell oder zu leise gesprochen wird, keine Pausen vorkommen, die Wörter undeutlich artikuliert werden oder der Sprechende in sich hinein nuschelt, war alles für die Katz'. Das Gesamtpaket macht es also aus: ein Inhalt, der wahrhaftig ist, mit Bedacht gewählte Worte, die diesem Inhalt die perfekte Form geben, eine Stimme, die Leidenschaft und

Ernsthaftigkeit vereint und eine saubere Sprechweise, die das Ganze gut hörbar und verständlich macht.

Dass wir in Bezug auf weltbewegende Reden nur wenigen Frauen begegnen – Bertha von Suttner (»Frieden ist die Grundlage und das Endziel des Glückes«) und Marie Curie (»Radium ist mehr als hunderttausend Mal kostbarer als Gold«) werden unter diesen wenigen meist als Erstes genannt, wobei Margaret Thatcher, auf die wir später an anderer Stelle noch zu sprechen kommen werden, für die jüngere Geschichte zu nennen wäre –, weil Männer hier wahrlich überrepräsentiert sind, bedeutet übrigens nicht, dass wir Frauen die schlechteren Redner wären. Dieser Umstand ist lediglich eine Abbildung der Realität, da die Weltpolitik und auch die Weltwirtschaft zumindest in den vergangenen Jahrhunderten hauptsächlich Männersache waren. Diese nicht vorhandenen, nicht gehaltenen Reden machen den Gleichberechtigungskampf einmal mehr – in diesem Fall auf ironische Art und Weise – »hörbar«. Ob sich das in naher Zukunft ändern wird, ob mehr Frauen ihren Gedanken Gehör verschaffen werden, indem sie vor Massen von Menschen treten und Worte an sie richten, die die Welt verändern werden, können wir nur hoffen und annehmen, während wir es nicht mit Sicherheit wissen. Eines ist aber sicher: Große Reden gäbe es nicht ohne die dazugehörigen großartigen Stimmen, die deren Inhalt nicht nur transportieren, sondern richtiggehend lebendig werden lassen – was einmal mehr die Bedeutung unseres Stimm- und Sprechapparats unterstreicht. Und wir Frauen sollten dieses Potential erkennen und für uns (und die Welt) nutzen.

Gut gebrüllt und schon gewonnen – wie Sie mit Ihrer Stimme temperieren

Durch die angeführten Beispiele aus der Geschichte wird bewusst, wie machtvoll die Kunst der Redeführung neben dem, wie die Stimme dabei eingesetzt wird, ist und was das bedeutet, nicht wahr? Es löst unbestritten etwas in uns aus, wenn wir eine Stimme hören – Positives oder Negatives. Als das brüchig klingende »Ich kann euch zu Weihnachten nichts geben« Leopold Figls die Ohren seiner Zuhörerschaft erreichte, haben diese Worte in Kombination mit der Besorgnis und Traurigkeit, gepaart mit Hoffnung und Zuversicht, die er offenbar vermitteln wollte, bestimmt eine hohe Emotionalität transportiert und bewirkt. Die glaubwürdigen Gefühle und Gedanken des Redners sind sozusagen auf das Publikum übergeschwappt und haben dazu geführt, dass es ähnliche Emotionen gespürt und durchlebt hat und sich ihm und seiner Einstellung dadurch zugehörig fühlen konnte. Zugehörigkeit und Zusammenhalt transportierte auch der Ausspruch »Yes, we can!« Hätte ihn Barack Obama allerdings nicht derart kraftvoll an sein Publikum gerichtet, keine so starke, eindeutige Stimme aussprechen lassen, was zu einem echten Slogan werden sollte, hätte er seine Wirkung auch verfehlen können. Zweifel in einer Stimme, die so etwas Großartiges verspricht, hätten Zuhörer nicht »verziehen« – die Botschaft wäre nicht angekommen, weil die Worte nicht glaubwürdig gewirkt hätten. Durch das Motivierende, Überzeugte und Selbstbewusste in Obamas Stimme aber konnten sich auch die Menschen, an die er seinen Apell gerichtet hat, sicher, optimistisch und gut aufgehoben fühlen. Das war ein wahrer Geniestreich! Andere Gefühle löst der derzeit amtierende Präsident der USA aus: Wenn Donald Trump wieder einmal mit einer »polternden«, süffisanten oder annähernd aggressiven Stimme eine seiner harten Aussagen trifft, so löst das eher Unbehagen, Gegenwehr oder Kampfeslust in den Zuhörern aus. Trumps

Stimme passt zwar zu seinen Einstellungen – er wirkt folglich nicht unglaubwürdig –, aber er wird entweder gefürchtet oder nicht ernstgenommen, was durch seine Art des Sprechens und seine Stimme untermauert wird.

Wir können nicht nicht kommunizieren, hat der Psychotherapeut, Kommunikationswissenschaftler und Soziologe Paul Watzlawick einst festgestellt – Sie kennen dieses Zitat wahrscheinlich. Und nun lassen Sie es uns erweitern: Wir können mit unserer Stimme genauso wenig nicht nichts auslösen. Das ist freilich nicht nur in der Politik eindeutig zu beobachten: Wenn Sie aufbauende, motivierende Worte des Aufbruchs von einem Kollegen oder Vorgesetzten hören, werden Sie diese nur dann erreichen und ein gutes Gefühl des Optimismus in Ihnen auslösen, wenn die Stimme dazu klar und »siegessicher« klingt. Hören Sie hingegen dieselben Worte von einer geschwächt klingenden, müden, gelangweilten oder auch langweiligen Stimme, wird der gewünschte Effekt ausbleiben. Oder wenn firmenintern bei Ihnen jemand gefragt wird, ob er es sich zutraut, diesen Großkunden zu übernehmen, jenen Neukunden zu betreuen oder beim nächsten Event eine Rede zu halten, und der Gefragte antwortet zwar von seinen Worten her positiv, indem er meint »Ja, sicher, kein Problem!«, seine Stimme kippt ihm aber weg oder es kommen zögerliche, piepsig klingende Laute als Antwort, dann werden Sie sich vermutlich denken, dass Sie ihm nicht glauben. Stimme und Inhalt passen in diesem Fall nicht zusammen, was dazu führt, dass der Sprechende nicht ernstgenommen wird oder sich sogar lächerlich macht.

Weil es uns auch wichtig ist, dass Sie wissen, was mit Stimme in Form von Rhetorik und Kommunikation bewirkt werden kann, möchten wir Ihnen hier einen kleinen Einblick geben, wie suggestiv gesprochene Sprache sein kann, damit Sie ihre Macht und Kraft nicht unterschätzen. Im besten Fall gehen nämlich exaktes Sprechen, vereinnahmendes Reden, konstruktives Kommunizieren und wirkungsvolle

Rhetorik mit einer persönlichkeitsunterstützenden Stimme Hand in Hand. Viele Bücher konzentrieren sich allerdings nur auf einen dieser Aspekte, und auch wir haben freilich einen Schwerpunkt gewählt, wollen Ihnen aber dennoch ein Gesamtbild präsentieren, damit Sie die Zusammenhänge verstehen.

Streng genommen haben wir immer ein größeres oder kleineres Ziel, wenn wir ein Gespräch angehen oder vor eine Menschenmenge treten, um etwas vorzutragen oder über etwas zu referieren: Wir wollen etwas Bestimmtes erreichen. Das muss nicht unbedingt etwas Bedeutendes sein – manchmal möchten wir lediglich eine Antwort bekommen, Bestätigung erhalten oder eine Handlung bewirken. Darum ist es beinahe unmöglich, zu kommunizieren, ohne zeitgleich zumindest geringfügig zu manipulieren, zu beeinflussen. Die aus dem Altgriechischen stammende Bezeichnung »Rhetorik« meint eben nicht nur die damit benannte Redekunst an sich, sondern auch die Kunst, andere mittels einer guten Rede von etwas zu überzeugen. Es geht daher in der Rhetorik um die Fähigkeit, wirkungsvoll zu reden – egal, ob vor Publikum, wo sich das Gesagte als Monolog darstellt, oder innerhalb einer Unterhaltung, wo es sich um einen Dialog handelt. Auch von der suggestiven Kraft der Sprache wird diesbezüglich häufig gesprochen. Deutlich wird sie vor allem in der Werbung, im Verkauf – und nicht zuletzt mit den wahrscheinlich stärksten Auswirkungen in der Politik.

Bei der suggestiven Sprache wird zwischen indirekter Suggestion, versteckten Befehlen und Vorannahmen unterschieden: Bei einer Suggestion – der Beeinflussung eines Menschen – sind direkte Befehle nicht zielführend, weil man ja keinen Widerstand beim anderen auslösen will. Darum muss die eigentliche Forderung klug verpackt werden, damit der versteckte Befehl nicht als solcher erkennbar ist. Gute Führungspersönlichkeiten wissen das und werden daher einem Mitarbeiter, der ungenau in seinen Ausführungen ist, nicht vorwerfen, dass er wenig korrekt arbeitet, sondern in einem Meeting vor den Kollegen sagen: »Es ist wirklich erfreulich, wenn Ihr so genau arbeitet, wie das aktuell der Fall war. Dadurch ist der Erfolg unseres derzeitigen Projektes nicht gefährdet, was wiederum all unsere Arbeitsplätze für das kommende Jahr sicherstellt.« Wenn der Betreffende, der eigentlich gemeint ist, nicht völlig ohne Selbstreflexion ausgestattet ist, wird er sich erwischt vorkommen und sich hüten, weiterhin so ungenau zu sein, da er bereits für etwas gelobt worden ist, das er noch gar nicht geliefert hat.

Abgesehen davon gibt es Fragen, die in Wahrheit gar keine Fragen, sondern getarnte indirekte Suggestionen sind. Wichtig an diesen auf andere Weise versteckten Aufforderungen ist, sie positiv zu formulieren, damit der Widerstand im anderen nicht erwacht, wie wir das auch schon oben hatten. Als wir zu Beginn des ersten Kapitels die Frage in den Raum gestellt haben, ob Ihnen bewusst ist, wie einzigartig eine Stimme ist, wollten wir damit natürlich bewirken, dass Sie sich für die Beantwortung dieser Frage – und damit für diesen Textabschnitt – interessieren. Das kommt so wesentlich besser und interessensweckender bei Ihnen an, als wenn wir formuliert hätten: »Lesen Sie dieses Kapitel!«

Abgesehen davon gibt es schließlich noch die Vorannahme, die ebenfalls regelmäßig zum Einsatz kommt. Das kennen Sie bestimmt von genau dieser Formulierung. »Das kennen Sie bestimmt« oder »wie Sie sicher wissen« oder »das haben Sie vermutlich auch schon selbst erlebt« sind in Wahrheit Unterstellungen und damit bewusst oder unbewusst eingesetzte Vorannahmen in Richtung des Rezipienten. Selbstverständlich funktioniert das nur, wenn es tatsächlich so ist, also wenn diese Annahmen realistisch sind. Denn wenn wir von etwas Widersprüchlichem ausgehen würden, ginge die Sache nicht auf. Würden wir beispielsweise schreiben »Das kennen Sie ja selbst von Ihrer eigenen Landung auf dem Mond«, wäre das fragwürdig bis sinnlos. Möglich ist diese

Form der Suggestion somit nur, wenn die Aufmerksamkeit in Richtung einer recht wahrscheinlichen Erfahrung gelenkt wird.

Sie sehen schon: Es ist gar nicht so einfach, zu oder mit jemandem zu reden, ohne ihn mehr oder weniger stark zu manipulieren. Wir wünschen uns nun mal, dass unsere persönlichen Ideen, Überzeugungen oder Werte von anderen übernommen oder zumindest wahrgenommen, erkannt und anerkannt werden. Der Sinn der menschlichen Sprache an sich wird deshalb abgesehen von der Verständigung auch in der Beantwortung und Bestätigung unseres Seins gesehen. Anders gesagt: Wenn wir in Kommunikation mit anderen treten, tun wir das, um von ihnen angenommen zu werden. Wir können mit unserer Stimme aktiv Signale setzen. Wir alle machen das mehr oder weniger bewusst im Alltag. Wir sprechen »hauchiger«, wenn es erotisch oder verführerisch werden soll oder lassen die Stimme kälter und härter klingen, wenn wir Tacheles reden. Man kann so die Temperatur eines Gespräches regeln und damit bis zu einem gewissen Grad Einfluss auf dessen Verlauf nehmen.

Wer die Rede- und Überzeugungskunst nicht nur lernen, sondern regelmäßig trainieren möchte, wird am besten Mitglied eines Debattierclubs, in denen Debatten wie sportliche Wettkämpfe abgehalten werden, bei denen Teams zu einem Thema gegeneinander antreten. Dabei entscheidet das Los, wer die Pro- und wer die Contra-Position einzunehmen hat und nach einer durchschnittlichen Vorbereitungszeit von fünfzehn Minuten hat jede Seite üblicherweise sieben Minuten Zeit, um von ihrer Meinung zu überzeugen. Eine Jury bewertet und wählt abschließend den Gewinner. Freilich geht es dabei nicht nur um das Kunst- und Handwerk der Rhetorik, sondern auch um die Fähigkeit, zu analysieren und zu argumentieren. Wenn Sie den Eindruck gewonnen haben sollten, dass englischsprachige Menschen geschulter in dieser Disziplin sind, dann könnte das daran liegen, dass es im angelsächsischen Raum eine weitaus längere Tradition des Debattierens gibt, als das im deutschsprachigen Raum der Fall ist. So gibt es Debattierclubs in den USA oder in England, das man als »Mutterland des Debattierens« bezeichnen könnte, seit mehreren Jahrhunderten, und es ist dort auch möglich, innerhalb der Schul- oder Hochschulausbildung betreffende Fächer zu belegen. Dennoch gibt es in Österreich derzeit neun registrierte Debattierclubs, wenn auch nicht alle immer aktiv sind, in Deutschland werden bereits sechzig universitäre Vereine gezählt, und in der Schweiz sind momentan vier verzeichnet.

Beispiele für die destruktive Konsequenz aus der Fähigkeit, nicht nur zu argumentieren und zu analysieren und schlagfertig auf eine Aussage zu reagieren, sondern das Gegenüber bewusst auf die eigene Seite zu bringen, bietet die menschliche Geschichte leider zuhauf, wie wir vorhin bei den großen Reden festgehalten haben. Um sich selbst davor zu schützen, etwas zu tun, was Sie nicht wirklich wollen, zahlt es sich aus, bewusster durchs Leben zu gehen und zu überlegen, ob Sie tatsächlich die Überzeugungen des rhetorisch hochbegabten oder gut geschulten Politikers teilen und ihn deshalb wählen möchten, ob Sie wirklich davon überzeugt sind, dass dieses Geschirrspülmittel Ihre Gläser am glänzendsten waschen wird oder ob diese Anti-Falten-Creme etwas ist, das Sie unbedingt brauchen. Denn wenn Ihnen diese Dinge von einer angenehmen Stimme in einer ästhetisch einwandfreien Sprechweise suggeriert werden, ist es ansonsten schwierig, zu widerstehen.

Zwischentöne: die feine Unterscheidung zwischen »sprechen« und »reden«

Weil wir nun so viel von Reden gehört haben, wollen wir uns die beiden Begriffe »reden« und »sprechen« einmal genauer ansehen. In unserem alltäglichen Sprachgebrauch unterscheiden wir meist nicht zwischen diesen Bezeichnungen – wir verwenden den einen Begriff als Synonym für den anderen. Doch wenn wir es genau nehmen wollen, handelt es sich nicht um dieselbe Sache: Beim Sprechen geht es darum, Wörter zu bilden, Sprachlaute zu produzieren. »Sprechen« bedeutet aber auch, eine bestimmte Sprache zu benutzen, eine Fremdsprache zu beherrschen, etwas vorzutragen, zu rezitieren. Wir sprechen, wenn wir eine Anekdote erzählen oder über eine Sache urteilen. »Sprechen« kann demzufolge als eine andere Bezeichnung für »sagen« verwendet werden. Wir sprechen, um uns auszudrücken, um zu jemandem Kontakt und eine Verbindung aufzunehmen, um jemandem etwas zu sagen.

»Reden« hingegen – natürlich ein stark artverwandtes Wort, das in wenigen Fällen auch tatsächlich dasselbe bezeichnet wie »sprechen« – meint, seine Gedanken in einer inhaltlich zusammenhängenden Rede zu äußern. Die Überschneidungspunkte, also jene Situationen, für die beide Ausdrücke passen, sind: eine Rede zu halten, einen Vortrag zum Besten zu geben oder sich mit jemandem zu unterhalten.

Warum gibt es überhaupt zwei Verben, zwei Bezeichnungen für die menschliche Art der Kommunikation mittels Sprache – und wie können wir sie unterscheiden? »Reden« und »sprechen« meinen geringfügig verschiedene Bereiche des Produzierens von Sprache: »Sprechen« bezeichnet die Fähigkeit, menschliche Sprache herzustellen. Außerdem wird der Vorgang der Sprachproduktion selbst damit beschrieben. Beispiele, um das zu verdeutlichen, sind: »Sie spricht nur schlecht englisch«, »Er steht unter Schock und kann nicht mehr sprechen« oder »Die beiden sprechen so undeutlich, dass ich sie selten richtig verstehen kann«. Beim Akt des Sprechens handelt es sich folglich um eine Fertigkeit wie gehen zu können oder des Hörens mächtig zu sein. Das Reden hingegen beschreibt den zwischenmenschlichen, sozialen Akt, der mit dem Einsatz der jeweiligen Sprache durchgeführt wird. Die Intention dabei ist, jemanden von einer Sache zu überzeugen, Informationen auszutauschen, Macht auszuüben, Beziehungen zu pflegen – und damit ist nicht nur der von den meisten Männern vielgefürchtete Satz »Schatz, wir müssen reden!« gemeint. Dementsprechend ist es in folgenden Situationen richtiger, vom »Reden« zu sprechen: »Sie redet immer wieder davon«, »Er redet gerade mit seiner Frau darüber« oder »Dieser junge Politiker ist ein wirklich großartiger Redner«. Natürlich gibt es auch den Satz »Er und seine Frau sprechen gerade miteinander«. Das besagt aber lediglich, dass das Ehepaar momentan beschäftigt ist – *womit*, ist damit nicht gesagt, denn sie könnten in diesem Augenblick genauso gut zusammen die Wohnung putzen und sich dabei über Belanglosigkeiten unterhalten. Wenn die beiden allerdings miteinander reden, dann hat dieses Gespräch einen wichtigen Inhalt, dann hatten sie vielleicht einen Streit oder müssen ein Problem lösen – in jedem Fall geht es um eine beziehungstechnische Handlung und darum, dass dieses Gespräch etwas ändern soll: Man hat sich etwas (Bedeutendes) zu sagen, wenn man miteinander redet und nicht nur miteinander spricht.

Sie sehen nun – und wahrscheinlich wird es dadurch klarer: Beim Reden geht es immer um eine soziale Handlung, nicht nur um den Akt des Sprechens an sich. Oder anders gesagt: Zu sprechen ist etwas Formales, zu reden hingegen etwas Inhaltliches.

Sprecher im Fernsehen und Radio sprechen, während Redner reden und etwas Bestimmtes zu sagen haben. Ausgebildete Sprecher können demnach besonders deutlich, passend intoniert und klar sprechen, ihre Stimme gekonnt und professionell einsetzen, um das Gesprochene zu betonen und eindrucksvoll vorzutragen. Sie sind aber nicht für die durch ihr Sprechen wiedergegebenen Inhalte verantwortlich. Einem Redner – neudeutsch »Speaker« genannt – hingegen muss es gelingen, seine Inhalte, seine Begeisterung für eine Angelegenheit in passende Worte zu kleiden. Nebenbei kann es nicht schaden, wenn Redner auch gut sprechen können, aber grundsätzlich ist zu reden mehr als zu sprechen, weil etwas beim Rezipienten bewirkt werden soll.

Wir können über etwas sprechen, aber auch über etwas reden. Sprecher sprechen zwar in ihrem Beruf, können aber selbstverständlich auch reden, und professionelle Redner können natürlich ebenso sprechen. Kinder lernen zunächst das Sprechen, anders gesagt sich mittels Sprache zu artikulieren, bevor sie fähig sind, eine sinnvolle Aussage zu tätigen, also zu reden. Darum heißen Pressesprecher auch nicht »Presseredner«, denn sie tun einen vorgegebenen Text oder zumindest Inhalt kund, der nichts mit ihrer eigenen Meinung zu tun haben muss, während ein Speaker seinen Zuhörern und Zuschauern eine ihm wichtige Sache mitteilen und näherbringen möchte und damit einen eigenen Inhalt transportieren will, indem er die richtigen Wörter aneinanderreiht, bis sie zu starken Worten werden.

Sie ahnen es bestimmt: Ja, auch zwischen »Wörtern« und »Worten« gibt es einen meist vernachlässigten Unterschied in der Bedeutung! Wir sprechen von »Wörtern«, wenn wir tatsächlich einzelne Wörter bezeichnen wollen, wenn demnach die kleinste selbstständige Einheit eines Satzes gemeint ist. Bei Wörtern geht es somit um Einzelwörter ohne Rücksicht auf einen inhaltlichen Kontext – sie müssen folglich nicht unbedingt einen gemeinsamen Sinn ergeben, stehen in keinem direkten Zusammenhang. »Worte« meinen hingegen inhaltlich zusammenhängende und einen gemeinsamen Inhalt ergebende Wörter und Sätze, folglich etwas, das gemeinsam einen Sinn transportieren will: Äußerungen, Aussprüche, Reden, Zitate, Beteuerungen oder eine komplette Sprache. Um den Unterschied anhand einiger weiterer Beispiele noch verständlicher zu machen: »Er sprach ernste Worte zu seiner Frau«, aber »Er fragte sie, wie viele Wörter ihr mit der Endung ›ing‹ einfallen würden«; »Ihre letzten Worte waren versöhnlich«, aber »Die letzten Wörter, an die sie sich erinnern konnte, waren ›gelb‹ und ›salzig‹«; »Mit anderen Worten«, aber »es gibt auch unbekanntere Wörter, die dasselbe meinen«; »Im Internet braucht man so viele Passwörter«, aber »Wie oft willst du noch große Worte machen?«

Eine recht gute Eselsbrücke ist, dass Wörter aus Buchstaben bestehen, während Worte aus Gedanken geformt werden. Einzig beim Plural des Worts »Sprichwort« legt uns die deutsche Sprache ein Ei, denn das lautet grammatikalisch richtig »Sprichwörter«, obwohl es nach dieser Regel »Sprichworte« heißen müsste, handelt es sich bei einem Sprichwort doch um einen zusammenhängenden Gedanken.

Zurück zum »Reden« und »Sprechen«: Inzwischen werden Sie schon wissen, ob ein Papagei, dem beigebracht worden ist, »Papa« oder »Laura ist da« hervorzubringen, spricht oder redet, richtig? Genau: Er spricht! Reden hingegen kann er nicht, auch wenn wir das im Volksmund nicht allzu genau nehmen und behaupten, dass wir gerade gehört haben, wie der Vogel mit uns geredet hat. Doch schon der deutsche Philosoph Johann August Eberhard, der 1739 bis 1809 gelebt hat, schrieb: »Von Papageien, Staren und andern Vögeln, die gelernt haben, menschliche Laute nachzuahmen, kann man sagen, daß sie sprechen, nicht aber, daß sie reden, denn sie sind sich der Bedeutung der Wörter untereinander nicht bewußt.«

Probleme mit dem Sprechen haben wir demnach, wenn wir es nicht gewohnt sind, uns wortgewandt auszudrücken, uns etwas im Hals wehtut und die Stimmbänder deshalb nicht funktionieren, wie sie sollten, wenn wir einen unbehandelten Sprachfehler mitschleppen oder auch nur keine sprechtechnische Ausbildung genossen haben, während wir uns mit dem Reden schwertun, wenn wir nicht auf den Punkt bringen können, was wir eigentlich sagen wollen, im Kommunizieren immer wieder Missverständnisse produzieren oder Schwierigkeiten haben, vor vielen Menschen frei zu reden. Ortsbedingt gibt es wiederum eigene Bezeichnungen, die das Reden, den verbalen Austausch, das Kommunizieren mit anderen meinen: In Österreich sagt man dazu, je nach Region: »ratschen«, »tratschen«, »quatschen«, »plaudern«. In Deutschland kennt man »schnacken«, »babbeln«, »schwätzen«, »labern«. Und die Schweizer nennen es »schwätze«, »plaudere« oder »rede«.

Ob Sie nun lediglich sprechen oder aber mit jemandem reden, ein bisschen schwätzen oder plaudern wollen – um in jeder Lebenslage gut brüllen zu können, ist es von Vorteil, sich der jeweiligen Situation bewusst zu sein und damit sensibler als bisher wahrzunehmen, um es nun um einen Akt des Sprechens geht, bei dem die Artikulation und der Stimmklang die Wichtigkeit betreffend recht weit oben auf der Prioritätenliste zu stehen haben, weil beim Sprechen etwas weniger von der eigenen Persönlichkeit mitschwingt als beim Reden. Wenn Sie nämlich mit einem Kunden reden oder mit Ihrem Partner, wenn Sie das Gespräch mit Ihrem Kind suchen oder einen Vortrag halten, dann wird das Hauptaugenmerk auf dem Transportieren des Inhalts liegen. In diesem Fall ist es wichtiger, mit der bereits geschilderten Glaubwürdigkeit zu punkten, weil man Ihnen zugunsten dieser schon mal eher verzeihen wird, wenn Sie ein Wort unsauber ausgesprochen haben, während es beim reinen Sprechen – etwa wenn Sie bei der Weihnachtsfeier eine atmosphärisch passende Geschichte vorlesen – vordergründig darum geht, Ihre Stimme bestmöglich zum Klingen zu bringen und sauber zu artikulieren. Für beides finden Sie weiter hinten entsprechende Übungen, die Sie darin sicherer werden lassen, wenn Sie sich regelmäßig auf sie einlassen.

»Lieber sterbe ich!« – was hinter der Angst vor dem öffentlichen Reden liegt

Immer wieder liest man, dass Menschen zu ihren größten Ängsten befragt worden seien und dabei die Angst vor dem Tod nicht unbedingt an erster Stelle genannt worden wäre. Was glauben Sie, sollen die Befragten als ihre schlimmste Vorstellung angegeben haben? Sie werden es vielleicht genauso wenig glauben, wie wir – oder aber vollstes Verständnis dafür haben: Es ist die Angst davor, vor einer Gruppe von Menschen laut sprechen oder reden zu müssen, die es etwa bei einer Umfrage von statista Deutschland mit 41 Prozent auf den ersten Platz geschafft hat – die Befürchtung, krank zu werden oder sterben zu müssen, rangiert davon weit abgeschlagen mit einem Wert von nur 19 Prozent. Das muss man sich mal auf der Zunge zergehen lassen: Es gibt Menschen, die meinen, lieber sterben zu wollen, als das zu machen, was wir voller Leidenschaft und gerne tun! Gut, wir sind uns sicher, dass das nicht komplett durchdacht war und die meisten Befragten im Falle des Falles wohl doch eine Rede halten würden, als mit dem Sensenmann mitzugehen, aber allein dass sie diesen Gedanken für einen Moment lang hegten, ist schon bemerkenswert. Das erinnert an jene Umfrage, bei der ein Großteil der weiblichen Teilnehmer angegeben haben soll, lieber von einem Bus angefahren zu werden, als übergewichtig zu sein. Wir hoffen, dass auch das nicht gänzlich durchdacht und ernst gemeint war …

Selbst unter Führungskräften – und damit unter Menschen, die meist sowohl kompetent als auch selbstbewusst sind – herrscht eine ausgewachsene Redeangst, wie der Kommunikationstrainer Thomas Klock in einer erst 2016 durchgeführten Studie herausgefunden hat. Seine Untersuchungsergebnisse zeigen, dass 58 Prozent aller Befragten körperliche und emotionale Symptome wahrnehmen, die ihre Sicherheit und ihr Kontrollvermögen massiv beeinflussen, wenn sie öffentlich reden müssen – ja 14 Prozent geben sogar zu, teilweise panische Angst davor zu empfinden. Mehr als die Hälfte der von Redeangst betroffenen Untersuchungsteilnehmer gehören einer der beiden obersten Managementebenen an. Bei jeder fünften Führungskraft nimmt diese Angst immer weiter zu, während bei immerhin 79 Prozent ein Rückgang der Redeangst über die Jahre wahrgenommen werden konnte. Jüngere Menschen in Führungspositionen sind dabei übrigens stärker von dieser Angst betroffen als ältere.

Was steht nun erfahrungsgemäß meistens hinter dieser Angst, vor Publikum zu reden? Es beginnt schon bei Kleinigkeiten, wie sich auch nur vor dem eigenen geistigen Auge vorstellen zu müssen, in einer Runde die eigene Meinung laut kundzutun. Für manche reicht darum nachvollziehbarerweise der Umstand, bei einem Vortrag oder Referat im Mittelpunkt zu stehen, aus, um nervös zu werden oder schlimmere Zustände bis hin zu Panikattacken zu erleiden. Dass man beobachtet wird, dass man sich versprechen, den Faden verlieren und einen alle anstarren könnten, während man nach Luft und Worten ringt, ist vielen eine grauenhafte Vorstellung, denn die Angst, sich zu blamieren, ausgelacht zu werden, ist eine tiefsitzende, die viele kennen. Die Befürchtung, als Redner abgelehnt zu werden, gelangweilte und gähnende Zuseher zu erblicken oder eben gänzlich zu versagen, weil man ein Blackout hat oder inhaltliche Fehler macht, ist zweifelsohne etwas, mit dem Sie nicht allein sind, sollten Sie dieses Gefühl kennen! Dass Sie dieses Buch lesen, zeigt, dass es Ihnen nicht gleichgültig ist, sondern Sie etwas daran ändern möchten. Und wir geben Ihnen das bestmögliche Rüstzeug dazu mit: Wissen, Tipps und Übungen. All das wird die Angst mildern, Sie werden sehen! Dass Sie sich Ihrer Angst bewusst sind, ist ein wichtiger, erster Schritt. Verdrängen und ignorieren hilft ja bekanntlich in den seltensten Fällen weiter. Darum macht es durchaus Sinn, sich zu überlegen, woher Ihre individuellen Anteile dieser Angst kommen – ob Sie vielleicht in Ihrer Kindheit tatsächlich die Erfahrung gemacht haben, wie es ist, ausgelacht zu werden. Hilfreich ist außerdem, sich auszumalen, was das Schlimmste wäre, das Ihnen bei einem Auftritt passieren könnte, und was die Konsequenz daraus wäre. Im Normalfall ist der Worst Case, dass Ihnen etwas tatsächlich nicht einfällt oder einigen Zuschauern Ihre Darbietung nicht gefällt, doch beides ist nichts nachhaltig Tragisches. Zu scheitern ist per se nichts Furchtbares, sondern etwas, das uns in unserer Entwicklung weiterbringt, wenn wir daraus lernen. Und das Leben geht weiter, wenn Sie eine Rede verhauen haben!

Außerdem können wir Ihnen versichern, dass jeder lernen kann, vor anderen zu reden, ohne derartige Angstzustände durchmachen zu müssen. Ganz wird das Lampenfieber zwar womöglich nie verschwinden – das muss es auch gar nicht, denn das hat seinen eigenen Reiz und gehört tatsächlich auch zu einem öffentlichen Auftritt dazu –, aber sich doch auf ein erträgliches Maß reduzieren lassen, wie folgendes Beispiel veranschaulichen wird: Alexandra hatte zwei Studien mit Auszeichnung in Mindestzeit abgeschlossen und ist sofort nach Studienabschluss von einer großen Anwaltskanzlei angeheuert worden. Sie war extrem clever, attraktiv, freundlich und kam beruflich toll voran. Ab einem gewissen Zeitpunkt stellte sich allerdings ein Problem für sie ein: Sie sollte in der Kanzlei Präsentationen in Meetings halten. Doch sobald sie aufstand, um vor ihrem Kollegium zu sprechen, bekam sie rote Flecken im Gesicht, am Hals und am Ausschnitt, begann fürchterlich zu schwitzen und brachte nur noch ein Gestammel hervor. Ihre Stimme klang dann wie die von Minnie Mouse – teilweise war sie so hoch, dass sie ihr komplett wegbrach. Diese erfolgreiche junge Dame mit Redeangst kam zu mir [Petra Falk, infolge kurz *pf*] ins Training, weil sie diese Sache in den Griff bekommen wollte. Sogar wenn sie mit mir allein war, war es für sie extrem schwierig, aufzustehen und zu sprechen. Es hat sich herausgestellt, dass Alexandra extreme Angst davor hatte, zu versagen, einen Fehler zu machen. Der Gedanke, dass andere sie ansehen und damit auf den Prüfstand stellen würden, war schrecklich für sie. Durch mehrere Gespräche kam schließlich ans Licht, dass sie seit ihrer Kindheit vorrangig aufgrund ihrer Leistung bewertet, ja sogar geliebt worden ist. Schon als sie noch ein Kleinkind gewesen war, hatten ihre Eltern Höchstleistungen von ihr gefordert, und wenn sie die nicht erbringen konnte, waren sie fürchterlich enttäuscht von ihr, redeten tagelang nicht mit ihr und setzten sie damit einem enormen psychischen Druck aus. Ich habe Alexandra zu Gruppentrainings geraten, denn nur in diesem Rahmen konnte sie lernen, dass man, wenn man vor anderen spricht, nicht am offenen Herzen operiert, sondern kleine Fehler auch durchaus charmant wirken können. Zusätzlich zum Sprechtraining hat sie eine Psychotherapie gemacht, um ihre Angst in den Griff zu bekommen. Ihr Prozess hat zwar zwei Jahre gedauert, allerdings ist sie heute stimmlich nicht wiederzuerkennen: Ihre Stimme ist tief, voll, laut, bestimmt und dennoch freundlich. Wenn man sie hört, möchte man meinen, sie sei eine richtige »Rampensau« – man käme nicht auf die Idee, dass ihr bis vor Kurzem noch Versagensängste die Stimme geraubt haben.

Tage vor einem öffentlichen Auftritt, einer Rede im Rahmen eines Familienfests oder einer Präsentation auch in kleiner Kollegenrunde ist es hilfreich, sich bestmöglich vorzubereiten und zu üben, damit Sie den Inhalt gut draufhaben. Kurz vor dem Event können Sie sich mit Atemübungen entspannen, direkt davor die Superman-Haltung einnehmen, um sich energetisch zu stärken, und während des Auftritts selbst könnten Sie darauf achten, nicht alles, was im jeweiligen Raum geschieht, auf sich zu beziehen: Wenn jemand gähnen sollte, heißt das nicht automatisch, dass allen langweilig ist – es kann sein, dass nur dieser eine Zuhörer müde ist, aber auch, dass der Sauerstoffgehalt in der Luft recht gering ist. Wenn zwei miteinander flüstern, muss das ebenso nicht gleich heißen, dass sie darüber herziehen, wie schlecht Sie in Ihrem Referieren sind – vielleicht loben sie sogar Ihren Vortrag gerade, diskutieren einen Punkt daraus oder tauschen etwas Persönliches aus, was schon mal vorkommt, auch wenn vorne gerade jemand redet. Und zu guter Letzt: Seien Sie sich sicher, dass Sie mit Ihrem Lampenfieber keine Ausnahme bilden. Sie können sogar davon ausgehen, dass ein Großteil Ihres Publikums selbst ähnliche Ängste hätte und sich darum in Ihre Position versetzen kann und deshalb bewundert, was Sie gerade bewerkstelligen und zu meistern versuchen.

Was die Angst vor dem Reden vor anderen betrifft, so wird diese kleiner werden, wenn Sie wissen, was Sie zu beachten haben, wenn Sie vor ein Publikum treten, damit Sie es erreichen, nicht langeweilen und nicht überfordern. Ein Schritt auf diesem Weg ist es, zu wissen, was das Sprechdenken und das Hörverstehen ausmacht.

»Hör zu, wenn ich etwas schreibe!«

Deutscher: »Und dann hat es einen lauten Knall gegeben!«
Wiener: »Geh schleich di!«
Deutscher (verwirrt): »Was? Wieso sagst du so etwas Gemeines?«
Wiener: ???

Das ist ein durchwegs alltägliches Beispiel für eine »vercodierte« Unterhaltung. Denn die vermeintliche Aufforderung »Geh schleich di!« kann bei einem dem Wienerischen nicht mächtigen Gegenüber durchaus als Kränkung oder gar Beschimpfung empfunden werden, während der Sprechende damit lediglich seine persönliche Verwunderung oder Bestürzung über das gerade Gehörte zum Ausdruck bringen möchte. Anders gesagt: Wenn ein Wiener diesen Ausspruch von sich gibt, möchte er nicht, dass sich sein Gesprächspartner entfernt. Im Gegenteil hat dieser sich gerade seine volle Aufmerksamkeit gesichert, weil das Geschilderte so richtig spannend war!

Derlei Missverständnisse gibt es zahlreiche – das zeigt, dass wir eine Sprache durchaus rasch zu sprechen lernen, aber deshalb nicht immer auch gleich in ihr mit Native Speakern reden können –, nur sind nicht alle immer so amüsant. Sehen wir deshalb genauer hin: Wir können uns hierzulande in unserer Muttersprache Deutsch verständigen, viele von uns sind außerdem fähig, sich auf Englisch unterhalten, wir könnten uns aber auch Morsezeichen schicken oder uns für einige Monate in einen Raum einsperren und dort unsere eigene Sprache entwickeln und würden einander, wenn wir diese Sprache miteinander teilen, dennoch verstehen, denn Sprache ist nichts anderes als ein Code, durch den wir unsere Gedanken und Gefühle mitteilen können – ein Code, der von einem Sender zu einem oder mehreren Empfängern geschickt wird. Anders gesagt: Ein Mensch codiert seine Botschaft an einen anderen und schickt sie in Form von Sprache weg. Das Codieren der Gedanken nennt sich »Sprechdenken«, was die Übersetzung vom Denken ins Sprechen bedeutet, sodass das Gedachte im Sprechausdruck auch Sinn ergibt. Dabei geht es genauer gesagt darum, logisch zusammenhängende Sinneinheiten vorausschauend zu planen und damit eine Gliederung von Gedanken in sprecherische Einheiten zu bewerkstelligen: Zuerst sucht sich das Gehirn den

Kern einer Nachricht heraus, dann reihen wir alles andere rundherum, bringen es in eine grammatikalische Ordnung und verschicken schließlich diesen Code. Unser Gegenüber, der Empfänger der jeweiligen Botschaft, übersetzt diesen Code wieder zurück in Gedanken, decodiert das Ganze also, was man wiederum »Hörverstehen« nennt. Auch hier ist zuerst der Kern dran und dann folgt der Rest. Der Kern ist übrigens das, was am stärksten betont wird. Darum decodieren wir einen Satz anders, wenn er »Komm, wir essen, Opa!« lautet, als »Komm, wir essen Opa!« betont wird. Ein anderes bekanntes Beispiel dafür ist der Satz »Erna kommt nicht, aber Erwin« oder mit dem Beistrich an anderer Stelle: »Erna kommt, nicht aber Erwin.« Verschriftlicht bestimmt das Satzzeichen – in diesem Fall der Beistrich – über die Bedeutung der Aussage, ohne Schriftbild muss der Sinn durch Pausen markiert werden.

Das Problem dahinter: Die Decodierung des Codes »Sprache« ist etwas, auf das nur bedingt Verlass ist, weil jeder Empfänger ihn anders deutet. Das liegt einerseits an den unterschiedlichen Erfahrungswerten, die wir im Laufe unseres Lebens sammeln und die bei jedem anders sind, andererseits am eigenen Mitteilungsbedürfnis, denn oft denken wir schon während des Zuhörens über die Antwort nach, die wir gerne geben möchten – das ist besonders bei Beziehungsgesprächen der Fall, wo häufig nur mehr zugehört wird, um antworten zu können –, und schließlich, weil Sprache allein nicht ausreicht, um kognitiv Zusammenhänge erkennen zu können.

Lassen Sie uns anhand eines Beispiels erklären, was damit gemeint ist: Eine Frau äußert sich, indem sie sagt: »Ich sitze hier ganz allein.« Wie würden Sie diesen Satz verstehen? Denken Sie, die Frau möchte damit zum Ausdruck bringen, dass sie froh ist, endlich mal allein zu sein? Oder interpretieren Sie ihre Aussage so, dass sie versetzt worden ist? Ist sie womöglich sogar einsam, verzweifelt oder aber einfach gelangweilt? Sie sehen schon: Der Code »Sprache« allein reicht nicht aus, damit wir verstehen, was der andere uns mitteilen will. Wir benötigen Gestik, Mimik und die Stimme der betreffenden Frau, um die Situation richtig einschätzen zu können – womit wir uns etwas später bei den Experimenten Mehrabians noch eindringlicher beschäftigen werden. Vielleicht wurden ja deshalb in diesem Jahrtausend für den Schriftverkehr zunächst die »Smileys«, dann die »Emoticons« und später die »Emojis« erfunden, weil sie uns helfen sollen, das Getippte richtig einzuordnen, indem sie einen lächelnden, augenzwinkernden oder niedergeschlagenen Smiley zur Untermauerung des Geschriebenen zeigen – wobei selbst die falsch verstanden werden können, wie Sie vielleicht schon selbst erlebt haben werden, wenn der eine beispielsweise seine Bewunderung mittels eines Gesichtsausdruckes, der für ihn »Wow!« bedeutet, zum Ausdruck bringen möchte, das beim anderen aber wie der Hinweis auf einen Schock oder zumindest eine Überraschung ankommt. Die vielfach als High Five verwendeten aufeinandergelegten Handflächen etwa waren in Asien, wo sie entstanden sind, als betende Hände gemeint, und es gibt bestimmt noch wesentlich mehr missverständliche Zeichen in diesem neuen Universum von gezeichneten Gefühlszuständen.

Die Sprachwissenschaftlerin Lara Adaibat nennt in Bezug auf dieses Phänomen den Begriff der Prosodie, der genau darauf abzielt, die gemeinsamen Sprachregeln zu beachten, damit das gesprochene Wort überhaupt verstanden werden kann. Die Prosodie ist eine Subdisziplin der Sprachwissenschaft und es handelt sich bei ihr um Mitbotschaften, die über der Sprache schweben, aber noch nicht bedeutungstragend für sich sind. Das können Akzente genauso sein wie die Satzmelodie, das Sprechtempo, die Intonation, der Sprechrhythmus oder Pausen. Besonders interessant dabei sind Wörter, die zwar homograph, aber nicht homophon sind. Das bedeutet: Sie werden auf die gleiche Weise geschrieben, haben aber eine andere Bedeutung – und die erkennt man *nur* durch die andere Aussprache. Das Wort »umfahren« etwa kann sowohl »jemanden niederfahren« als auch »etwas – wie einen Stau – umfahren« bedeuten, je nachdem, ob es »*um*fahren« oder »um*fahren*« betont wird. Ähnlich verhält es sich mit »übersetzen«: Damit kann »einen Fluss übersetzen« oder »eine Sprache übersetzen« gemeint sein. Der Begriff »unterstellen« kann »jemandem etwas unterstellen« oder aber »sich wo unterstellen« bedeuten, und »überlaufen« könnte allein für sich stehend sowohl »ein Lokal ist überlaufen« heißen als auch »man läuft zu einer anderen Gruppe über«. In derlei Fällen entscheidet allein die Stimme durch die Betonung über die Bedeutung! »In Tonsprachen wie im Chinesischen oder Schwedischen ist das ganz stark ausgeprägt: Dort wird nur anhand der Stimmlage beim Aussprechen eines Lautes erkannt, was es bedeutet. Für jemanden, der nicht aus einer Tonsprache kommt, ist es so gut wie unmöglich, das zu lernen«, so Adaibat.

Wir können uns jedenfalls merken: Weil das Gesagte allein nicht immer eindeutig sein kann, weil wir manchmal keine Mimik und keine Gestik zur Verfügung haben, auf die wir in unserer Interpretation zurückgreifen können – etwa, wenn wir eine Person nur hören, aber nicht sehen können – ist es umso wichtiger, dass wir uns mit der Betonung an gewisse Regeln des Codes halten, damit die Wahrscheinlichkeit möglichst hoch wird, dass wir richtig verstanden werden.

Und das ist die gute Nachricht: Durch eine bestimmte Satzbildung und Betonung können wir unserem Gesprächspartner durchaus helfen, sodass er sich beim Sprechdenken nicht unnötig anstrengen muss, denn es gibt einige Grundregeln für die richtige Betonung: Die hörverständlichste Satzplanung ist eine kurze. Wer bei der Einheit der Sätze – und das Wort »Satz« weist durch seine Ursprungsbedeutung schon darauf hin, was ein Satz möchte, nämlich fest formen und einen fertigen Schritt setzen – darauf achtet, sie nicht zu lang zu bilden, hilft beim Decodieren. Kurze Sätze erhöhen die Verständlichkeit und erlauben eine bessere Gliederung des Inhaltes. Kurze Satzeinheiten führen dazu, dass der Sprecher häufiger einen Punkt machen muss, was verhindert, dass er zu wenig Pausen macht oder den roten Faden verliert. Ebenfalls hilfreich ist es, bereits betonte Wörter innerhalb eines Vortrags oder Gesprächs nicht weiter zu betonen. Wenn der Zuhörer zum Beispiel bereits weiß, dass es sich um einen Informationsabend über Investitionsmethoden handelt, sollte das Wort »Investition« stimmlich nicht mehr extra betont werden, weil das irritierend auf die Zuhörer wirken könnte.

Sie sehen: Die stimmliche Betonung übernimmt für uns beim Sprechen und miteinander Reden das, wofür Rechtschreibung und Zeichensetzung bei der schriftlichen Verständigung zuständig sind. Wenn es um Schriftsprache geht, sind gemeinsame Regeln wie die Rechtschreibung wichtig, damit der Rezipient versteht, was gemeint ist und den Code des Gelesenen richtig übersetzt. Nur so können Missverständnisse verhindert werden. Und wir wissen alle, wie viele Menschen auf die Einhaltung dieser Regeln pfeifen, weil es sie schlicht nicht interessiert, es in ihren Augen mühsam ist oder sie nicht dazulernen wollen. Der beobachtbare »Trend zur Falsch- und Schlechtschreibung« resultiert aus einem »Ist ja egal«-Gefühl, das viele als Ausrede verwenden, »irgendwie« zu schreiben. Dabei bedenken die Rechtschreibmuffel genau wie die Sprechfaulen nicht, dass unser Verständigungscode davon abhängt, dass wir alle dasselbe meinen und verstehen, wenn wir etwas schreiben oder sagen. Dadurch haben Orthografie wie Betonung eine wichtige kommunikative Bedeutung. Wenn wir etwa in der Rolle des Patienten folgende Information auf einem Medikamentenbeipackzettel vorfinden würden, müssten wir uns auf die Einhaltung der Rechtschreibung verlassen können, um nicht in eine gefährliche Situation zu geraten: »Nehmen Sie die Arznei *in Massen* ein!« Wenn tatsächlich viel davon hilfreich für die Genesung sein sollte, ist alles gut – aber was, wenn der Verfasser es unpräzise mit der Schreibweise gemeint hat und in Wahrheit sagen wollte, man möge das Mittel in *Maßen* zu sich nehmen?

Wir halten abermals fest: Damit Kommunikation funktioniert, muss der Adressat wissen, was exakt gemeint ist! Das gilt fürs Sprechen eben genauso, denn ein scharfes S (ß) sprechen wir nun mal anders aus als ein Doppel-s (ss). Viele Leute fragen innerhalb eines Gesprächs nicht immer nach, wie etwas gemeint ist, weil sie es nicht für passend halten oder durch den Auftakt bereits emotional verstimmt sind, was genauso zu Missverständnissen führen kann. Interessanterweise zeigen sich oftmals die gleichen Menschen, die auf die Rechtschreibung oder die Aussprache pfeifen, darüber empört, wenn auf dem Tischtuch im Restaurant ein Essensrest klebt, Lippenstiftspuren am Weinglas zu sehen sind, jemand ein nicht sorgfältig gebügeltes Hemd trägt oder sich in der U-Bahn der Schweißgeruch eines anderen Fahrgasts verbreitet. Gutes Benehmen und ein ansprechendes Äußeres kommen nie aus der Mode – hoffentlich ein korrekter, gepflegter Ausdruck in der Sprache auch nicht zur Gänze, und zwar sowohl auf schriftlicher als auch auf verbaler Ebene. Denn Fakt ist: Ohne Regeln geht's nicht, ohne Regeln, an die sich alle Beteiligten halten, funktioniert ein Code nicht, weil er nicht richtig decodiert und übersetzt werden kann, was zu Kommunikationsproblemen und Fehlinterpretationen führt. Wenn alle an einem Code Beteiligten Bescheid wissen, was wie übersetzt und verstanden werden kann, geht auch eine Formulierung wie »Ich geh Schulhof rauchen« durch, die grammatikalisch zwar (zumindest noch) falsch ist, deren Bedeutung aber Teenager heutzutage durchaus verstehen, wenn sie derselben Gruppe angehören. Schwierig wird es dann, wenn jemand von außen hinzukommt, der den Code nicht übersetzen und darum nicht zuordnen kann, was damit gemeint ist – Stichwort »Ausgrenzung durch Sprache«, was wir uns als Thema später nochmal in einem anderen Zusammenhang ansehen werden.

Sprechdenken lernen wir übrigens wie so vieles bereits in unserer Kindheit, doch oft ist die Fähigkeit des Sprechdenkens nicht ausgereift genug, damit Menschen tatsächlich in der Öffentlichkeit erfolgreich sprechen können. Dabei ist das lern- und trainierbar. Überlegen wir an dieser Stelle, was es abgesehen von einer angenehmen Stimme und einer sauberen Sprechweise, die uns im besten Fall durch Euphorie über das Gesagte fesselt, braucht, damit Zuhörer problemlos verstehen können: Es sollte als Redner nicht unser Ziel sein, möglichst viele Informationen in möglichst kurzer Zeit unterzubringen. Das bedeutet konkret, dass wir uns im Vorfeld überlegen sollten, wie wir den Inhalt – und damit die Informationseinheiten – am besten miteinander verknüpfen können, damit das, was wir denken, auch hörbar wird.

Wer sich schriftlich auf eine Rede, einen Vortrag, ein Referat oder Ähnliches vorbereiten möchte, der ist darum gut beraten, wenn er sich vor Augen hält, worin der Unterschied besteht, wenn man einen Text verfasst, der später von anderen gelesen werden wird im Gegensatz dazu, wenn man etwas niederschreibt, das von anderen gehört werden wird: Jemand, der den Text später liest, wird das Geschriebene getrennt vom Verfasser rezipieren, während unsere Zuhörer das vorher Verschriftlichte zeitgleich mit dem Gesprochenen wahrnehmen werden. Der Leser wird sich so viel Zeit nehmen können, wie er will oder braucht, bis er den Text verstanden hat – er kann immer wieder nachlesen, wenn es sein muss. Der Hörer allerdings hat meist nur diese eine Chance, zu begreifen, was wir ihm zu sagen haben – nicht immer hat er die Möglichkeit, nachzufragen, wenn etwas unverständlich ist. Wie es dem Schreibenden gegangen ist, wird dem Leser in weiten Zügen verborgen bleiben, während die Befindlichkeit des Sprechenden für Zuhörer sehr wohl wahrnehmbar ist, weil Stimmlage, Satzmelodie, Lautstärke und Tonfall nun mal so vieles darüber verraten, wie es dem Redner gerade geht. Beim Lesen ist genug Zeit für Ausformulierungen, weshalb der Schreiber das auskosten kann. Beim Hören ist hingegen meist nur wenig Zeit und aus diesem Grund sind kurze Schritte notwendig, die zu einem schnellen Aussprechen der Gedanken führen. Korrekturen in der Satzplanung sind für den Leser eines Textes nicht wahrnehmbar – er weiß gar nicht, was im Prozess des Schreibens alles passiert ist, weil er nur das Endprodukt vor sich hat, wenn er es rezipiert. Im Unterschied dazu sind Korrekturen beim mündlichen Vortrag unmittelbar hörbar. Ein Lesender sieht lediglich Buchstaben als Sprachzeichen, während ein Hörender Sprachzeichen *und* den Sprechausdruck serviert bekommt.

Wenn wir all diese Parameter bedenken und berücksichtigen wollen, damit wir in den Ohren unserer Zuhörer bestmöglich klingen und damit auf ganzer Linie gut brüllen können, ergeben sich wie von selbst die Voraussetzungen dafür: Mehr Verben als Substantive beim Sprechen oder Reden zu verwenden, unterstützt das Hörerverständnis genauso, wie nicht im Passiv, sondern im Aktiv zu sprechen und kleinere, kürzere Informationseinheiten zu gebrauchen. Ein Beispiel zur Veranschaulichung: »Durch die Klarstellung [*Substantiv*] der missverständlichen Aussage [*Substantiv*] des Angeklagten, die längst überfällig war und auf die schon lange gewartet worden war [*Passivform*], erlangten die Geschworenen endlich die Erkenntnis [*Substantiv*], dass er frei von Schuld [*Substantiv*] sein musste.« Dieser Satz ist durch seine Länge und die Formulierung schon schwierig zu lesen, aber fast unmöglich zu verstehen, wenn man ihn hört. Besser wäre es, die Sachlage mit weniger Substantiven, im Aktiv und in kürzeren Sätzen zu formulieren: »Der Angeklagte stellte klar [*Verb*], was er vorher so missverständlich ausgesagt [*Verb*] hatte. Das war längst überfällig – die Geschworenen hatten [*Aktivform*] schon darauf gewartet. Nun erkannten [*Verb*] sie, dass er unschuldig [*Verb*] sein musste.«

Als Faustregel gilt: ein Satz pro Gedanke, und nur in Ausnahmefällen mehr als sechs Wörter pro »Idee«. Einsilbige statt mehrselbige Wörter zu benutzen, ist ebenso hilfreich wie mehr Haupt- und weniger Nebensätze einzubauen. In der Aktiv-Form zu erzählen, unterstützt das Verständnis besser, als im Passiv zu formulieren. Am besten ist es, zuerst sprechzudenken und dann erst niederzuschreiben, was nichts anderes bedeutet, als einfach gleich so zu schreiben, wie man später sprechen oder auch vorlesen möchte: mit bereits eingeplanten Sprechpausen, die durch Satzzeichen versinnbildlicht werden können, mit Verweisen auf schon Gesagtes, mit der Wiederholung besonders wichtiger oder schwer einprägsamer Begriffe, mit den erwähnten kurzen Satzeinheiten.

»Es ist kaum zu fassen, dass sie das in nur drei Wochen geschafft hat«, liest sich wunderbar, ist aber als gesprochener Text schwieriger zu erfassen, weshalb sich als Alternative beispielsweise »Es ist kaum zu fassen: Sie hat es geschafft! Und das in nur drei Wochen!« anbietet, wodurch nicht nur der Punkt mit den kurzen Sätzen, sondern auch jener die Sprechpausen betreffend sofort erfüllt ist – und außerdem ist in jedem Teilsatz nur eine Information verpackt, was ebenfalls hörerfreundlich ist. Auf Klangwiederholungen zu verzichten, ist ein weiterer guter Rat, wie wir finden: »Wollt Ihr ihr ihre Sachen vorbeibringen?« ist etwas unglücklich gewählt, wie Sie sicher hören werden, wenn Sie den Satz laut lesen. »Wollt Ihr Andrea noch ihre Sachen vorbeibringen?« hilft da schon, schneller verstehen zu können. Doppelte Verneinungen sind auch verzichtenswert, und mit Fremdwörtern und Fachtermini, die nicht jeder kennt, sollte man genauso sparsam umgehen wie mit Abkürzungen. Wenn Sie es dann noch schaffen, Zahlen anschaulich zu machen, indem

Sie auf- oder abrunden und »annähernd fünfhundert« statt »vierhundertsiebenundneunzig« sagen, wenn das inhaltlich möglich ist, haben Sie gut gebrüllt und schon viel gewonnen: Ihr Publikum wird Ihnen folgen können – und das ist eine der besten Voraussetzungen, wenn man vor anderen redet oder mit anderen spricht.

Brüllen Sie stimmig, entdecken Sie Ihr persönliches Phänomen »Stimme«!

Wenn Sie Ihre eigene Stimme schon mal auf Band gehört haben, haben Sie bestimmt wie jeder Mensch, der das zum ersten Mal erlebt, einen kleinen Schock erlitten. Wenn nicht, steht Ihnen das noch bevor. Es ist völlig normal, dass man sich in dieser Situation fragt, wer das denn bitteschön sein soll. »Wenn ich tatsächlich so klinge, wie kann ich dann überhaupt Freunde haben? Meine Stimme ist ja entsetzlich!«, ist eine nicht unübliche Reaktion darauf. Trösten Sie sich: Selbst uns Profis ergeht es nicht anders. Auch wir mussten uns erst nach und nach daran gewöhnen, unsere Stimmen auf Band zu hören, ohne das als unangenehm zu empfinden, weil man sich selbst immer anders gewöhnt ist, als es sich dann von außen anhört, wenn man erstmals in diese Situation kommt, sich nicht »von innen« zu hören.

Und wir sind in bester Gesellschaft: So hat uns Katrin Prähauser, Nachrichtenmoderatorin beim Fernsehsender Servus-TV, verraten, dass es ihr ähnlich ergangen ist, als sie ihre eigene Stimme zum ersten Mal gehört hat: »Das war schrecklich, das war zum Davonlaufen! Aber das war schon mit zwölf, dreizehn Jahren, weil ich bereits damals wusste, dass ich zum Radio oder Fernsehen gehen will und mich deshalb früh auf Kassette aufgenommen habe. Aber ich habe lange gebraucht, bis ich mich an meine Stimme gewöhnt hatte. Und als bei einem Praktikum auf der Uni der Leiter meinte ›Die hat aber eine schöne Stimme!‹, war ich richtig überrascht, dass jemand meine Stimme gut findet«, erinnert sie sich. Recht ähnlich ist es auch dem heutigen Sportmoderator von PULS4, Christian Nehiba, ergangen, der schon als Kind mit Leidenschaft alles kommentierte, wie er uns erzählt hat: »Es hat lange gedauert, bis ich mich an meine Stimme gewöhnt habe. Die eigene Stimme klingt einfach fremd, bisweilen befremdlich. Aber irgendwann kippt die Situation ins Positive – mir ging es nach ein paar Monaten als Nachrichtensprecher beim Radio so. Plötzlich magst du deine Stimme, ja du verliebst dich fast in sie. Auch darin liegt freilich eine Gefahr, nämlich die, dass du dich zu sehr in ihr verlierst.«

Doch dieses Problem haben die meisten Menschen – wenn überhaupt – erst viel später. Denn es ist richtig: Kaum jemand kann sich vom ersten Moment an mit dem Klang der eigenen Stimme identifizieren oder gar anfreunden, wenn er sie von außen hört. Woran liegt das nun, dass sie für uns derart fremd klingt, selbst wenn wir schon im fortgeschrittenen Alter sind und uns daher seit gefühlten Ewigkeiten selbst hören – aber eben im Normalfall nur »innerlich«? Genau daran: dass wir uns aufgrund der Physik anders hören als alle anderen Menschen. Wir nehmen unsere eigene Stimme nicht nur wie die anderen von außen wahr, indem die Schallwellen über die Luft transportiert werden und dann beim Trommelfell des Ohrs ankommen, sondern wir hören uns selbst zusätzlich von innen, denn die Schallwellen einer Stimme übertragen sich nicht nur über die Luft, sondern bei den eigenen Tönen auch noch über den selbst produzierten Schall, über die Knochen bis ans Innenohr. Wir hören uns selbst demnach über die Knochenleitung, während uns andere über eine Schallleitung wahrnehmen. Das bedeutet: Wenn wir Laute von uns geben, sprechen, singen, reden, dann kommen im eigenen Ohr akustisch sozusagen zwei Stimmen an. Einerseits eine von innen und andererseits eine von außen, weshalb wir uns für uns selbst Zeit unseres Lebens anders anhören werden als für unsere Zuhörer oder ein Tonband, da alles im Außen nur die äußere, über die Luft fortgepflanzte Stimme empfängt und aus diesem Grund nur diesen Außenanteil hören kann. Die doppelte Stimmwahrnehmung ist hingegen etwas, das dem Besitzer der Stimme allein vorbehalten ist.

Anders gesagt: Niemand hört Sie so, wie Sie sich hören, Sie sind der einzige Mensch auf der Welt, der sich so hört! Und sollten Sie es nicht gewöhnt sein, sich auf Band zu hören, liegt es in der Natur der Sache, dass Sie Ihre eigene Außenstimme nicht gut kennen, weshalb dieser Erstschock durchaus nachvollziehbar ist. Der unbekannte erste Eindruck der eigenen Stimme über einen Lautsprecher, wenn Sie sich erstmals aufgenommen haben und sich so hören, führt dazu, dass wir unsere eigene Stimme wie die von anderen Personen auch als Schallleitungserlebnis wahrnehmen, was im Umkehrschluss bedeutet: Genau so hören uns andere Menschen! Das klingt vielleicht fürs Erste erschreckend, aber wir können Sie beruhigen: Für Ihre Umwelt – Ihre Freunde, Ihre Familie, Ihre Lieben – klingen Sie trotzdem okay, keine Bange! Die anderen haben ja kein Vorher-nachher-Erlebnis wie Sie – und nur das führt dazu, dass fast alle von sich denken, wie Mickey Mouse zu klingen. Ohne diesen Vergleich, nachdem man sich jahre- oder jahrzehntelang nur von innen gehört hat, käme niemand auf diese Idee – außer Sie haben Ihre Stimme wirklich zu hoch angesiedelt, aber in diesem Fall wissen Sie spätestens am Ende dieses Buches, wie Sie das korrigieren können.

Sich mit der eigenen Außenstimme vertraut zu machen, ist kein Muss, um mit der Stimme besser umgehen und sie bewusster einsetzen zu können, aber es ist von Vorteil und macht den Prozess allumfassend. Darum raten wir Ihnen, sich öfter mal beim Sprechen aufzunehmen, damit Sie die Scheu langsam, aber sicher verlieren, sich selbst zuzuhören. In Bezug auf die Außenwirkung unserer Stimme müssen wir häufig im Erwachsenenalter bei null anfangen, wenn wir uns bis dahin nicht damit auseinandergesetzt haben.

Anders ist das mit der Außenwirkung unseres Gesichts, unseres Körpers, denn unser Aussehen haben wir von Kindesbeinen an immer wieder wahrnehmen können – Fotos sei Dank! Dadurch sind wir mit unserem äußeren Erscheinungsbild vertraut, während wir uns dem äußeren Klang unserer Stimme erst annähern müssen. Trotzdem gibt es auch das eigene Äußere betreffend hier und da schräge Aha-Erlebnisse: Sind Sie schon mal gemeinsam mit einer anderen Person vor einem Spiegel gestanden? Bestimmt. Wenn diese Person neben Ihnen jemand war, dem Sie noch nie begegnet sind – das passiert etwa auf Toiletten eines Lokals, wenn man nebeneinander an den Waschbecken steht oder sich noch das Näschen pudert –, ist Ihnen vermutlich nichts Besonderes aufgefallen. Aber wenn Sie erstmals mit jemandem, den Sie recht gut kennen, beispielsweise zeitgleich am Waschbecken im Hotel oder zu Hause Zähne putzen, kommt Ihnen das Spiegelbild des anderen womöglich auch irgendwie fremd vor: Dieser Mensch sieht im Spiegel irgendwie ein bisschen »verzerrt«, einfach anders, aus. Und daraus schließen Sie dann, dass Sie, obwohl Sie Ihr Spiegelbild »normal«, weil vertraut, finden, für den anderen eventuell auch ein wenig anders aussehen.

Unsere Außenwirkung wird sich immer ein wenig davon unterscheiden, wie wir uns selbst wahrnehmen, aber da geht es uns ja allen so – demnach ist niemand im Vorteil! Wo der Spiegel und Fotos uns helfen, uns mit unserem sichtbaren Äußeren vertraut zu machen, hilft uns heutzutage die frei zugängige Technik, unser hörbares Äußeres kennenzulernen: Wenn früher ein Kassettenrekorder mit Record-Funktion oder ein verhältnismäßig teures Diktiergerät die einzigen Möglichkeiten waren, die eigene Stimme auf Band zu bannen, um sie sich anhören zu können, so greifen wir inzwischen einfach zu etwas, das so gut wie jeder besitzt: zum Handy beziehungsweise Smartphone. Es ist komplett unkompliziert, sich selbst vom Festnetz oder einem anderen Telefon aus anzurufen und sich eine Nachricht auf der Mobilbox zu hinterlassen. Aber auch WhatsApp ist ein guter Diener auf der Entdeckungsreise der eigenen Stimme: Die Voice-Funktion, mit der wir anderen eine verbale Nachricht zukommen lassen können, kann auch wunderbar für den eigenen Bedarf eingesetzt werden. Falls Ihnen beim dritten Versuch bereits die Ideen ausgehen sollten, worüber Sie mit sich selbst reden, welche Nachricht Sie Ihrer eigenen Voice-Mail-Box hinterlassen sollen, so können Sie einfach etwas ab- oder vorlesen. Sowohl die Zeitung als auch Online-News oder ein Buch eignen sich hervorragend dafür, sinnzusammenhängende Texte zu sprechen, um sich nach und nach an den Klang Ihrer Stimme von außen zu gewöhnen.

Ach ja: Für viele Menschen – und in zahlreichen Berufen – ist eine gute Stimme wichtiger als ein dem gängigen Schönheitsideal entsprechender wohlgeformter Körper. Die News-Moderatorin Katrin Prähauser sieht das genauso: »Es ist tausendmal wichtiger, wie ich klinge, als wie ich aussehe. Der Inhalt, den ich vermittle, ist wichtiger, als wie ich dabei aussehe, und meine Stimme transportiert das. Wenn das Klangbild stimmt, kommt die Botschaft an.« Das vergessen wir nur allzu leicht ...

»Was brauch ich meine Stimme, wenn ich nicht Sängerin werden will?« – eine unterschätzte Kraft

»Ich höre, wer du bist!« – was unsere Stimme über uns verrät

Wir würden Barry White für sexy ohne Abstriche halten, wüssten wir nicht, dass er ein wenig wie Balu, der Bär aussieht. Armin Assinger ist objektiv gesehen ein wirklich fescher Kerl – für Kärntner-Dialekt-Allergiker ist dieser Eindruck allerdings dahin, sobald er zu sprechen beginnt. Til Schweiger ist der Grund schlafloser Nächte vieler Frauen, doch für jene, denen sein Sprachfehler aufstößt, könnte das etwas sein, das ihn unattraktiver macht, als er es ist. Wäre Falco eigentlich so cool gewesen, wenn er nicht gesprochen hätte wie der urigste Wiener mit zu viel Haargel? Und wie viel (gefühlte) Kompetenz verliert ein tatsächlicher Profi, wenn er zu oft Füllphrasen verwendet oder einfach nicht brüllen kann wie ein Löwe, sondern durchwegs piepst wie ein Mäuschen? Auf den ersten Blick ist es sicherlich diskutierbar, ob die durch einen Menschen gezeigte Optik oder

Akustik vorherrschend ist, wenn es darum geht, ob uns jemand sympathisch ist und welche Rückschlüsse wir von seinem sichtbaren und hörbaren Äußeren auf seine Persönlichkeit ziehen. Doch auf den zweiten Blick eröffnet sich, dass der hörbare Eindruck einen stärkeren Einfluss auf uns hat.

Sehen wir uns das genauer an: In den meisten Fällen sind unsere Augen die ersten Sinnesorgane, durch die wir einen bislang unbekannten Menschen erstmals wahrnehmen. Und dann entscheidet sich bekanntlich in nur zwei, drei Sekunden, ob wir ihn mögen, Kontakt mit ihm aufnehmen wollen, oder nicht. Für gewöhnlich kommen als Nächstes die Ohren dran, wobei auch unsere Nase nicht zu verachten ist, denn über den Geruchssinn gelangen ebenfalls (wenn der von anderen ausgehende Geruch neutral ist, eher unbewusst, wenn wir ihn als besonders gut oder aber als unangenehm einordnen, sogar recht aufdringlich) viele Informationen an unser Gehirn, was wir vom Gegenüber halten sollen. Jedenfalls macht der Gehörsinn in etwa dasselbe wie der Sehsinn: Er checkt in wenigen Momenten – hier dauert das zehn bis zwölf Sekunden – ab, ob wir die betreffende Person aufgrund des Klangs ihrer Stimme sympathisch oder unsympathisch finden. In einem weiteren unbewussten Schritt vergleichen wir, ob das Gesehene zum Gehörten passt, also überprüfen, ob das deckungsgleich ist. Und da kann es kritisch werden: Wenn vor uns ein optisch kompetent und selbstbewusst wirkender Mensch steht, der durch seine Stimme und Sprechweise Unsicherheit ausstrahlt, bekommt er bei uns ein Problem mit seiner Glaubwürdigkeit.

Dafür gibt es im täglichen Leben etliche Beispiele. Bestimmt haben Sie das eine oder andere schon erlebt: Ein Manager im teuren Anzug, der dann in seinen nicht vorhandenen Bart hinein nuschelt und kaum verständlich ist, wird nicht ernstgenommen. Genauso geht es uns mit einer Ärztin oder Apothekerin, die in ihrem weißen Kittel zwar Kompetenz vermittelt, aber eine derart hohe Piepsstimme hat, dass sie mehr an Minnie Mouse erinnert, als Vertrauenswürdigkeit auszustrahlen. Dieses Aha-Erlebnis kennen wir allerdings auch umgekehrt: Wenn wir in einer Runde von Menschen beispielsweise eine Frau sehen, die wir mal klischeehaft und vorurteilserfüllt in die Schublade »Tussi« legen würden, sie dann aber zu sprechen beginnt und mit einer überraschend angenehmen Stimme Klugheit und Empathie ausstrahlt, geben wir ihr ungeplant eine Chance und denken uns danach etwas wie »Wow, hätte mir nicht gedacht, dass die so nett und clever ist!« Die Steigerung: Wir treffen auf eine Person, die äußerlich nicht besonders schön anzusehen ist, doch wenn sie den Mund öffnet, haut sie uns mit ihrem Charme, ihrer Eloquenz und der sonoren, festen Stimme beinahe um, wodurch ihr Aussehen schnell zur Nebensache wird. Es gibt sogar Menschen, die so toll klingen, dass uns der Inhalt beinahe egal wird – Hauptsache, wir können ihnen beim Sprechen zuhören. Dieses Phänomen ist natürlich vor allem für Schauspieler, TV- oder Radiomoderatoren, Speaker und Hörspielsprecher von unglaublichem Vorteil.

Wir sehen: Beides ist nicht uninteressant für uns – das Sicht- und das Hörerlebnis, das Optische und das Klangbild eines anderen. Doch im Ernstfall stechen Stimme und Sprechweise das äußere Erscheinungsbild! Die TV-Moderatorin Johanna Setzer achtet daher mit viel Feingefühl auf ihre Stimme: »Bevor ich mich um Make-up, Outfit und Haare kümmere, ist zuerst einmal meine Stimme wichtig. Sie ist die Grundlage für meinen Job, die Eintrittskarte für alles. Wenn ich mit Angina kämpfe oder andere Probleme mit meinen Mandeln habe, dann kann ich meinen Beruf nicht ausüben. Ohne Stimme geht nichts. Ich muss deshalb so lieb zu ihr sein wie zu meinen zehn besten Freundinnen, weil ich sonst nicht arbeiten kann. Darum steht bei mir immer ein frisch aufgebrühter Salbeitee bereit, weil der dem Rachenraum so guttut. Ich habe auch einen Luftbefeuchter, weil ich auf diese

Dinge einfach achten muss. Und ich passe im Alltag auf, dass ich meine Stimme nicht überfordere: Ich kann nicht auf einem Konzert lauthals mitgrölen, und die Klimaanlagen in Hotelzimmern schalte ich sofort ab, weil es sonst sein kann, dass ich am nächsten Tag keine Stimme mehr habe.«

Nicht nur für Menschen, deren Arbeitswerkzeug die Stimme ist, wie es für einen Tischler die Hände sind, hat es Konsequenzen, wenn sie sich so gar nicht um das eigene Klingen bemühen: Da gibt es zwischenmenschliche Auswirkungen, die wir zu spüren bekommen, wenn wir unsensibel im Sprechen sind, wie auch solche, die sich auf den Erfolg in sämtlichen Lebensbereichen beziehen. Dazu später noch wesentlich mehr, aber wir wollten einfach mal festhalten, dass die Stimme zeitweise sogar ausschlaggebender als das sichtbare Erscheinungsbild sein kann.

Vor diesem Hintergrund ist es doch einmal mehr erstaunlich, wie viel Zeit wir in unser Aussehen investieren – dass wir zum Friseur gehen, uns gutsitzende Kleidung kaufen, uns vor allem als Frauen für eine Typ- und Farbberatung begeistern können, uns mit Schminksachen eindecken und jedes Jahr aufs Neue den Diätversuch starten, weil wir irgendwie immer der Ansicht sind, ein wenig schlanker wäre attraktiver – uns aber kaum bis gar nicht mit dem hörbaren »Aussehen« unserer Sprechwerkzeuge befassen. Haben Sie sich das so schon einmal überlegt?

Vielen Personen, die in der Öffentlichkeit stehen, wäre in Bezug auf ihre Wirkung geholfen, wenn sie sich nicht nur auf das Äußere konzentrieren würden. Das gilt sowohl für den bewussteren und geschulten Einsatz der Stimme an sich als auch – das sollte an und für sich selbstverständlich sein, ist es aber leider nicht – für den wiedergegebenen Inhalt. »Besonders im parteipolitischen Bereich gibt es ja die sogenannte Sprachregelung«, weiß Frank Hoffmann: »Das heißt: Alle Mitglieder dieser oder jener Partei haben sich im Parlament oder auf Journalistenfragen in bestimmten Zusammenhängen auf eine ganz bestimmte Weise argumentierend zu äußern. Das kann man nun in eine persönliche Weise transponieren oder einfach vorgestanzte Worthülsen repetieren. Eine ganz bestimmte Reihe von Mandatsträgern bedient sich der hirnschonenden Methode der Wiederholung vorformulierter Muster. Nach Wahlen, wenn alle Parteien – insbesondere die unterlegenen – auf die eine oder andere Weise ihren Wahlgewinn zu verkaufen suchen, ist das regelmäßig zu beobachten.«

Wenn man bedenkt, dass ein Mensch im Durchschnitt neunzig Sekunden lang zuhören kann, bevor er das erste Mal gedanklich abschweift und an die Einkaufsliste oder seine weiteren Vorhaben an diesem Tag denkt, ist es umso erstaunlicher, wie wenig sich manche Personen, die ständig in der Öffentlichkeit stehen, darum kümmern, ihre Zuhörerschaft durch den optimalen Einsatz ihrer Stimme und einen spannend wiedergegebenen Inhalt zu fesseln. Wirklich gute Redner werfen hingegen regelmäßig einen »Earcatcher« ein: Dabei handelt es sich um nichts anders als verschiedene rhetorische Instrumente, die die Aufmerksamkeit der Zuhörer zurückholen. Das kann eine rhetorische Frage wie »Was denken Sie, wie sich die politische Situation weiterentwickeln wird?« sein, aber auch die Erwähnung einer Sache, mit der sich das Publikum identifizieren kann wie »Vermutlich waren auch Sie schon einmal in dieser Lage …« Eine andere Möglichkeit bietet das unerwartete Lauterwerden der Stimme oder eine an die Zuschauerschaft gestellt Frage, die sie nur bejahen kann. Auch provokante Behauptungen funktionieren dahingehend gut, um wieder in den Fokus des Publikums zu rücken. Derlei Werkzeuge können übrigens auch in geschriebenen Texten überaus wirkungsvoll sein …

Wie wichtig ist nun das Gesagte im Verhältnis zur Ausformung des Sprechens? Wirken wir stärker durch das, *was* wir sagen oder durch das, *wie* wir etwas sagen? Oder geht es womöglich am stärksten darum, was wir währenddessen mit unserem Gesicht und unseren Händen machen?

Missverstanden und überholt: der Mythos um die 7:38:55-Regel

Viele Sprechtrainer, Kommunikationsprofis und Moderationsausbildner erklären ihren Schützlingen gleich zu Beginn, es käme in einer verbalen Botschaft, einer Rede oder einem Vortrag zu nur sieben Prozent auf den Inhalt, zu dreißig Prozent auf die Stimme und zu fünfundfünfzig Prozent auf Mimik und Gestik des Sprechers oder Redners an. Addiert man nach dieser Formal die achtunddreißig und die fünfundfünfzig Prozent, erhält man als Ergebnis die Information, dass sich innerhalb eines Kommunikationsprozesses dreiundneunzig Prozent auf nonverbaler Ebene belaufen würden und nur die übrigen sieben Prozent verbaler Natur wären. Viele Lehrende und Trainer übersetzen das für ihre Teilnehmer und Klienten mit der simplen Aussage »Der Inhalt ist nicht so wichtig, es kommt vor allem auf die Präsenz an, denn wir wirken schließlich nur zu sieben Prozent über das, was wir sagen!«, indem sie schlussfolgern, die Wirkung eines Redners, Keynote-Speakers, Moderators oder auch Diskussionspartners hänge zu einem nur geringen Prozentsatz vom Inhalt ab.

Dieses Missverständnis möchten wir an dieser Stelle aufklären, indem wir klar sagen: Das ist Humbug! Als Quelle für diese Aufschlüsselung wird zwar brav der US-amerikanische Psychologe Albert Mehrabian genannt, der Forschungen zur nonverbalen Kommunikation durchgeführt hat. Doch die Ergebnisse der betreffenden Studien aus den Jahren 1967 bis 1971 werden in diesen Fällen leider gänzlich falsch interpretiert.

Die Experimente zu den stillen Botschaften

Sehen wir uns zunächst die Experimente Mehrabians rund um die »Silent Messages« – stille Botschaften – an: Es ging in ihnen um Aussagen wie »Schön, dich zu sehen!« Der Psychologe interessierte sich für die Mit-Botschaften, die darin versteckt mitschwingen. Wenn wir nämlich so etwas wie »Gut siehst du aus!« hören, ist uns klar, dass das auch geheuchelt oder gespielt sein könnte. Aus diesem Grund sind wir darauf geschult, unbewusst darauf zu achten, wie sich die Stimme desjenigen, der das Kompliment oder die Freude über ein Wiedersehen geäußert hat, anhört und wie sein Gesichtsausdruck zur Aussage passt.

In seinem ersten Experiment rund um diese stillen Botschaften ließ Mehrabian einzelne Wörter eines Sprechers auf Tonband aufnehmen, etwa das Wort »love«. Die Anweisung dazu lautete, das jeweilige Wort dreimal unterschiedlich auszusprechen, nämlich einmal mit einem positiven, einmal mit einem neutralen und schließlich mit einem negativen Unterton. Die betreffende Aufnahme wurde in einem nächsten Schritt einer Gruppe von Studierenden vorgespielt, wobei das Band nach jeder Wortversion gestoppt wurde, damit alle Zuhörenden bewerten konnten, ob der Sprecher sein Publikum sympathisch oder unsympathisch findet. Es ist vermutlich wenig überraschend, dass sich die Teilnehmer der Studie nach dem Hören des Wortes »love« mit einem positiven Unterton so gefühlt haben, als wären sie dem Sprechenden sympathisch gewesen. Im Umkehrschluss fühlten sie sich der Stimme am Tonband weniger sympathisch, wenn diese mittels negativen Untertons das Wort »brute« (bedeutet auf Deutsch »Unmensch« oder »brutale Person« oder adjektivisch gebraucht »brutal«) von sich gab. Interessant wurde es erst, als es um die widersprüchlichen Signale ging – genauer gesagt um die Kombination des positiven Wortes »love« mit einem negativen Unterton oder um jene des negativen Begriffs »brute« mit dem positiven Unterton, wie Sie sich sicherlich vorstellen können! Die Studienteilnehmer haben sich im Zweifelsfall nämlich eher vom Unterton leiten lassen. Konkret war dieser Tonfall der Stimme fünfeinhalbmal so stark wie das Wort an sich. Im zweiten Experiment ging es schließlich um das neutrale Wort »maybe« (zu Deutsch »vielleicht«). Zu den verschiedenen Untertönen wurden diesmal außerdem Fotos gezeigt, und zwar Portraits von Menschen, die unterschiedliche Gesichtsausdrücke zeigten. Sie haben es sicher schon erraten: Es ging hierbei um positive, neutrale und negative Mimik. Und diese Gesichtsausdrücke waren wiederum eineinhalbmal so stark wie die Untertöne. Daraus ergaben sich diese sieben Prozent für den Inhalt, das Wort, die verbale Message, die achtunddreißig Prozent für die Stimme und die fünfundfünfzig Prozent für Mimik und Körperhaltung. Und aus eben diesem Ergebnis wird in den meisten Fällen leider eine falsche allgemeingültige Regel für die zwischenmenschliche Kommunikation abgeleitet, die sich als Mythos recht hartnäckig hält – sehr zum Unmut von Albert Mehrabian selbst, der klargestellt hat, dass sich diese Formel lediglich auf Untersuchungen zur Kommunikation von Gefühlen bezieht, nicht aber auf jede x-beliebige Rede auslegbar ist.

Lassen Sie sich deshalb bitte von niemandem einreden, es sei gleichgültig oder auch nur vernachlässigbar, was Sie zu sagen haben! Der Inhalt kann nicht durch eine spektakuläre Inszenierung nichtig gemacht werden. Überlegen Sie einfach selbst: Wenn ein Speaker tipptopp gepflegt ist, unheimlich attraktiv aussieht und sich optimal vorbereitet hat, so werden Sie sich dennoch nicht (lange) davon blenden lassen und folglich trotz allem bemerken, wenn er Quatsch von sich gibt oder unverständliches Zeug daher quasselt. Das Was ist immer bedeutend für die Zuhörer. Es gibt nur noch eines, das wichtiger für unsere zwischenmenschliche Kommunikation ist, als der Inhalt: die Verpackung. Anders gesagt: Nicht *was* wir sagen, sondern *wie* wir es sagen, nimmt die größte Bedeutung ein. Und das Wie beeinflussen und produzieren wir womit? Exakt: mit unserer Stimme! Denn das Wie ist nichts anderes als das, was die bereits erwähnte Stimmung ausmacht und weitgehend bestimmt. Schon ein überaus altes, uns allen bekanntes Sprichwort macht uns auf dieses Faktum aufmerksam, wenn es aufklärt: »Der Ton macht die Musik!«

Und wer Mehrabians Ergebnisse richtig deutet, der findet in ihnen auch Hinweise genau darauf: Zuhörer und Zuschauer spüren recht gut, ob ein Sprecher oder Redner zu dem steht, was er sagt. Eine einstudierte Mimik und Gestik, die meist aus einem zu starken Wollen heraus, zu überzeugen oder gut anzukommen, entsteht, irritiert das Publikum, da sie als unecht identifiziert wird. Das kennen Sie vielleicht aus Situationen, in denen ein Referent mehr wie ein schlechter Schauspieler als wie ein Vortragender wirkt, indem er sich etwa mit der flachen Hand auf die Stirn klatscht, nachdem er erzählt hat, dass er überrascht war. Solcherlei Reaktionen kommen normalerweise immer einen kaum wahrnehmbaren Tick später als der Inhalt, was meist ein untrügliches Zeichen für diese Bemühtheit oder nicht authentische Art des Schilderns ist. Und: Ein unpassender, eben nicht stimmiger Ausdruck in der Stimme kann es einem Redner oder Gesprächspartner erschweren, seine Zuhörerschaft zu erreichen oder gar zu überzeugen.

»Du bist, wie du sprichst – und wie du sprichst, verrät, wer du bist!«

Die Gründe dafür, dass es in Bezug auf die Äußerung von Gesinnungen, Gefühlen und Emotionen so verhält, wie Mehrabian herausfand, sind in der menschlichen Evolution, den Spiegelneuronen und den Assoziationen zu finden.

Was die Evolution betrifft, so wissen wir, dass wir Menschen erst seit etwa hundertfünfzigtausend Jahren sprechen und miteinander reden. Bevor unsere Urahnen sich verbal zu artikulieren begannen, haben sie allerdings selbstverständlich auch schon miteinander kommuniziert, und das passierte über nonverbale Signale. Darum sind wir so gestrickt, dass wir das Visuelle zuerst wahrnehmen und überprüfen, denn mit der guten alten Körpersprache verraten wir auch am meisten. Wenn wir auf eine andere Person treffen, scannen wir sie, um herauszufinden: Wie viel Raum nimmt unser Gegenüber ein, macht es sich groß oder klein, will es uns etwas wegnehmen oder uns etwas geben, ist es Freund oder Feind, gesund oder krank? Als Zweites achten wir auf Stimme und Sprache, weil uns diese beiden Komponenten viel über den Atemdruck und die Intention des anderen verraten: Wer nervös ist, hat einen höheren Atemdruck, weil er flacher atmet, was man in der Stimme hört. All das nehmen wir – wenn auch eher unbewusst – wahr, weil wir die »Übersetzung« dazu im Stammhirn gespeichert haben.

Die bereits erwähnten Spiegelneuronen sind 1995 von italienischen Forschern entdeckt worden, als diese in einem Experiment beobachten konnten, wie im Gehirn eines Affen genau jene Region aktiv war, die der von ihm beobachtete Wissenschaftler gerade körperlich aktiviert hatte: Wenn der Forscher nach etwas gegriffen und der Affe ihm dabei zugesehen hat, war im Gehirn des Tiers die Region, die fürs Greifen zuständig ist, produktiv. So war klar, dass wir durch diese Spiegelneuronen überhaupt erst zur Empathie fähig sind – und warum etwa gähnen so stark ansteckt, dass jeder im Umkreis ebenfalls gähnen muss, wenn einer damit angefangen hat. Wir haben diese Effekte weiter vorne bereits erläutert. Stimmlich konnte schließlich festgestellt werden, dass der Cortisolspiegel von Probanden messbar ansteigt, wenn in einer gehetzte Weise mit ihnen geredet wird, deren Atmung flacher und der Puls höher wird – alles Anzeichen für eine Stressreaktion. Wenn man hingegen übermäßig ruhig und langsam spricht, wird der Puls bei den Zuhörern langsamer, der Blutdruck sinkt und der Mensch entspannt sich als Ganzes. Wann immer jemand mit uns spricht – und zwar unabhängig davon, wie lange er das tut –, löst er damit bei uns eine Stimmung und mit ihr verbunden auch körperliche Reaktionen aus. Dessen sind sich allerdings nur wenige bewusst, was wir äußerst schade finden.

Menschen schließen von Sprache und Stimme auf Charakter und ebenso auf Bildung: Wir glauben, wenn jemand ein schönes Deutsch spricht und sich ästhetisch und wortgewandt zu artikulieren weiß, ist er gebildet und kommt aus »gutem Hause«. Wenn wir jemanden in einem derben Dialekt sprechen hören, gehen wir davon aus, dass er aus einer Arbeiterfamilie der Unterschicht oder der unteren Mittelschicht stammt. Das geht noch weiter: Kellnern, die beim Kassieren besonders schön sprechen, trauen wir einen Rechenfehler weniger zu als jenen, die schlampig oder gar vulgär mit uns oder anderen reden. So unfair das auch erscheinen mag, so führt es dennoch dazu, dass Menschen, die etwa den dritten vom vierten Fall nicht unterscheiden können und darum Sätze wie »Hast du ihm schon angerufen?« von sich geben, dumm auf andere wirken, obwohl sie es gar nicht zwangsläufig sein müssen, sondern einfach nur sprachliche und grammatikalische Schwächen haben, die sich weder schriftlich noch mündlich verbergen lassen. Viele Rechtschreib- und sprachliche Fehler in einem Text lassen den Urheber leider inkompetent, unprofessionell, schlampig oder gar dumm und ungebildet wirken. Von Firmenchefs und HR-Mitarbeitern hört man immer wieder von schlecht und falsch geschriebenen Bewerbungen, deren Verfasser von vornherein als potentielle Kandidaten für den betreffenden Job ausgeschlossen werden. Das »Orthografie interessiert mich nicht«-Syndrom kann einen demnach durchaus die Arbeitsstelle kosten. Das sprachliche Unvermögen wird nämlich als Mangel an Professionalität und Liebe zum Detail gewertet. Und selbst wenn die Hürde der schriftlichen Bewerbung erfolgreich genommen wurde, kommt es beim persönlichen Gespräch auch noch auf Stimme und Sprechweise an. Aber dazu an späterer Stelle mehr.

Eines können wir aber gleich hier festhalten: Wenn Sie mit jemandem reden oder zu einem Publikum sprechen, so ist das Gesamtpaket wichtig! Vergessen Sie irgendwelche Prozentangaben und konzentrieren Sie sich bestmöglich gleichermaßen auf das Was und das Wie. Wenn Ihre Stimme gut klingt, während Sie Interessantes von sich geben und sauber sprechen, dabei auch noch gepflegt aussehen, selbstsicher auftreten und durch Emotionalität und Entspanntheit gleichermaßen glaubwürdig, kompetent und sympathisch wirken, werden Sie gut brüllen können – in welcher Situation auch immer.

Gut gebrüllt und schon gewonnen – wie unsere Stimme unseren Erfolg in allen Lebensbereichen bestimmt

Als Karrierefaktor wird die Stimme nach wie vor häufig verkannt, obwohl es eine nicht zu leugnende Tatsache ist, dass eine gute Stimme und die Fähigkeit, schön zu sprechen und mitreißend zu reden, zu mehr Erfolg im Beruf führt. Und wenn wir darüber nachdenken, wird auch schnell klar, warum das so ist: Wir kommen ja nirgends ohne sie aus und können stimmliche und sprachliche Schwächen deshalb nicht verbergen. Es beginnt bei der Bewerbung – ob nun beim ersten Telefonat oder beim persönlichen Vorstellungsgespräch – und zieht sich durch unser restliches Berufsleben: Meetings, Präsentationen, Networking-Events, Verhandlungen mit Kunden, Vorgesetzten und Geschäftspartnern, Vorträge – immer wieder kommt es darauf an, wie entschlossen, wie kompetent, wie professionell und wie überzeugend oder glaubwürdig wir rüberkommen. Und großteils hängt das davon ab, wie wir klingen, wenn wir unseren Mund öffnen.

Sprechschwächen wie das Verschlucken von Silben oder ganzen Wörtern und das in den eigenen (wenn auch nicht vorhandenen) Bart Hineinmurmeln sind genauso Karriere- und Erfolgsbremsen wie Sprachfehler wie Lispeln und Nuscheln. Um zuverlässig und in dem, was man beruflich tut, professionell und gut zu wirken, ist eine saubere, klare Aussprache ein Muss – nicht zu verwechseln mit der Mundart oder einem Dialekt: Beides ist oft sogar vorteilhaft, weil es den Sprechenden authentisch wirken lässt und vielerorts sympathisch rüberkommt. Das gelingt allerdings nur, wenn die betreffende Person dennoch gut verständlich ist. Menschen, die das K, P und T richtig – nämlich hart – aussprechen, wirken sogar durchsetzungsstärker. Sportmoderator Christian Nehiba bringt das auf den Punkt, indem er gesteht: »Wenn jemand – und das gibt es auch bei Moderatorenkollegen – Toni Polsters Namen falsch ausspricht, indem er ›Doni Bolster‹ sagt, stellt es mir die Haare auf!« Damit ist er nicht allein, so geht es vielen, wenn es manche auch nur unbewusst wahrnehmen und nicht erklären könnten, was genau sie stört.

Die Stimme ist definitiv ein Erfolgsfaktor in der Kommunikation und somit – umgedreht betrachtet – der Schlüssel zur erfolgreichen Kommunikation. Obwohl immer mehr Unternehmer zu begreifen beginnen, wie wichtig dieser Aspekt als Karrierefaktor ist und deshalb in Rhetorik- oder Präsentationstrainings investieren, fällt auf, dass den meisten Menschen, denen man begegnet, etwas fehlt – und dass einem Personen, die dieses Defizit nicht haben, im Gedächtnis bleiben, weil sie beeindrucken. Was ist das, das wir als Zuhörer und Gesprächspartner häufig vermissen, was ist es, das uns stört oder langweilt? Es sind brüchige Stimmen, Menschen, die unheimlich leise sprechen, solche, die in ihrem Sprechen so undeutlich sind, dass man sie kaum versteht, solche, bei denen man den Eindruck hat, sie hätten ihre Zunge einfach nicht unter Kontrolle, weil sie über die eigenen Wörter zu stolpern scheinen. Aber auch gekünstelte oder zumindest künstlich wirkende Töne, eine auffallend fade Modulation oder Monotonie in einem Vortrag führen dazu, dass die Zuhörerschaft wenig begeistert oder überzeugt ist, sondern sich schlimmstenfalls richtiggehend langweilt oder ärgert, weil sich das Anhören wie Zeitverschwendung anfühlt – und Zeit haben wir gefühlt heutzutage alle nicht gerade im Überfluss.

Jobbewerber scheitern daran genauso wie Verkäufer. Wem man nicht glaubt, was er sagt, dem traut man auch nichts zu. Das kann ein wahrer Karrierekiller werden. Darum ist es von nicht zu unterschätzender Bedeutung, sich der eigenen Wirkung durch die Stimme klarzuwerden. Was transportieren wir alles mithilfe unserer Stimme, was vermitteln wir, wenn wir sprechen oder mit anderen Menschen reden?

Wir haben weiter vorne schon festgestellt, wie stark das menschliche Gehirn auf Stimmen reagiert und dass es uns durch das Hören in einen Zustand versetzt, als wären wir selbst in der Situation, die wir gerade wahrnehmen. Das bedeutet im Umkehrschluss: Eine Stimme, die zu leise ist oder unangenehm auf uns wirkt, löst Unbehagen aus und sorgt dafür, dass Zuhörer sich nicht wohl oder gar abgestoßen fühlen. Wir haben auch schon besprochen, dass wir durch die Arbeit unserer Spiegelneuronen einen Hustenreiz verspüren, wenn jemand in unserer Nähe ständig hüstelt oder richtiggehend husten muss, dass wir das Bedürfnis haben, uns zu räuspern, wenn ein Redner es nicht schafft, den Frosch aus seinem Hals zu verjagen, und dass wir schlecht Luft bekommen, wenn jemand beim Sprechen in Atemnot gerät. Auch und gerade in beruflichen Situationen profitieren wir hingegen davon, wenn wir entspannt, selbstsicher, gut gelaunt und kompetent klingen – dann bringen uns unsere Zuhörer nämlich automatisch mehr Vertrauen entgegen. Das liegt auch daran, dass eine gute Stimme Glaubwürdigkeit in sich trägt. Warum ist das so? Weil es unsere heutige Sprache in dieser ausgereiften Form noch gar nicht allzu lange gibt und sich die Menschen in den Zeiten davor auf den Klang einer Stimme verlassen mussten, um zuordnen zu können, ob eine Situation stressig oder gar gefährlich werden könnte – denn das hört man an der Stimme: In Stressmomenten, wenn wir nervös sind oder uns emotional belastet fühlen, verändert sich die Stimme. Bei den meisten Menschen wird sie höher, wobei es auch Ausnahmen gibt, also Personen, deren Stimme nach unten rutscht, wenn sie nicht in ihrer Mitte sind, oder bei denen man andere Veränderungen feststellen kann. Nachrichtenmoderatorin Katrin Prähauser verrät dazu: »Wenn ich nervös bin, dann neigt meine Stimme dazu, leicht zu kippen. Andere hören es vielleicht nicht, aber ich bemerke es und das ist schon unangenehm genug.«

Wir wollen festhalten: Im Regelfall sprechen Menschen – vor allem Frauen – im Berufskontext mit zu hoher Stimme. Das löst dummerweise beim Gesprächspartner den Reflex aus, überprüfen zu wollen, ob das, was sie sagen, auch der Wahrheit entspricht, weil man einer hohen Stimme schlicht weniger glaubt. Wer mit fester, sonorer und voller Stimme spricht, signalisiert hingegen, dass bei ihm alles in Ordnung ist, wodurch sich ein entspanntes, angenehmes Gesprächsklima einstellt, was gerade bei Verkaufsgesprächen, in Bewerbungssituationen oder bei Verhandlungen einen immensen Vorteil bringt.

Aber nicht nur Glaubwürdigkeit transportiert sich über die Stimme und das Sprechen, sondern auch Initiative, Dynamik und Entschlossenheit – im Gegensatz zu Wankelmütigkeit oder Unzuverlässigkeit, was sich wiederum stark auf das Gelingen im beruflichen Kontext auswirkt. Wer durchsetzungsstark wirken möchte, muss etwa am Satzende einen Punkt hörbar machen, was bedeutet, ihn auch tatsächlich auszusprechen und folglich mit der Stimme nach unten zu gehen. Wem die Stimme am Ende eines Satzes nach oben auskommt, der muss sich dessen bewusst sein, dass er damit Unsicherheit und Unentschlossenheit ausdrückt. Wer in seiner Laufbahn nur schlecht vorankommt, obwohl er gut in seinem Job ist, sollte für sich überprüfen, ob er womöglich nach einer Aussage immer ein Fragezeichen, einen Doppelpunkt oder einen Beistrich ausspricht. Das würde nämlich bedeuten, dass er im Anschluss an eine Botschaft das gerade Gesagte selbst wieder infrage stellt. Menschen, die im Reden strukturiert sind, traut man zwangsläufig auch mehr Struktur in ihrer Arbeit zu. Zu einer optimalen Sprechstruktur gehören die richtige Atemführung, eine klare Intonation, eine lebendige Modulation und Mut zur Pause. Pfeift man darauf und spricht unstrukturiert, fällt dem jeweiligen Gegenüber das Zuhören schwer, was negativ auf den Sprechenden zurückfällt.

Für Personen in Berufen, in denen die Stimme eine zentrale Rolle spielt, ist naturgemäß noch stärker ausgeprägt, dass mit der Fähigkeit, mit der eigenen Stimme umgehen zu können, vieles steht und fällt. Die bereits erwähnte Schauspielerin und Sprecherin Barbara Kaudelka bringt das auf den Punkt: »Meine Stimme ist mein Kapital. Im Schauspielberuf ist sie ein zentrales Instrument – nicht bloß, um Text hörbar zu machen, sondern vielmehr, um der Figur, die man spielt, eine Stimme zu geben, ihrer Innenwelt Gehör zu verschaffen. Weitaus wichtiger ist meine Stimme jedoch für meine Arbeit als professionelle Sprecherin. Einem Schauspieler auf der Bühne oder im Fernsehen verzeiht man kleinere stimmtechnisches Mankos, solange er sie durch andere Elemente seiner Performance auszugleichen vermag: durch fesselnde Interpretation oder starken mimischen Ausdruck etwa. Wenn ein Sprecher im Tonstudio, bei dem dieser optische Aspekt wegfällt, seine Stimme und Sprache, und somit sein wichtigstes Werkzeug, nicht trittsicher bedienen kann, dann ist es gelaufen. Das wäre so, als könne ein Bäcker keinen Brotteig herstellen.«

Wie unsere Stimme dafür sorgt, ob wir respektiert und ernstgenommen werden

Wer mit zittriger Stimme in einer Bedrohungssituation »Ich fürchte mich nicht, ich habe überhaupt keine Angst« behauptet, wird kaum ernstgenommen werden, denn die Angst wird vom Gegenüber dennoch wahrgenommen werden. Und wenn eine Frau ihrem Mann in einer Diskussion entgegnet: »Ich bin überhaupt nicht eifersüchtig!«, wird ihre Glaubwürdigkeit stark davon abhängen, wie ihre Stimme dabei klingt – auch wenn sie versucht, dabei möglichst überzeugend auszusehen, wird er ihre Aussage nicht ernstnehmen, sollte ihre Stimme verraten, dass es in ihrem Inneren tatsächlich vor Eifersucht brodelt. Denn wir haben zwar unsere Mimik und unsere Gestik halbwegs gut im Griff, nicht aber unsere Stimme, da diese ans vegetative Nervensystem gebunden ist und darum ähnlich gut kontrollierbar ist wie der Niesreflex oder ob wir Fieber bekommen. Wenn wir – je nach Situation – vortäuschen wollen, dass wir bestens vorbereitet, selbstsicher, gut gelaunt oder furchtlos sind, so kann uns unsere Stimme, wenn wir uns nie mit ihr beschäftigt haben, einen saftigen Strich durch die Rechnung machen und dafür sorgen, dass wir höchstens bemüht wirken, aber leider nicht für voll genommen werden. Das kann daran liegen, dass die Stimme höher oder enger wird, dass wir gepresst klingen, wenn wir unbedingt von etwas überzeugen wollen, das entweder nicht der Wahrheit entspricht oder hinter dem wir selbst nicht wirklich stehen – oder wir klingen übertrieben freundlich oder fürsorglich, wenn wir etwas durchsetzen wollen, das uns besonders wichtig ist. In jedem Fall werden wir uns verraten, wenn wir nicht wissen, wie wir den Klang unserer Stimme beeinflussen und in den Griff bekommen können.

Ich [*pf*] kann mich noch gut an Christine erinnern. Sie war Mitte dreißig, extrem attraktiv und die Gattin eines durchwegs bekannten Geschäftsmannes. Durch ihren wohlhabenden Mann hatte sie alles, was man sich nur wünschen kann: Ein tolles Haus, teure Kleidung und jede Menge Geld. Außerdem führte sie eine intakte Ehe, war eine glückliche Mutter und ihr Mann las ihr jeden Wunsch von den Augen ab. Als ich sie gefragt habe, warum sie ein Stimmtraining in Anspruch nehmen möchte, hat sie mir erzählt, dass ihr immer wieder die Stimme wegbleibt, sie oft heiser ist und kräftiger klingen möchte, damit sie ernstzunehmender wirkt. Während sie all das geschildert hat, war sie merkwürdigerweise auffallend verlegen, mied den Blickkontakt und schien sich unbehaglich zu fühlen. Im Laufe des Trainings bin ich dahintergekommen, woran das lag: Christine hatte zwar alles, aber sie durfte keine »eigene Stimme« haben. Sie durfte nicht arbeiten gehen, bei Geschäftsessen nicht an Diskussionen teilnehmen, musste sich stets zurücknehmen und lediglich lächelnd an der Seite ihres Mannes sein. Und wie sich herausstellte, hatte sie genau diese Rolle satt. Sie wollte ihre eigenen Erfolgserlebnisse, wollte präsent sein und ihre Meinung kundtun – aber durch diese jahrelange Konditionierung hat ihr bei jedem Versuch, für sich einzustehen, die Stimme versagt. Denn sie hatte es bislang auf die falsche Weise versucht: mit Lautstärke anstatt mit Präsenz. Wir haben fast ein Jahr an Christines Sprache und Stimme gearbeitet – parallel dazu hat sie ihr Verhalten ihrem Mann gegenüber geändert. Aus ihrer Sprachmelodie sind nach und nach alle sich selbst schmälernden Elemente verschwunden – mit Rufübungen hat Christine gelernt, ihre Stimme raumfüllend einzusetzen, ohne zu schreien, und mit Stimmübungen, wie wir sie Ihnen im hinteren Teil dieses Buches vorstellen werden, haben wir die Last vom Hals genommen. Inzwischen arbeitet Christine halbtags, engagiert sich für soziale Projekte und trägt nach außen, dass sie nicht nur eine wohlhabende und überaus attraktive, sondern vor allem eine intelligente und belesene Frau ist.

Wenn es um Respekt und Achtung von Seiten anderer geht, sieht es ähnlich aus: Wer nicht gut bei Stimme ist und sprachliche Schwächen hat, die sich nicht verstecken lassen, wird sich schwertun, respektiert und ernstgenommen zu werden. So geschehen im Jänner 2017, als ein österreichischer Politiker für Aufsehen und einiges an Gelächter sorgte, bevor er aufgrund eines öffentlichen Auftritts im Fernsehen seines Amts enthoben wurde: Der Tiroler war von einem russischen TV-Sender für ein Interview über die Flüchtlingssituation in seinem Bundesland live zugeschaltet worden und blamierte sich auf ganzer Linie mit seinem auffallend schlechten Englisch. Das Video dazu machte in den sozialen Netzwerken natürlich rasch die Runde – auf YouTube etwa verzeichnete es in Windeseile knapp fünfzigtausend Aufrufe – und erntete hämische Kommentare. Dazu kam schließlich noch der Vorwurf, dem Tiroler Tourismus durch diesen Auftritt massiven Schaden zugefügt zu haben. Kommunikationscoach Georg Wawschinek erklärt dazu, was unabhängig vom holprigen Englisch und den umstrittenen Inhalten zu sehen und zu hören war: »Das war ein wirklich spannender Moment: Zuerst sah man ihn nur. Gut, das Outfit war Geschmacksache. Aber als er dann zu reden begonnen hat: kein Stimmsitz, Nervosität, seine Stimme ging nach oben. Also ganz abgesehen vom immens schlechten Englisch und dem zweifelhaften Inhalt, den er wiedergegeben hat, war die Stimme allein schon ein Killer.«

Sie können in der Öffentlichkeit noch so gutaussehend und adrett gekleidet auftreten – wenn Ihnen dann schon bei der Begrüßung die Stimme entgleitet, ist der gesamte Eindruck davon beeinträchtigt. Damit das nicht passiert, ist es ratsam, sich mit seiner Stimme und seiner Sprechweise zu beschäftigen, und das bedeutet Arbeit – Arbeit, die nicht jedem bewusst ist oder für die viele auch zu bequem sind, vermutet Wawschinek: »Schon was die Selbstreflexion betrifft, ist es ein interessanter Umstand, dass viele sich selten Feedback holen, was die Wirkung ihrer Stimme betrifft. Mich fragen die Leute so gut wie nie, wie ich ihre Stimme finde. ›Wie schau ich aus, wie wirke ich?‹ interessiert die meisten, aber die eigene Stimme wird vernachlässigt.« Doch Charisma ist wichtig, wenn man erfolgreich sein möchte, gut ankommen und respektiert werden will. Und die Ausstrahlung ist nun mal eng mit der Stimme und der Redefähigkeit verbunden.

Beides ist eine Sache menschlicher Entwicklung, meint Georg Wawschinek und weist darauf hin, dass erst ein Bündel an Fähigkeiten charismatische Entwicklung entstehen lässt: »Dazu gehört natürlich die Stimme und auch die Art zu sprechen. Da wird man mit einem Teil geboren, aber auch wenn man eine schöne Stimme hat, muss man am Rest arbeiten, kann sich darauf nicht ausruhen.« Darum geht selbst er als professioneller Keynote-Speaker immer wieder zum Stimmtrainer, weil das Instrument »Stimme« nun mal Übung braucht. Für ihn steht außer Frage: »Entwicklungspotential sollte man nicht schleifen lassen – das ist nachlässig. Keine charismatische Eigenschaft fällt vom Himmel, sie ist erarbeitet. Und so ist es zum Teil auch mit der Stimme. Einiges ist gegeben und anderes ist einfach Arbeit. Und da denke ich, sind manche zu faul. Gerade wenn man an die Öffentlichkeit geht, ist es wichtig, sich das vor Augen zu halten.«

Wer das nicht gemacht haben dürfte, ist der ehemalige österreichische Bundeskanzler Werner Faymann, erklärt der Kommunikationscoach: »Ich denke, der hätte an seiner Quäkerei, die eine Folge des Stimmsitzes ist, der ganz hinten liegt, durchaus arbeiten können, wenn er zu einem Sprechtraining gegangen wäre, aber das war ihm offenbar einfach egal – das in dieser Position, in einer derart wichtigen und präsenten Staatsfunktion, so auf die Leute loszulassen, finde ich wenig rühmlich. Vielleicht empfand er das als sein Markenzeichen und hat es deshalb nicht verändern wollen. Denn es gibt natürlich auch schräge Stimmen, die bekannt werden. Der ›Sprich mit Bob‹-Sprecher hat keine klassisch schöne Stimme, aber man merkt sie sich. Herbert Grönemeyer, Georg Danzer, Philipp Boisel – alles keine perfekten Singstimmen, aber sie haben etwas Unverwechselbares und in Kombi mit einer spannenden Persönlichkeit und einem wertvollen Inhalt passt das dann wieder. Aber in der Politik ist das eher unpassend.« Und auch beim Ottonormalverbraucher ist es etwas anderes und man sollte sich daher nicht unbedingt mit der Prominenz oder Künstlern vergleichen, denn bei denen geht es um etwas anderes und in der Kunst und im Showbiz bestätigen Ausnahmen gern die Regel. Denken Sie nur an den unverkennbaren Sprachduktus des großen Oskar Werner, zu dessen Leb- und Wirkzeiten der Klang der Bühnensprache im Film noch gegenwärtig war – oder im Gegensatz dazu an das momentan recht populäre Stilmittel des Sprechrealismus am Theater, wo im Bereich des Regietheaters Hamlet durchaus wie Til Schweiger durch den Staate Dänemark nuscheln darf. Auch der österreichische Ausnahmeschauspieler Hans Moser war artikulatorisch nicht einwandfrei unterwegs, sondern sogar bekannt für sein Nuscheln, das schließlich zu seinem Markenzeichen wurde. Das hat zu seiner Persönlichkeit und zu seinem Berufsfeld gepasst. Doch Künstler und Prominente sollte man keinesfalls als Ausrede heranziehen, denn wenn ein CEO vor seinen Mitarbeitern auf diese Weise reden würde, wäre es sicherlich befremdlich. Und weder ein Minister noch ein Abteilungsleiter sollte so klingen, wenn er seine ersten wichtigen Auftritte oder Mitarbeitergespräche absolviert.

Gerade wenn jemand nur eine einzige Auftrittsmöglichkeit vor ein und demselben Publikum hat, sollte er sich besser nicht denken »Ist eh egal!«, denn Stimmpflege und Artikulation führen im positiven Fall relativ zielsicher zum Erfolg und dazu, dass wir ernstgenommen und geachtet werden, aber wenn das fehlt, bleibt auch gern der Erfolg aus. Denn Aussprachefehler wie etwa der eines ehemaligen österreichischen Außenministers, der »kämpfna« statt »kämpfen« oder »Burgenlandna« statt »Burgenland« gesagt hat, sind nichts, was man als einen ewigen Mangel mit sich herumschleppen muss, sondern durchaus etwas, das weggearbeitet werden kann. Setzt sich jemand mit so einem Sprechfehler nicht damit auseinander, wird er es mit der Achtung und dem Respekt der anderen allerdings um ein Stück schwerer haben, weil so etwas schnell belächelt wird.

Das ist ja auch der Grund, warum Figuren wie die »Frau Knackal« oder der »Herr Breitfuss« vom Drehbuchautor, dem Regisseur oder auch nicht zuletzt den sie darstellenden Schauspielern so angelegt wurden, dass sie durch eine besonders hohe Stimme oder einen Sprachfehler ihren geringen Bildungsstand verstärkt transportieren: Die Wasserstoffblondine aus der erfolgreichen Sitcom »MA 2412«, die von 1998 bis 2002 produziert wurde und auf satirische Weise am Beispiel des fiktiven »Wiener Amtes für Weihnachtsdekoration« den Alltag in und mit der österreichischen Bürokratie thematisiert, bekam von ihrer Darstellerin, der Schauspielerin und Kabarettistin Monica Weinzettl, nicht umsonst eine immens hohe Piepsstimme verpasst. Diese Stimmlage ergänzte klischeehaft das tussenhafte Aussehen und Verhalten der stets in High Heels herumstaksenden Sekretärin, die als personifizierter Blondinenwitz hauptsächlich beim Lackieren ihrer falschen Fingernägel angetroffen wurde und am liebsten Tratsch übers Telefon verbreitete. Der Amtsleiter Ingenieur Engelbert Breitfuss, der vom Kabarettisten und Schauspieler Roland Düringer gemimt wurde, hatte bestimmt auch nicht zufällig einen Sprachfehler – dieser hat den Eindruck, der ungepflegte, pingelige, faule Toupetträger sei nicht der hellste aller Köpfe, wunderbar verstärkt.

Was Sie wahrscheinlich kennen und ebenfalls in diesen Bereich fällt, sind Synchronisationsstimmen, die in US-Filmen einzelne Schauspieler übersetzen und dann mit einem bayerischen, schwäbischen oder einem auffälligen österreichischen Dialekt gesprochen werden. Wenn die aus dem Rahmen fallen, weil alle anderen Figuren ein sauberes Hochdeutsch sprechen, kann man sie nicht ernstnehmen. Und darauf setzen wohl die Caster der betreffenden Produktionsfirmen, denn wenn Sie überlegen, wird Ihnen auffallen, dass nie eine souveräne Rolle so eine Art des Sprechens erhält, sondern immer jene, die lächerlich wirken sollen. Die Liebeskomödie »Meine erfundene Frau« aus dem Jahr 2011 mit Jennifer Aniston und Adam Sandler in den Hauptrollen hat eine Nebenfigur genau so eingeführt: Der von Nick Swardson dargestellte Eddie, der Cousin von Adam Sandlers Figur, spricht einen übertriebenen, nicht eindeutig zuordenbaren Dialekt, der wohl österreichisch klingen soll, wodurch er durchwegs dumm bis grotesk wirkt, aber keinesfalls wie jemand, der ernstzunehmend wäre, weshalb diese Rolle auch von niemandem respektiert wird.

Lassen Sie uns festhalten: In den seltensten Fällen führt ein Sprachfehler dazu, dass wir sympathisch oder charismatisch wirken. In ebenso geringer Anzahl gibt es Situationen, in denen besonders hoch angesetzte Stimmen Souveränität ausstrahlen und zum Zuhören einladen. Wenn Sie gut brüllen und gewinnen wollen, dann ist es überaus hilfreich, wenn Sie an einem Stimmsitz arbeiten, der Ihre Persönlichkeit und Ihre Schokoladenseiten bestmöglich unterstreicht und ins richtige Licht rückt, und wenn Sie Ihre Artikulation optimieren, sodass Sie selbstsicher vor und mit anderen reden können und auch gehört und ernstgenommen werden.

Wie unsere Sprechweise dazu beiträgt, ob wir dazugehören

Dass die Art, wie wir sprechen, die Sprache an sich – ein etwaiger Dialekt genauso wie die Wortwahl und Satzbildung – und die Stimmqualität maßgeblich darüber entscheiden, wie man jemanden wahrnimmt, führt natürlich auch zu ungerechtfertigten Diskriminierungen. Davon, dass wir Menschen automatisch und unbewusst von einem niedrigeren Bildungsgrad oder einem schwachen Intelligenzquotienten ausgehen, wenn sich jemand nicht besonders gut zu artikulieren weiß, sowie davon, dass wir jemanden, der zögerlich spricht oder eine dünne Stimme hat, nicht unbedingt für kompetent halten, haben wir bereits gesprochen. Nun kommt aber noch ein anderes Stichwort ins Spiel: Altersdiskriminierung. Denn mitunter am schärfsten trifft dieser Effekt die Senioren in unserer Gesellschaft, wie auch die Linguistin Lara Adaibat feststellen musste: »Es gab dazu diverse Studien mit alten Menschen: Die haben dasselbe gesprochen wie junge, aber dadurch, dass man gehört hat, dass sie alt waren, hat man ihnen schlechtere Merkmale zugeschrieben: Weil die Stimme gebrechlicher wirkt, entsteht das Vorurteil, dass die Person dahinter auch so ist. Man nimmt die Leute dann nicht mehr so für voll.« Sie kennen das vielleicht von sich selbst oder aus Beobachtungen im Alltag: Wenn alte Menschen ausnehmend lange brauchen, um einen Satz zu vollenden, werden wir schon mal ungeduldig, weil wir es gewöhnt sind, dass alles immer rasch gehen muss. Dann wird die Großmutter ungerechtfertigt weniger ernstgenommen, weil es irgendwie anstrengend ist, ihr zuzuhören und wir ihr langsames Sprechen darauf zurückführen, dass sie wohl auch schon ebenso langsam denkt oder ihre Gedankengänge gar nicht mehr in die passenden Worte fassen kann.

Ähnlich schwierig ist es für Personen mit einer anderen Muttersprache oder auch für solche, die zwar mit Deutsch als zweiter Sprache aufgewachsen sind, deren Phonetik aber dennoch verrät, woher sie ursprünglich kommen, selbst wenn Grammatik und Vokabular an sich nicht auffällig sind: Wenn der Stimmsitz im Deutschen nicht dort ist, wo er hingehört und wo wir Native-Speaker es daher gewöhnt sind, hören wir das sofort. Und gerade Migranten und Kinder von Migranten, die zwar schon in Österreich, Deutschland oder der Schweiz geboren wurden und von klein auf Deutsch gesprochen haben, wurden offenbar in der Schule nie darauf hingewiesen, dass sie nicht den Stimmsitz etwa aus dem Türkischen oder Serbischen eins zu eins ins Deutsche übertragen können, weil ihr Deutsch dann nie richtig klingen wird. Oder aber sie sind darauf hingewiesen worden und waren einfach nicht fähig, das ohne Training zu bewerkstelligen. Hier wäre das Bildungssystem aufgerufen, Spezialisten an die Schulen zu holen, die den Kindern möglichst früh beibringen, welche Phonetik das Deutsche braucht, damit es »echt« und »richtig« klingt. Denn das trägt zu einer guten Integration in die Gesellschaft des neuen Heimatlands bei, da wir Menschen nun mal dazu neigen, jemanden nicht so gern in unsere eingeschworene Gruppe hineinzulassen, der anders klingt und spricht.

Dieses Phänomen rund um den falschen Stimm- und Phonetiksitz, der die Herkunft verrät, hat sogar einen eigenen Namen: »Schibboleth« nennt man das. Dabei handelt es sich um eine sprachliche Auffälligkeit oder Besonderheit, die dafür verantwortlich ist, dass der Sprechende sich recht schnell einer bestimmten geografischen Region oder einer sozialen Gruppe zuordnen lässt – ob er das beabsichtigt oder nicht, er kann es kaum verbergen, denn seine Art zu sprechen verrät es. Diese Schibboleths sind nichts anderes als Codewörter, konkret vorwiegend Begriffe und Wörter, anhand deren Aussprache wir zuordnen können, ob jemand aus Polen, Persien, Indien oder der Türkei kommt, auch wenn er grammatikalisch perfektes Deutsch spricht, was als sozialer Code verstanden werden kann.

Die Bezeichnung »Schibboleth« stammt ursprünglich aus dem Hebräischen, bedeutet auf Deutsch übersetzt »Getreideähre« und diente als militärisches Codewort im Krieg der Gileaditer gegen die Ephraimiter. Der Hintergrund: Im jüdischen Tanach, das mit dem christlichen Alten Testament gleichzusetzen ist, steht im »Buch der Richter« geschrieben: »Und die Gileaditer besetzen die Furten des Jordans von Ephraim. Wenn nun einer von den Flüchtlingen Ephraims sprach: Lass mich hinübergehen!, so sprachen die Männer von Gilead zu ihm: Bist du ein Ephraimiter? Wenn er dann antwortete: Nein!, ließen sie ihn sprechen: Schibbolet. Sprach er aber: Sibbolet, weil er's nicht richtig aussprechen konnte, dann ergriffen sie ihn und erschlugen ihn an den Furten des Jordans, sodass zu der Zeit von Ephraim fielen zweiundvierzigtausend.« Die Aussprache bot somit Rückschlüsse auf die Herkunft, verhalf dadurch, zwischen Freund und Feind zu unterscheiden und führte beim fehlerhaften Sprecher zum Tod. Folgenreich waren derartige Phonetikfehler auch für Menschen in anderen Kriegen. So fanden im Jahr 1281 zweitausend Franzosen den Tod in Palermo bei der Sizilianischen Vesper, weil sie anhand ihrer C-Laute identifiziert werden konnten: Das italienische Wort »cece«, was auf Deutsch »Kichererbse« bedeutet, konnten sie nicht korrekt aussprechen. Was im Krieg über Leben und Tod entscheiden konnte, wird heute zwischen Österreichern wie Bayern und Norddeutschen gern als lustiges Spiel herangezogen, wenn der »Oachkatzlschwoaf«, auf Hochdeutsch »Eichkätzchenschweif«, eine echte Hürde für die Nachbarn bedeutet, worüber beide Seiten glücklicherweise herzlich lachen können.

Der Grund, ein Wort nicht so aussprechen zu können, wie es lauten müsste, wird übrigens einem Unvermögen des Stimmapparats zugesprochen – dem Sprechenden ist das meistens gar nicht bewusst, weshalb er sich im Gespräch gänzlich unbeabsichtigt verrät.

Exkurs: Was der hörbare Unterschied zwischen Österreich, Deutschland und der Schweiz über seine Sprecher verrät

Am achten Tag erschuf Gott die Dialekte. Alle Völkchen waren glücklich.
Der Berliner sagte: »Icke hab nen Wahnsinnsdialekt, wa?«
Der Hanseate entgegnete: »Ne, moin Dialekt ist dufte!«
Der Kölner meinte: »Hey, du Jeck, mit Kölsch feiert man Karneval!«
Der Hesse mischte sich ein: »Babbel net – di Hessa babbeln des best' Hochdeutsch!«
Der Sachse fand: »Ja nu freilisch is äs Sächsisch klosse!«
Nur für den Wiener war kein Dialekt mehr übrig. Da wurde er sehr traurig. Irgendwann sagte dann Gott: »Oida, dann redst hoid wia i!«

Die deutschsprachigen Länder Österreich, Deutschland und die betreffenden Teile der Schweiz haben zwar mit Deutsch eine gemeinsame Sprache, aber jedes dieser Länder hat zudem eine eigene Standardsprache. Das bedeutet: Es gibt Unterschiede im Wortschatz und in der Aussprache, was Einfluss darauf hat, wie die jeweilige Sprache wahrgenommen wird. Das gemütlichere Deutsch der Schweizer lässt die Leute dort eben umgänglich, aber auch gemächlicher und etwas langsamer wirken, während die Deutschen eifrig, ehrgeizig und ordentlicher, aber teilweise kühler und unnahbarer wirken, weil sie eine »ordentlichere« Sprache zum Besten geben. Die Österreicher bewegen sich in der Mitte dieser beiden Länder und damit zwischen diesen extremen Sprechweisen, könnte man sagen. Sprachwissenschaftlerin Lara Adaibat dazu: »Die Art des Sprechens beeinflusst auch den Humor – darum ist der deutsche Humor pointierter und banaler, während der österreichische Schmäh tiefgründiger ist.«

Um noch kurz beim Schibboleth zu bleiben: Im deutschsprachigen Raum gibt es auch innerhalb eines Landes Verschiedenheiten, wie etwa den Unterschied zwischen Süd-

und Norddeutschen, der anhand des »s« im Wortanlaut erkennbar wird. Süddeutsche verwenden das stimmlose »s«, während Norddeutsche das stimmhafte aussprechen. Das Wort »Sonne« eignet sich deshalb als Schibboleth. Eine weitere Andersartigkeit der Aussprache betrifft das »st«: Je südlicher die sprachliche Herkunft, desto eher und häufiger wird das »st« wie ein »scht« ausgesprochen. Im Bremer Dialekt etwa werden »st« und »sp« in »s-t« und »s-p« statt wie im Standarddeutschen als »scht« und »schp« getrennt, was beim »spitzen Stein« »[:spitzer Stein:]« im Unterschied zu »[:schpitzer Schtein:]« verdeutlicht wird. Ein helles »ch« ist von einem »sch« wiederum für Menschen aus Südhessen, dem Rheinland und Sachsen nur schwer unterscheidbar, was man beispielsweise in »altgriechische Geschichte« recht gut hören kann, wo jedes »ch« zu einem »sch« wird. Der Buchstabe R wird als Laut ebenfalls durchwegs unterschiedlich ausgesprochen: Typisch für Franken ist etwa das alveolar[5] gerollte R nach Konsonanten, das an die schwedische oder auch italienische Hochsprache erinnert.

Im Tirolerischen, Bairischen und Schweizerischen wird ein K oft als »kch« ausgesprochen. Und die Schweizer sprechen auch ein »chs« immer als »ch-s« aus. Bayern und Sachsen haben bei den Umlauten ähnliche Probleme: Es fällt ihnen schwer, das Ü vom I und das Ö vom E zu unterscheiden – so kommt das Ü in Bayern praktisch gar nicht vor. Das Schwäbische klingt meistens nasal und die Bayern unterscheiden im Sprechen zwischen mehreren a-Lauten: mal sprechen sie es heller aus, mal dunkler, mal offen und mal geschlossen.

Abgesehen von unterschiedlichen Begriffen, über die Deutsche und Österreicher gern miteinander scherzen, denken wir nur an die Klassiker wie »Topfen« versus »Quark«, »Sackerl« im Gegensatz zu »Tüte« oder »Marille« statt »Aprikose«, und von anders ausgesprochenen Lauten gibt es noch mehr Ungleichheiten und Andersartigkeiten zwischen den deutschsprachigen Nachbarländern: Österreich ist das »Schmälerland« schlechthin, könnte man sagen. Das kommt vermutlich daher, dass der Katholizismus über Jahrhunderte so stark war und das Kommunikationsverhalten hierzulande nachhaltig geprägt hat. Darum beinhalten Aussagen von Österreichern auffallend viele Dinge, die sie selbst schmälern. Dazu gehören das Hochziehen der Stimme am Satzende, das für Unsicherheit gehalten werden könnte genauso, wie sich und sein Können oder seine Meinung inhaltlich zu mindern. Das geht auch zu Lasten der Struktur innerhalb des Sprechens. In Deutschland, wo es wesentlich mehr Protestanten gab, findet man dieses Phänomen nicht – hier wird Tacheles geredet und niemand stellt sein Licht unter den Scheffel. Das Land an sich hat ein völlig anderes Selbstbewusstsein und das spiegelt sich eben auch in der Sprache und Sprechweise seiner Bürger wider.

Katrin Prähauser ist gebürtige Tirolerin, lebt seit Jahren in Salzburg und hat einen Deutsch-Griechen an ihrer Seite, der bundesdeutsch klingt. Das entspricht durchaus ihrem stimmlichen und sprachlichen Beuteschema: »Bei der Partnerwahl war mir schon immer die Stimme wichtiger als das Aussehen. Ein Mann mit hoher oder greller Stimme, das käme für mich nicht in Frage. Natürlich ist auch der Dialekt entscheidend: Kärntnerisch finde ich zum Beispiel nicht besonders attraktiv. Aber bei den Deutschen ist der Stimmklang einfach toll. Alles klingt geschliffener und feiner«, erklärt sie uns ihre Vorlieben. Trotzdem bessert sie ihren Partner gut und gerne aus: »Ich bin zwar in der Gastronomie aufgewachsen und bin es von daher gewöhnt, dass die Leute ›Sahne‹ statt ›Schlagobers‹ sagen, aber zu Hause gibt es trotzdem kein ›Tschüss‹, sondern ein ›Pfiati‹, und das musste ich ihm erst beibringen.« Und Schauspielerin Jessica Schwarz, die 2009 immerhin ausgerechnet mit ihrer Rolle als Österreicherin Romy Schneider im deutschen Fernsehfilm »Romy« große Aufmerksamkeit erlangte, hat uns von ihren eigenen unterschiedlichen Dialektfärbungen erzählt: »Was mich manchmal an meiner eigenen Sprache ärgert, ist, dass ich ja früh aus Hessen weg bin und dann in München gelebt habe. Die Bayern sind damals recht hart mit mir umgegangen und meinten, ich rede wie ein ›Preuße‹. Das war natürlich nicht nett gemeint und ich habe dann versucht, meinen Dialekt möglichst schnell wegzubekommen, was aber nicht so einfach war und ein wenig Spuren hinterlassen hat – mit dem Ergebnis, dass ich mir oft schwertue, wenn ich zum Beispiel Hörbücher einspreche. Ich habe ein D/T- und B/P-Problem, weil die Hessen so eine ganz eigene Art haben, mit diesen beiden Buchstabenpaaren umzugehen. Das Hessische ist ein Dialekt, mit dem ich mich zwar sehr wohlfühle, wenn ich zu Hause bin, aber besonders sexy finde ich ihn nicht. Zusätzlich ist bei mir jetzt auch so ein kleiner österreichischer Dialekt dazugekommen! So ein kleiner Singsang, der sich ohne mein Wissen ein wenig eingeschlichen hat und auf den mich sogar schon Regisseure angesprochen haben.« Dass die Stimme und der Dialekt auch positiv oder negativ beeinflussen, wenn es darum geht, sich zu verlieben, hat Jessica Schwarz selbst erlebt – und das erklärt auch gleich, woher ihr österreichischer Einschlag kommt: »Mein Freund ist Wiener. Ich glaube, wenn der so ganz hartes Wienerisch gesprochen hätte, wäre ich nicht so zugeneigt gewesen. Es kann schon sein, dass jemand den Mund aufmacht und man von der Art zu reden und von der Dialektik merkt, dass das nicht geht – egal wie attraktiv der ist. Es geht ja auch um Dinge, die geflüstert werden, und wenn dann so ein harter Dialekt da reinbricht, kann das einfach unattraktiv wirken.«

Die Speed-Dating-Organisatorin Karin Pallinger unterhält sich, wenn sie in den Bundesländern Österreichs unterwegs ist, mit ihren Kunden lieber im Dialekt, weil »das Hochdeutsch ja außerhalb Wiens nicht so beliebt ist«. Sie ist zwar selbst am Land aufgewachsen, bekennt sich aber zu einer persönlichen Vorliebe für die Schriftsprache: »Ich kann mir einen Partner, der *nur* im Dialekt redet, schwer vorstellen. Es muss aber auch nicht dieses affektierte, übertriebene Hochdeutsch sein. Grundsätzlich finde ich viele Dialekte charmant, wobei der Steirer schon ein wenig bellt. Die Salzburger sind noch gut verständlich, und Tiroler kenne ich zu wenige, aber die sind sofort als solche erkennbar. Oberösterreicher und Niederösterreicher klingen ähnlich wie Wiener, wenn man hier nicht diesen urtypischen Dialekt meint.« Innerhalb Deutschlands gibt es ebenso grundverschiedene Dialekte, wenn man nur an das Hessische, das Berlinerische, das Bayerische oder das Schwäbische denkt. Wem was sympathisch ist, das ist natürlich immer eine Geschmacksache – grundsätzlich ist im Vorteil, wer zusätzlich zu seinem etwaigen Heimatdialekt der hochdeutschen Schriftsprache mächtig ist, weil es dann möglich ist, zu switchen und überall verständlich zu sein, wo die Mundart nicht gern gehört wird und Nachteile mit sich bringen würde.

Pädagogikstudentin Katharina Lennartz gesteht über ihren Eindruck vom Unterschied zwischen Österreichern und Deutschen: »Als Deutsche muss ich sagen, dass es sich viel schöner anhört, wenn Österreicher sprechen, als wenn wir Deutsche das tun. Bei uns hört es sich oft so hart und kantig an, und die Art und Weise, wie wir etwas ausdrücken, klingt nicht so schön wie derselbe Ausdruck von Österreichern. Durch den Dialekt wird das abgeschwächt. Eine ›Tagesschau‹-Moderatorin hat einmal erzählt, dass ihr der bayrische Dialekt ausgetrieben worden ist und das fand ich schade.« Dennoch kommt es immer auf den Bereich an, denn nicht jede Mundart passt in jede Situation, weiß auch Katrin Prähauser: »Es ist nicht authentisch, wenn Deutsche ein Österreich-Thema vertonen. Darum wird bei uns im Sender darauf geachtet, dass deutsche Sprecher internationale Themen präsentieren, aber bei Themen, die Österreich betreffen, auch österreichische Sprecher eingesetzt werden.« Und die Sexualmedizinerin Elia Bragagna gibt zu: »Bei Schweizer

Synchronstimmen in Pornos muss ich unglaublich lachen – das ist einfach zum Niederbrechen, wie das klingt!«

Das Schweizerdeutsch ist also sympathisch und urig, aber wenig erotisch, das Österreichische ist gemütlich und allseits beliebt, aber färbt der Dialekt zu stark ein, wird er auch nicht überall verstanden und den Sprechern wird dann eine hinterwäldlerische Herkunft nachgesagt, und das deutsche Deutsch klingt korrekt, meist sauber und lässt den Sprecher gebildet und eloquent wirken, verfügt aber nicht immer und überall über den Charme, der in manchen Situationen gewünscht wird. Genau das macht den deutschsprachigen Raum wunderbar bunt und abwechslungsreich – und seine Sprechenden so unterschiedlich wirkend, finden wir!

Wie unsere Stimme lenkt, ob wir uns durchsetzen können

Sie werden uns sicher zustimmen: Wenn Menschen eine schöne, weiche Stimme haben, klingen selbst Beschwerden oder kritische Rückmeldungen nicht so negativ und böse. Wir können von einer angenehmen Stimme Kritik und Aufforderungen wesentlich besser annehmen als von einer unangenehmen, unwirschen Stimme oder Art zu sprechen. Wie aber setzt man sich nun mithilfe der Stimme durch?

Der Coach Dominik Borde macht immer wieder die Erfahrung, dass die eigene Durchsetzungskraft stark davon abhängt, ob man sich vom Gegenüber gesehen, gehört und verstanden fühlt: »Darum ist es wichtig, dass man den anderen in der Stimme pacen[6] kann: Wenn einer flott und energetisch in seiner Sprechweise ist und der andere ist gemächlich und langsam und muss über alles nachdenken, bevor er es ausspricht, dann denkt sich der Erste: ›Bitte, mach ein bisschen schneller, denn ich schlafe ein‹ und der andere fühlt sich überholt und gedrängt.« Ein guter Tipp ist es, sich auf die Sprechgeschwindigkeit des anderen einzustellen und dann im Laufe des Gesprächs die Führung zu übernehmen. Das bedeutet: Wenn jemand laut ist und bellt und brüllt, sollte man demzufolge zunächst auch so sprechen, damit man ihn dort abholt, wo er ist, dann aber mit einer freundlichen, positiven Botschaft. Denn dieses Anpassen führt dazu, dass sich der andere unbewusst denkt »Ah, ein Freund!« und sich folglich entspannt und auf das Gegenüber einlässt. Das zweite ist die Betonung eines Wortes: Ob man beispielsweise einen Namen sanft und liebevoll oder streng ausspricht, macht einen großen Unterschied, und wenn man mit der Stimme am Ende eines Satzes raufgeht, wirkt man nicht, als wüsste man, wovon man gesprochen hat. Dieses Zögerliche führt dazu, dass man dem Sprechenden nicht wirklich etwas zutraut und er sich letztlich schwer damit tun wird, sich durchzusetzen.

Raphael Spitzer, den wir bereits kennengelernt haben, hat durch seine Position als juristischer Berater schnell gelernt, was es braucht, damit er sich unangenehmen Anrufern gegenüber behaupten kann – und das hat ihn für den bewussten Einsatz seiner eigenen Stimme sensibilisiert: »Ich bin ein Mensch, der grundsätzlich lieber leise spricht und auch nicht gern schreit. Erst in den vergangenen Jahren bin ich durch meinen Beruf da hineingewachsen, dass ich laut sprechen muss, um Präsenz und Selbstsicherheit auszustrahlen. In Gesprächen mit Klienten versuche ich darum bewusst, laut zu sprechen, um meine Kompetenz zu transportieren. Außerdem ist es wirklich wichtig, verständlich zu artikulieren und deutlich zu sprechen. Wenn ich bei etwas unsicher bin, wird meine Stimme höher und schwankend. Ich bin nicht sicher, ob man das auch wahrnimmt, aber ich merke es sofort.« Auch die jeweiligen Personen am anderen Ende der Leitung verraten ihm so gut wie alles, was er über sie wissen muss, durch ihre Art zu sprechen und durch den Klang ihrer Stimme: »Manchmal komme ich erst nach zwei, drei Minuten drauf, wie es dem anderen gerade geht, weil er es zu Beginn noch verborgen hat. Wenn ein Klient gleich nach dem Abheben ganz offensichtlich die dominante Rolle einnehmen will, muss ich ihm stimmlich Paroli bieten, darf also nicht leise, sanft und verständnisvoll mit ihm reden, sondern muss laut, deutlich und kraftvoll sprechen, möglichst wenige Füllwörter benutzen oder herumstottern, sondern meine Stimme abhärten und inhaltlich auf die sachliche Ebene gehen. Dann kann ich schauen, wie es sich entwickelt. Es kann sein, dass er dann zurückrudert und leiser wird. In diesem Fall kann ich darauf eingehen und auch empathischer werden. Es kommt auch immer auf die Tagesverfassung an, wie viel Lust und Energie man hat, sich mit der Stimme zu spielen, aber grundsätzlich kann man so eine Situation schon recht gut beeinflussen.«

In einem meiner Kurse hatte ich [*pyno*] einen Teilnehmer, der nebenberuflich als Hausverwalter eingesetzt war. Bei den regelmäßigen Versammlungen mit den Mietern kam er immer wieder an denselben unangenehmen Punkt: Sie ließen ihn nicht ausreden, reagierten auf seine Neuigkeiten, die oft nicht in deren Sinne waren, ungehalten und begannen manchmal sogar, ihn zu beschimpfen. Das ärgerte ihn ungemein und er hatte den ausdrücklichen Wunsch, das zu ändern. Ich wollte zunächst wissen, wie er denn bislang mit derartigen Situationen umgegangen sei, und da erzählte er, dass er immer versucht habe, durch Sätze wie »Wenn Sie alle durcheinanderreden, kann ich nicht fortfahren und dann dauert das alles noch länger« für Ruhe zu sorgen, in einem zweiten Schritt die Schuld von sich weisen wollte, wenn er sich angegriffen gefühlt hatte, indem er beispielsweise konterte: »Aber ich bin nur der Überbringer der Nachricht und kann auch nichts dafür« – und im letzten Schritt habe er meistens zu schreien begonnen, schloss er seine Ausführungen. Das klang natürlich alles weder gut noch stimmig! In einem ersten Schritt haben wir darum an seiner inneren wie äußeren Haltung gearbeitet, die sich mit ein bisschen Übung in seiner Art zu klingen und zu kommunizieren positiv niederschlagen konnte: Weil er schon allein von der Körperhaltung im Nachahmen einer tatsächlich so geschehenen Hausversammlungssituation wie ein Prügelknabe anzusehen war – mit hängenden Schultern und einem leichten Buckel sowie scheinbar weichen Knien –, habe ich ihm vorgeschlagen, sich aufrechter und breitbeiniger hinzustellen, aber gleichzeitig im Schulterbereich nicht so angespannt zu sein. Das fühlte sich zunächst noch ein wenig befremdlich für ihn an, aber er hat schnell gemerkt, dass ihm das mehr Selbstsicherheit und Wohlbefinden bescherte und dazu führte, dass er im Hals nicht so eng wurde. Was er abgesehen davon auch noch rasch umgesetzt hat, war mein Rat, nicht zu schreien und immer lauter zu werden, sondern im Gegenteil bedeutend leiser zu werden. Das verfehlte seine Wirkung nicht, und dass er in einer bewusst tiefen Stimmlage und langsamer als sonst gesprochen hat – was dazu führte, dass er weniger aufgeregt klang –, hat ihn dabei unterstützt, ruhiger und entspannter bleiben zu können. In einem letzten Schritt habe ich ihn ausprobieren lassen, wie es sich anfühlt, sich nicht gegen Angriffe zu verteidigen, sondern mit Verständnis zu reagieren. Mein Gedanke dazu war: Wenn ich als Mieter einen Wasserschaden in der Wohnung habe und bei meiner Beschwerde, dass ich immer noch keinen Termin für die Reparatur bekommen hätte, auch noch höre, dass mein Ansprechpartner »nichts dafür kann und nur der Überbringer dieser Nachricht sei«, würde mich das mit Sicherheit noch mehr verärgern, als wenn er auf entwaffnende Weise mit freundlicher, ruhiger Stimme erklären würde, dass er mich versteht, an meiner Stelle auch mit seiner Geduld am Ende wäre und sein Bestes geben werde, um mir aus dieser misslichen Lage zu helfen. Der Lerneffekt war schnell da: Empathisch zu denken, lässt einen automatisch feinfühliger klingen, und vorsichtig mit der eigenen Stimme umzugehen, führt dazu, dass man auch sensibler ankommt. Denn sich durchzusetzen, bedeutet nicht immer, grob, laut und dominant zu sein. Und es hat funktioniert: Er hat seine Einstellung überdacht, die Mieter nicht mehr als Feinde betrachtet und dadurch Gehör erhalten. Mein extremer Rat, wenn auch das nicht gefruchtet hätte, wäre übrigens gewesen, in der nächsten ähnlichen Situation einmal etwas gänzlich anderes zu probieren, nämlich kurzerhand den Raum zu verlassen, nach ein paar Minuten zurückzukommen und zu sehen, was sich während seiner Abwesenheit getan hätte. Meine Idee dahinter war, einen echten Break zu kreieren, der das Publikum aufrütteln und auf die bei ihm stattfindende Veränderung hinweisen würde. Das war ihm nicht ganz geheuer, aber eben auch gar nicht notwendig, weil die sanfte Veränderung schon erfolgsgekrönt war.

Zu leise zu sprechen, führt genauso wenig zum gewünschten Ziel wie zu laut zu werden, und wer in seiner »Not« dann vielleicht auch noch unfreundlich wird, weil er sich ärgert und verteidigen will, hat oft schon verloren. Wenn Sie gewinnen wollen, sollten Sie sich auch gewinnend verhalten. Einer angenehmen Stimme und wohlwollenden, verständnisvollen, freundlichen Worten hören die Menschen lieber zu – und so gewinnt man nicht nur ihr Vertrauen, sondern auch die Plattform, sich äußern zu können.

Wie unsere Stimme ein Bewerbungsgespräch und unsere Karriere steuert

Der Schriftsteller Walter Müller hatte als Teenager einen Traum: »Als ich dreizehn Jahre alt war, stand für mich fest: Ich werde der beste Sportreporter aller Zeiten. Ich konnte damals nämlich bei unseren Fußballmatches auf der Wiese hinterm Haus kicken und kommentieren gleichzeitig. ›Müller zu Weißhäupl, Weißhäupl dribbelt an Hrabe vorbei, Flanke zu Bekkert, Bekkert zu Müller – Schuss. Tor!‹ Und das alles ziemlich laut geschrien. Klar, ich werde Sportreporter! Dann las ich in der Zeitung, die meine Familie abonniert hatte, diesen Satz: ›Die Sportredaktion sucht Mitarbeiter, die über Meisterschaftsspiele der Salzburger Bezirksligen berichten.‹ Ich war in der vierten Klasse Gymnasium, aber die Spiele fanden ohnehin an den Wochenenden statt ... Also rief ich in der Sportredaktion an, aufgeregt natürlich, und im Stimmbruch war ich auch gerade. Ich wollte ausführlich begründen, warum ich und kein anderer ... da unterbrach mich der Redakteur mit einem Satz, der heute noch in meiner Seele brennt: ›Weißt was, Burschi, sag deinem älteren Bruder, er soll selber anrufen!‹ Aufgrund meiner Gickserei, die durch die Nervosität wohl noch verstärkt wurde, war mein Traum mit einem Satz aus dem Leben gestrichen. Obwohl es am Anfang ja erst einmal ums Schreiben und noch lange nicht ums Kommentieren im Radio gegangen wäre.« Das war damals natürlich eine herbe Enttäuschung, konnte Müller als Pubertierender doch nicht wissen, dass er später Musikkritiker, Kulturredakteur und schließlich Schriftsteller werden würde. Für den Augenblick war er einfach sauer auf sich selbst, weil er stimmlich in einem so wichtigen Moment versagt hatte.

Und so ergeht es vielen Menschen, Tag für Tag: Wer keine trainierte Stimme hat, den lässt sein Sprechorgan meist ausgerechnet in den wichtigen Situationen im Stich. Unter der Dusche ist leicht inbrünstig gesungen, und wenn wir ein Gedicht für den Muttertag geübt haben, hat es auch irgendwie besser geklungen als später im Ernstfall, wenn Mama uns mit erwartungsvollen Augen angesehen oder der große Bruder ausgelacht hat, sobald wir mit der ersten Silbe begonnen haben. Derlei Erlebnisse helfen freilich nicht, dass wir uns sicher fühlen, wenn es um den Einsatz unserer Stimme geht. Genau das kann uns im entscheidenden Moment zum Verhängnis werden, nämlich wenn wir in einer ersten Telefonrunde von jemandem aus der Personalabteilung jener Firma, bei der wir uns kürzlich beworben haben, angerufen werden und auf einmal keinen Ton herausbekommen oder piepsig klingen wie ein Mäuschen. Da brüllt es sich alles andere als einfach und der Erfolg bleibt folglich schon mal aus.

Fest steht: Man wird wesentlich stärker danach beurteilt, *wie* man klingt, als *was* man sagt, und wenn man das Pech hat, eine unangenehme Stimme zu haben, sollte man wirklich daran arbeiten, finden wir. Denn Menschen mit einer charismatischen Stimme tun sich am Ende des Tages wesentlich leichter, Karriere zu machen. Und das betrifft eine ganze Reihe an Berufen: »Bei einer Buchhalterin oder einem ITler ist es nicht so wichtig, aber überall, wo es Kundenkontakt gibt, ist es essentiell. Bei sehr jungen Mädchen an der Rezeption ist die Stimme nochmal wichtiger, oder im Callcenter, wo man sich nur über die Stimme verkauft, geht es einfach nicht, wenn die Stimme zu hoch oder zu dünn ist. Solche Bewerberinnen kommen dann in Wahrheit einfach nicht in Frage. Auch im Vertrieb ist es wichtig, wie man klingt und spricht. Motivieren mit schwacher Stimme funktioniert nicht, das macht unglaubwürdig. Und auch später, bei Gehaltsverhandlungen und Beförderungen, ist die Stimme immens wichtig«, schildert Manuela Lindlbauer, Gründerin und Inhaberin einer Personalmanagementfirma ihre Erfahrungswerte im Karrierebereich. Dabei geht es vor allem darum, mittels Stimme Klarheit und Begeisterung vermitteln zu können, denn man hört nun mal, ob jemand eine kleine graue Maus ist oder sich selbstbewusst etwas sagen traut. Manche scheitern schon am Telefon, wenn sie keine starke, kompetente Persönlichkeit vermitteln können – denn wie wir bereits besprochen haben, haben wir bei einem Telefonat nichts außer unserer Stimme, mit der wir punkten können, und Personalmanager sieben bereits telefonisch aus, weil das schlichtweg zeitsparend ist. Unangenehmer Fakt ist: Wenn jemand zu schnell oder unverständlich spricht oder gar nuschelt, hat er schlechte Karten, auch wenn er noch so qualifiziert ist. Eine gute Stimme gehört einfach dazu: »Keiner redet darüber, thematisiert wird es erst, wenn es *nicht* passt. Es wird als Selbstverständlichkeit genommen, dass die Stimme und die Art zu sprechen passen müssen«, bestätigt auch Manuela Lindlbauer. Die Form muss demnach stimmig sein, sonst findet auch ein noch so kluger Inhalt gar nicht erst Gehör. Und die Kompetenz fehlt, wenn sie durch die Stimme nicht ausgestrahlt wird.

Was ist es nun aber genau, das für den Job an einer Stimme wichtig ist? »Die Stimme sollte nicht zu piepsig sein, sondern angenehm klingen – so, dass man jemandem eben gern zuhört. Deutliches und pointiertes Sprechen ist auch wichtig: nicht zu schnell, mit einer passenden Melodie, nicht nuscheln, Klarheit vermitteln und Begeisterung für das, was man tut, rüberbringen können, mitreißend sein. Das braucht es einfach im Job, das ist ein Manko, wenn es fehlt«, so die Personalerin. Unsere Erfahrung zeigt: Das Schwierige in Bezug darauf ist wie so oft die fehlende richtige Selbsteinschätzung: Wenn jemand nicht weiß, dass seine Stimme nicht besonders einnehmend ist, dass er nicht kompetent und professionell wirkt, dass er sich nicht gut artikulieren kann, wird es vor allem im beruflichen Kontext schwierig, sich weiterzuentwickeln. Leider klaffen Selbst- und Fremdbild diesbezüglich recht häufig auseinander. Das betrifft nicht nur typische Berufe im Dienstleistungssektor, sondern greift bis ins obere Management: Eine Führungsperson mit dünner, flachsiger Stimme hat es schwer, weil man mit diesen Voraussetzungen nur schlecht repräsentieren und führen kann. Um zu überzeugen, braucht es eben eine passable Stimme und eine dazu passende Art zu sprechen und zu reden. Oder können Sie sich vorstellen, dass jemand eine Motorsportveranstaltung moderiert und dabei klingt, als würde er eine Trancereise begleiten? So verhielt es sich allerdings bei Bernd. Er hatte in einem Motorsportkonzern den Aufstieg geschafft. Dieser Karrieresprung brachte es mit sich, Motorsportrennen zu moderieren, neue Fahrzeuge zu präsentieren und das Image des Unternehmens nach außen zu tragen. Nur leider hat Bernd dabei wie eine Schlaftablette gewirkt: hängende Schultern, langsame Sprechweise, leise und dünne Stimme. Das alles war so gar nicht passend für diese neuen Anforderungen. Darum schickte sein Chef ihn zu mir [*pf*] ins Training. Als ich Bernd zum ersten Mal ein Video mit einer Aufnahme von ihm als Redner zeigte, war er richtiggehend verzweifelt. Die Herausforderung war es, aus einer Schnecke ein Rennpferd zu machen – schwierig, aber nicht unmöglich. Zuerst habe ich ihn mit den klassischen Übungen mit seiner echten Stimme bekannt gemacht und nach wenigen Wochen Training war er schließlich in der Lage, seine Stimme tiefer, voller und lauter einzusetzen – ein Rennpferd war er aber trotzdem noch nicht geworden. Er musste flotter, melodischer und sportlicher klingen. Wenn Menschen zu hastig und abgehackt sprechen, hilft es, wenn Sie während des Sprechens eine liegende Acht mit der Hand malen – das Sprachbild wird dann automatisch weicher. Bei Bernd war genau das Gegenteil notwendig: Er musste während des Sprechens einen imaginären Basketball mit der Hand trippeln und ich habe im Hintergrund schnelle Elektromusik laufen lassen. Schon nach wenigen Versuchen gelang es ihm, sein Geleier durch ein taffes Sprechen zu ersetzen – wie es im Motorsport gefragt ist. Geholfen hat außerdem, Bernd in verschiedene Rollen zu schicken, ihn einen Spitzensportler und einen Teleshoppingverkäufer spielen zu lasen. Mit derlei Rollenbildern kann die Betonung gut trainiert werden. Zunächst musste er die Betonung maßlos übertreiben – und siehe da: Nach vier Monaten war aus ihm ein toller Moderator geworden, der inzwischen Preise überreicht und die schnellsten Fahrzeuge glaubwürdig präsentieren kann.

Walter Müller hat für sich übrigens später von allein ein Rezept gefunden, was das optimale Sprechen und Reden betrifft: »Wenn ich begeistert und ganz bei der Sache bin, wenn ich das mag und schätze, was ich mache, worüber ich singe oder rede, dann klappt das mit der Stimme auch. Das ist ein schönes, beruhigendes Wissen.« Das deckt sich mit unseren Erfahrungen: Begeisterung für ein Thema, eine Sache oder einen Menschen ist eine der wichtigsten Zutaten, wenn es darum geht, überzeugen, berühren oder punkten zu wollen. Und genau darum geht es auch im beruflichen Kontext! Eine Komponente allein reicht da leider nicht aus, um durchwegs gut anzukommen. Es gibt zum Beispiel einen Radiomoderator, der eine beeindruckend schöne Stimme hat: Sie ist tief, sonor, klingt warm und voll. Trotzdem ist es unangenehm, ihm zuzuhören, denn er klingt fast durchgehend gelangweilt, frustriert, ja beinahe deprimiert, da ihm in der Sprechweise jegliche Dynamik fehlt. Er klingt müde, als sei er gerade aufgestanden, genervt, als würde ihm sein Job keine Freude bereiten, und geht mit seiner Stimme stets unnötig in den Keller. Nicht einmal das Geschenk der perfekten Stimme samt der Ausbildung zur optimalen Artikulation ist ausreichend, um Zuhörer zu fesseln und Eindruck zu hinterlassen – wenn Energie, Haltung und Begeisterungsfähigkeit fehlen, ist noch nicht gut gebrüllt.

Wie unsere Stimme beeinflusst, ob wir ein zweites Date bekommen

Manch einer, der online auf der Suche nach einem Lebenspartner ist, hat sich in die Art zu schreiben oder zu denken verliebt, die ein potentieller Anwärter an den Tag gelegt hat. Wenn es dann zum persönlichen Treffen kommt, sind die Schmetterlinge oft recht schnell entflogen – und das liegt keinesfalls immer daran, dass der Traumprinz oder die Märchenprinzessin live nicht so attraktiv wie am Foto wäre! Häufig vertreiben Stimme und Sprechweise die Frühlingsgefühle: der Dialekt ist befremdlich, das Nuscheln macht unattraktiv, der eingeschränkte Wortschatz gefällt nicht oder die Stimmlage passt irgendwie nicht zum Bild, das sich der Verliebte von seinem Online-Partner gemacht hat. Es gibt vieles, das uns an Menschen stören kann, wenn sie den Mund aufmachen.

Karin Pallinger, die mit ihrem Speed-Dating-Unternehmen bereits knapp fünfhunderttausend Kunden betreut hat, weiß genau, wie stark der Einfluss der Stimme beim Kennenlernen und Verlieben ist: »Tonalität und Dialekt beeinflussen die Entscheidung, ob jemand als potenzieller Partner in Frage kommt. Es gab in Großbritannien vor etlichen Jahren ein Silent Dating: Die Teilnehmer schauten sich dabei lediglich an, sprachen aber nicht miteinander. Bei diesem Projekt wollte man den Worten nicht zu viel Platz einräumen, sondern der nonverbalen Kommunikation den Vortritt überlassen.« Das funktioniert in der Liebe grundsätzlich und ausnahmsweise auch gar nicht allzu schlecht, denn sich etwa zusammen im dunklen Kinosaal bei einem Horrorfilm zu erschrecken oder einander einfach nur lange und intensiv in die Augen zu schauen, kann durchaus dazu führen, dass sich die Beteiligten ineinander verlieben. Dahinter steckt wieder mal nichts anderes als unser Gehirn, das dafür sorgt, dass wir uns mit dem anderen wohlfühlen und ihm nahekommen wollen, uns folglich mit ihm verbunden fühlen, wenn es gefühlsschwanger und energiegeladen wird – dadurch sehnen wir uns nach der Nähe zum anderen. Genau das blieb auch einigen Speed-Dating-Firmen in den USA nicht verborgen, weshalb sie sich darauf einstellten und Veranstaltungen organisieren, bei denen sich die Singles, aus denen im besten Fall schließlich Paare werden sollen, gar nicht miteinander unterhalten, sondern einander lediglich lange in die Augen sehen – das nennt sich dann »Eye Glace Party«. Aber die Wichtigkeit der Stimme ist trotzdem auch in diesem Bereich nicht zu unterschätzen, ist Pallinger klar: »Es gibt eine neue

Dating-App, bei der sich der Single mit persönlichen Worten vorstellt. So hört man also gleich die Stimme des potentiellen Partners. Das bringt Vor- wie auch Nachteile.« Klar, denn wenn einem der Dialekt oder die Stimmlage des anderen unsympathisch ist, kann man natürlich auch eine Person von vornherein ablehnen, die eventuell ein liebenswerter und ansonsten passender Partner sein würde. Trotzdem empfiehlt die Flirtexpertin auch eine rasche stimmliche Annäherung: »Wer jemanden über eine Online-Singlebörse sucht, sollte vor einem Blinddate auf jeden Fall telefonieren. Man kann sich so einen guten ersten Eindruck machen: Mag man die Stimme, passt einem ein möglicher Dialekt, kann man sich miteinander unterhalten oder ist es ein Monolog, wie drückt sich der Datingpartner mit Worten aus, ist der andere ein empathischer Mensch, fühlt man sich wohl, wenn man sich mit ihm unterhält?« – das alles sind Fragen, die dadurch beantwortet werden können.

Die »Gefahren« liegen ebenfalls auf der Hand, denn einer angenehmen Stimme spricht man meistens auch ein attraktives Äußeres zu. Das kann dazu führen, dass man sich aufgrund der Stimme bereits ein Bild vom Gegenüber macht, das mehr einem Wunschbild als der Realität entspricht, was naturgemäß zu Enttäuschungen führen kann, wenn diese Vorstellung – was recht wahrscheinlich ist – von der Wirklichkeit abweicht, was auch Manuela Lindlpower aus dem beruflichen Umfeld kennt: »Wenn das nicht zusammenpasst, ist das immer schräg. Manche Männer klingen so attraktiv und wenn man sie dann googelt, schauen sie ganz anders aus.« Daher sollte sich ein Single vom ersten Telefonat wiederum nicht zu stark beeinflussen lassen, sondern versuchen, neutral und ohne hohe oder zu genaue Erwartungshaltung, was das Aussehen betrifft, zum ersten persönlichen Treffen gehen.

Ich [*pyno*] erinnere mich noch gut an einen jungen Mann, der bei mir Einzeltrainingsstunden gebucht hatte, um seine rhetorischen Fähigkeiten aufzubessern. Der angebliche Auslöser war eine misslungene Präsentation in einem Meeting bei einem potentiellen Kunden. Weil mit der eigenen Wirkung und dem sprachlichen Ausdruck zu arbeiten, immer eine überaus persönliche Angelegenheit ist, hat es nicht lang gedauert, bis er sich mir offenbart hat: Er komme leider auch bei Frauen nicht besonders gut an – er sei auf diversen Internetplattformen eingeschrieben, um dort jemanden kennenzulernen, aber mit dem persönlichen Treffen sei es dann irgendwie immer recht schnell vorbei, klagte er mir sein Liebesleid. Es war eindeutig erkennbar: Dieses Problem saß wesentlich tiefer als das der beruflichen Natur. Da ich zugeben musste, meine Geschlechtsgenossinnen verstehen zu können, gab ich ihm zunächst ehrliches Feedback: Er hatte eine wirklich lasche Stimme und dazu kam eine extrem monotone Art zu sprechen. Er zog die Vokale schier endlos in die Länge und klang alles andere als dynamisch, sodass ich den Impuls hatte, ihn anschieben zu wollen, damit er schneller und energiegeladener reden möge. Kein einfaches Unterfangen, all das zu verändern, aber da es ihm ernst war, hat er es schließlich Schritt für Schritt geschafft: Zunächst habe ich ihn auf Video aufgenommen, damit er sich selbst sehen und zuhören konnte. Das war schon ein kleiner Schock für ihn – ich erinnere mich noch, dass er gar nicht wusste, wo er hinschauen soll und gewirkt hat, als würde er sich am liebsten in ein Loch verkriechen. Das musste er aushalten, um den Ist-Zustand zu erkennen. Als Nächstes habe ich ihm vorgeschlagen, sich einen Filmhelden auszusuchen, den er so richtig männlich und bewundernswert findet. Er musste nicht lange überlegen und entschied sich für Russell Crowe in dessen Rolle des Gladiators. Wir haben uns synchronisierte Filmausschnitte angesehen und gemeinsam analysiert, was den neuseeländisch-australischen Schauspieler als Maximus Decimus Meridius so maskulin und für Frauen unwiderstehlich macht – so kam er selbst darauf, dass er mit fester, tiefer Stimme sprach und zwar auch nicht überaus schnell und emotional eingefärbt, sondern selbstsicher und bestimmt. Diese Filmfigur wurde zu seinem Vorbild und in Rollenspielen übten wir, diesem Schritt für Schritt näher zu kommen. Zugegeben: Er ist immer noch kein stereotypischer Frauenschwarm, aber das ist auch nicht notwendig gewesen, um die nächste junge Dame, die er zum Essen ausführte, nicht gleich zu vergraulen. Er hatte gelernt, auf den Einsatz seiner Stimme und darauf, in welchem Tempo und mit welcher inneren Haltung er redete, zu achten – und das hat ihm einen unheimlichen Aufschwung sein Selbstbewusstsein betreffend gebracht, wodurch er dem Mädchen anders gegenübertreten konnte.

Ganz klar: Letztlich ist es in der Liebe ein Cocktail aus unterschiedlichen Aspekten, der darüber entscheidet, ob man sich verliebt oder nicht. Vor allem die Duftstoffe sind ausschlaggebend, was dazu führen kann, dass der telefonische Erstkontakt anregend und erfreulich ist, wenn stimmlich und sprachlich alles harmoniert und eine Art Verbundenheit durch etwaige Gemeinsamkeiten oder ähnliche Werte entsteht, der Funke beim persönlichen Date aber dennoch nicht überspringt. Dann scheitert es an der altbekannten Chemie, die nicht passt. Damit die Stimme aber kein Abturner wird, macht es durchaus Sinn, sich als Frau dessen bewusst zu sein, dass eine schrille, piepsige oder einfach nur besonders hohe Stimme nicht so gut ankommt, und als Mann daran zu denken, dass sonore, tiefe und unzögerliche Stimmen auf das weibliche Geschlecht sympathischer und vertrauenswürdiger wirken.

Wie unsere Stimme bedingt, ob wir eine glückliche Partnerschaft leben

Sogar auf unser alltägliches Liebesleben hat die Stimme enorme Auswirkungen, wie Sie sich inzwischen sicher schon vorstellen können, denn Stimme hat immer eine Konsequenz, weil wir durch sie so oder eben anders wahrgenommen werden: gelöst, entspannt, glücklich, interessiert, aufmerksam, abwesend, lustvoll oder lieblos. Die Sexualmedizinerin Elia Bragagna erklärt das so: »Schweigsame Frauen mit einer starken Mimik etwa gelten als ›die Kühlen‹, was für Männer sehr reizvoll ist. Wenn Frauen zwar die Augen schön aufschlagen können, aber den Mund nicht aufbekommen, erhöhen sich Männer hingegen und leben ihr Machtgehabe gern aus.« Der Ton macht eben auch im Liebesleben die Musik und sorgt für die richtige Stimmung. Es scheint letztlich eine Sozialisierungsfrage zu sein, denn beispielsweise in Italien oder Südamerika haben die Menschen ein offeneres Verhältnis zur Körperlichkeit und zur eigenen Stimme: Wenn man in Italien oder Spanien nicht emotional spricht, schlafen die Leute beim Zuhören ein. Bei uns ist das anders. Der Haken bei vielen Frauen ist der, dass es von der Konditionierung her beobachtbar ist, wie vielen von ihnen eingeimpft worden ist, dass sie lieblich und eher zurückhaltend zu sein hätten. Inhaltlich ist es noch dazu so, dass viele Frauen keine genauen Hinweise geben, was sie sich in der Liebe wünschen, sondern um den heißen Brei herumreden, bis die Männer am Verzweifeln sind, weil sie sich nicht auskennen. Wenn diese Frauen sich auf die emotionale Ebene begeben würden, könnte der jeweilige Partner das auch tun und die beiden würden nicht so aneinander vorbeireden. Auch Beziehungscoach Dominik Borde erlebt bei seinen Klienten immer wieder, wie stark die Art und Weise, wie wir Sprache formen, nicht nur das jeweilige Gegenüber beeinflusst, sondern ebenso Auswirkungen auf uns selbst hat: »Wenn wir raumfüllend sprechen, werden wir selbst ruhiger. Man kommt so nicht nur anders und besser an, sondern fühlt sich auch anders und besser an. Wenn jemand in einer Konfliktsituation sehr hoch und schnell spricht und sich kaum beruhigen kann, sollte er darum mit der Stimme runtergehen und langsamer sprechen. Selbstbewusstsein hängt nämlich auch davon ab, wie man seine Worte formt. Wenn jemand stark auf Klang reagiert, ein auditiver Typ ist, wirkt das natürlich noch stärker.« Dieses Wissen kann sich der Paarberater natürlich für seine Sitzungen zunutze machen und im Coaching bewusst langsam und ruhig reden, wenn seine Klienten fahrig und unruhig werden, um so die Energie positiv zu verändern.

Regeln wie diese gelten auch für Paarbeziehungen: Wenn man den anderen mit der Stimme permanent überfährt, durch die Art des Redens die Stimmung im Raum negativ beeinflusst oder sich nicht auf den anderen einstellt, dann kann man eine Beziehung auf Dauer durch die schlechte Stimm- und Sprechqualität durchaus auch in den Sand setzen. Wenn man nicht versteht, was gerade Sache ist und unsensibel mit dem eigenen Sprechapparat umgeht, tut das ebenfalls nicht gut, und wenn zwei sich gegenseitig ständig mit quengeliger Stimme anjammern, hat irgendwann keiner mehr was zu lachen. Wenn man will, dass etwas innerhalb der Partnerschaft besser wird, sollte man immer darauf achten, dass man eine Spur mehr Energie hat als der andere, und auch darauf, wo der andere gerade ist – wie in der Kommunikation an sich. Die Wellen müssen einander auch in Bezug auf die Stimme finden und gemeinsam ins Schwingen kommen. Geschwindigkeit und Tonalität sind starke Elemente dahingehend. Das Problem ist, dass sich die meisten Menschen da selbst gar nicht so mitbekommen.

Wenn man sich als Paar in einem Streitgespräch wiederfindet oder aber auch die Versöhnung anbahnen möchte, sollte man übrigens nicht nur weich sitzen und bestmöglich etwas Warmes dabei trinken, weil das besänftigt, sondern es ist zudem ratsam, die Unterhaltung mit einer ebenso weichen, warmen Stimme zu führen und möglichst sanfte, positive Wörter zu verwenden. Das kann den Ausgang des Diskurses immens stark beeinflussen, glauben Sie uns!

Wie unsere Stimme über unsere Identität entscheiden kann

Lassen Sie uns noch einen Schritt weitergehen, um auch wirklich nichts auszulassen, worauf unsere Stimme Einfluss nimmt: Können Sie sich vorstellen, wie es ist, im Körper eines Mannes aufzuwachsen, sich aber darin nie »richtig« zu fühlen, oder physiologische Merkmale einer Frau zu haben, sich allerdings immer männlich zu fühlen? Nun gibt es glücklicherweise für jene Menschen, die dieses Schicksal ereilt hat, immer bessere und ungefährlichere Möglichkeiten, den eigenen Körper an das gefühlte Geschlecht anzupassen. Doch wie steht es mit der Stimme? Wenn eine Person, die wie eine Frau aussieht, zum Sprechen ansetzt und dann eine tiefe, maskuline Stimme hat, wie reagieren wir darauf?

Isabel Pirsic, Mathematikerin an der Keppler-Universität in Linz, wurde als Bub geboren und hat im Alter von zwanzig Jahren gemerkt, dass ihre Identität nicht zu ihrem sichtbaren Geschlecht passte: »Ich habe gewisse Inkongruenzen festgestellt, was zu einem Prozess geführt hat, der sich über zwanzig Jahre hin entwickelt hat«, gewährt sie Einblicke in diese schwierige Phase. Zeitgleich hatte sie immer eine Affinität zu ihrer Stimme: »Ich war an einem Musischen Gymnasium und habe als Kind zunächst im Sopran gesungen, wurde dann aber langsam zum Alt und schließlich ein ziemlich tiefer Bass. Meine Stimme war also immer ein nicht unwichtiger Aspekt meiner Persönlichkeit.« Und die hat irgendwann nicht mehr zu ihrer Geschlechtsidentität gepasst. Transmänner haben dahingehend wesentlich weniger Probleme als Transfrauen, denn die Hormonbehandlung bewirkt einen automatischen Stimmbruch, der die Stimme tiefer werden lässt. Transfrauen haben diesbezüglich schwierigere Voraussetzungen. Unter den Transgender-Personen sind es daher auch vorwiegend die späteren Frauen, die Stimmtraining beim Logopäden in Anspruch nehmen oder Prozeduren auf sich nehmen, durch die die Stimmbänder gestrafft und verkürzt werden sollen: In Südchorea und Belgien gibt es Vorreiter, die genau daran arbeiten. Aber diese Art der Operation bringt höchstens ein, zwei Halbtöne Unterschied.

Ein professionelles Stimmtraining ist da freilich wesentlich ungefährlicher. Den Transfrauen wird darin beigebracht, wie sie ihren Stimmsitz verlagern können: indem sie in die Kopfstimme gehen und die dann immer weiter senken, bis der Ton halbwegs dem weiblichen Durchschnitt entspricht. Das ist für Menschen, die von ihren körperlichen Anlagen her männlich sind oder waren, eine wahre Herausforderung, weil Männer prinzipiell mit Bruststimme und mehr Resonanz sprechen. Darum muss diese neue Art der Stimme und des Sprechens immer äußerst bewusst eingesetzt werden. »Wenn man mitten in der Nacht aufgeweckt wird, ist es schwierig, in diese Stimme hineinzufinden«, weiß Pirsic als Betroffene. »In anderen Situationen kann man sich besser vorbereiten – wenn man sich mit Intoleranz konfrontiert sieht, fühlt man sich schon wesentlich wohler, wenn einen die Stimme nicht sofort verrät.« Denn Akzente wie Frisur, Kleidung, Make-up und Schmuck helfen natürlich, dem erwarteten Bild einer Frau zu entsprechen, aber manchmal lässt sich die Stimme eben nicht verstecken: Wenn sie jemand anruft und sie mit »Herr Pirsic« anspricht oder fragt, ob ihre Frau zu sprechen sei, ist schnell klar, dass Menschen bei Frauen eine helle, höhere Stimme erwarten und zumindest kurzzeitig irritiert sind, wenn ihnen eine Dame mit sonorer Männerstimme begegnet. Stimme macht eben Persönlichkeit – und damit sogar Geschlechtsidentifikation.

Wie unsere Stimme uns empathisch macht

Wollten Sie schon einmal eine Meditationsübung mitmachen und sind einfach nicht in einen entspannten Zustand gekommen, weil die Stimme des Meditationsleiters so unangenehm war oder er in einem unmöglichen Tempo gesprochen hat? Wenn ja, dann wissen Sie genau: Man kann jemanden noch so sehr in einen meditativen Zustand bringen wollen, wenn man jedoch nicht mit Stimme und Sprache umzugehen weiß, wird das nie gelingen.

Das gilt für andere Lebensbereiche, die häufiger als das Leiten einer Meditation vorkommen, ebenso. Einmal hatte ich [*pyno*] eine Frau im Kurs, die kein Problem damit hatte, sich durchzusetzen – und zwar in jeder erdenklichen Lebenslage –, aber dafür damit kämpfte, dass sie nicht besonders sympathisch auf andere wirkte. Das lag allem voran an ihrer forschen, derben Art zu reden, und dass sie alles immer ins Lächerliche zog, zynisch oder zumindest sarkastisch war, hat diesen Eindruck von ihr, sie sei nicht gerade warmherzig und sensibel, noch vehement verstärkt. Sich einzugestehen, dass es sie störte, eher unbeliebt zu sein, war schon eine große Überwindung für sie, aber das hatte sie bereits geschafft – dadurch war die Voraussetzung für eine Metamorphose gegeben. Damit sie ein Gespür für eine warme, achtsame Redeweise entwickeln konnte, habe ich sie Meditationstexte laut vorlesen lassen und ihr erklärt, bei welchen scheinbar simplen Parametern sie ansetzen könnte: Wenn wir die Stimme nach unten richten, also tatsächlich in Richtung Boden sprechen, dann hat das eine entspannende Wirkung, die etwa in der Hypnosetherapie tranceverstärkend ist. Denn wenn wir den Klang unserer Stimme nach unten zum Boden hin richten, hat das eine andere Auswirkung, als wenn wir sie nach oben zur Decke richten – das erdet Menschen, weil es Geborgenheit vermittelt. Um sich entspannen zu können, muss eine Stimme weich sein, sanft und leise gesprochen werden, und sie muss Worte formulieren, die uns in einen angenehmen Zustand bringen. Sie sollte wie eine Hintergrundmusik sein, die nichts Störendes und Ablenkendes an sich hat. Zusammengefasst kann man festhalten: Eine Stimme muss den Sprechenden empathisch machen, vermitteln, dass er feinfühlig ist und sich in seine Zuhörer hineinversetzen kann. Die Übungen sind ihr zwar sichtlich auf die Nerven gegangen, aber sie haben letztendlich eine Tür zu einem Teil ihrer Persönlichkeit geöffnet, die sie vor vielen Jahren verschlossen hatte – wohl aus Gründen des Selbstschutzes, weil sie, wie sich in den nächsten gemeinsamen Stunden herausstellte, in einer lieblosen Partnerschaft gefangen gewesen war, aus der sie sich schließlich nur mit viel Mühe und Mut befreien hatte können. Durch die Beschäftigung mit ihrer Art zu kommunizieren, der Bewusstwerdung, wie sie klingt und deshalb auf andere wirkt, ist sie zunächst nur sprachlich und stimmlich weicher geworden, aber auf lange Sicht auch in ihrem Umgang mit ihren Mitmenschen, die ihr teilweise überraschtes, aber ausschließlich positives Feedback gaben, als die Veränderung spürbar wurde.

Was sie im täglichen Kommunizieren mit Kollegen und auch Dienstleistern wie ihrer Friseurin oder Verkäuferinnen übte und umsetzte, gilt selbstverständlich auch für Ausnahmesituationen, die einer besonderen Feinfühligkeit bedürfen: Stellen Sie sich vor, Sie sitzen in einer Aufbahrungshalle oder stehen an einem offenen Grab. Meistens tun wir das, wenn jemand gestorben ist, der uns wichtig war, der uns nahestand oder den wir zumindest mochten, wenn wir auch vielleicht nicht eng mit ihm befreundet oder verwandt waren. Jeder von uns hat so etwas schon einmal erlebt, und darum wissen Sie bestimmt, wie wichtig es dann ist, dass der Pfarrer oder der Trauerredner die richtigen Worte findet. Tut er das nicht, so stört das den Trauerprozess. Doch selbst wenn die betreffende Person in ihrer Rolle das Richtige sagt – wenn sie das in einer unpassenden, nicht stimmigen Art und Weise tut oder gar eine unangenehme Stimme hat, kann das eine so traurige Feierlichkeit auch noch zu einem ärgerlichen Ereignis machen. »Dieses ewige Räuspern des Priesters hat mich total rausgebracht. Ich konnte ihm inhaltlich gar nicht folgen« oder »Was für eine unangenehme Stimme der hatte! Und er klang mir viel zu fröhlich. Der kann doch nicht fröhlich klingen, während wir uns hier die Augen ausweinen!« haben Sie sich vielleicht auch schon einmal gedacht oder jemanden sagen hören.

Der bereits erwähnte Schriftsteller Walter Müller hält auch Trauerreden. Das kommt nicht von ungefähr, wie er uns erzählt hat: Er hatte sich bereits sein ganzes schriftstellerisches Leben lang auch mit den »letzten Dingen« – mit dem Tod, dem Sterben, dem Trauern und der Gedenkkultur – beschäftigt, moderierte im Zusammenhang mit einer Hospiz-Gründung verschiedene Veranstaltungen und wurde im Zuge dessen eines Abends gefragt, ob er sich vorstellen könne, auch einmal eine Trauerrede – er nennt das lieber »Abschiedsrede« – zu halten. Mittlerweile hat er vierhundertfünfzig solcher Reden gehalten. Diese Arbeit ist eine ganz besondere für ihn und er bekommt häufig Feedback für seine als angenehm empfundenen Stimme: »Bei einer Abschiedsfeier, ob an einem Grab, in einer Kirche oder in einer Trauerhalle, geht es darum, zu trösten und zu würdigen. Ich möchte den Trauernden nahebringen, was das Besondere an ihrem verstorbenen Menschen gewesen ist. Jeder Mensch ist ja ein eigener Kosmos. Und mit jeder Menschengeschichte, die ich höre, erfahre ich etwas Neues über diese Welt. Das ist für mich ein Geschenk. Ich darf über einen einzigartigen Menschen erzählen – das bestimmt auch die Sprechweise, die Stimme. Reden heißt ja meiner Erfahrung nach immer: Geschichten erzählen. Geschichten mitten aus dem Leben. Fern von Lobhudeleien, fern von Urteilen, gar Verurteilungen. Wie käme man auch dazu? Das darf sich niemand anmaßen, kein Trauerredner und kein Pfarrer.«

Was bei einem solch traurigen und endgültigen Anlass von höchster Bedeutung ist, ist ohne Frage eine stimmige Atmosphäre. Und die ergibt sich zu einem großen Teil aus der Stimme des Redners, aus seiner Stimmlage und der Art zu sprechen. Um dieses »Klima« punktgenau zu treffen, konzentriert sich Walter Müller darauf, was er erzählen möchte: »Wer Geschichten erzählt, wird automatisch nicht zu feierlich oder steif, schon gar nicht unpersönlich und formell. Aber auch zu jovial darf man nicht werden. Oder will ich nicht werden. Ich kannte ja den Verstorbenen in den allermeisten Fällen nicht persönlich. Ich nähere mich diesem Leben, über das ich berichten darf, behutsam und neugierig an, höre die schönen und die schweren Momente heraus, kann den Menschen in all seinen Facetten noch einmal ›aufleben‹ lassen.« Das Bewusstsein für Würde hat dabei eine Schlüsselrolle.

Dieser menschliche Zugang in Kombination mit dem Wissen um den großen Einfluss der Stimme macht wohl das Geheimnis seiner außerordentlichen Abschiedsreden aus. Denn eine Stimme kann trösten, tröstliche Worte sprechen und damit der Empathie Ausdruck verleihen, die Trauernde in einer so schweren Stunde brauchen wie Durstige das Wasser: »Die Stimmfarbe, das Tempo, die Lautstärke, der Redefluss ergeben sich ganz aus den Geschichten der Menschen, um die es geht, und aus meinem Staunen über die Vielfalt des Lebens. Staunen ist wichtiger als Betroffenheit. Ich bin ja in den meisten Fällen nicht persönlich betroffen. Professionalität ist wichtig! Das bin ich den Verstorbenen und den Trauernden schuldig. Ich möchte trösten und würdigen, indem ich wahre Lebensgeschichten erzähle.«

Derlei Reden bieten gute Beispiele dafür, dass die Stimme auch berühren, mitreißen, Trost spenden kann, wenn sie geschriebene Worte abliest, auch wenn wir gemeinhin immer hören, dass eine freie Rede am überzeugendsten wirkt und am stärksten auf das Publikum überschwappen kann, was sich im Falle von Martin Luther Kings berühmter Rede auch bewahrheitet hat, aber eben nicht für jeden und jede Situation gilt. Hier nämlich kommt es vielmehr darauf an, *wie* gelesen wird. Und Walter Müller weiß zu lesen, und er weiß, wie wichtig die Vorbereitung ist: »Eine Abschiedsrede dauert, mit einer oder zwei Musikbrücken, mindestens zwanzig Minuten, manchmal dreißig und mehr. Ich rede nie frei, weil mir, als Schriftsteller, jedes einzelne Wort, jede einzelne Formulierung wichtig ist. Die Rede lese ich, zur Vorbereitung für mich, im Schnitt dreimal laut durch, um die Rededauer und den Rhythmus des Textes zu überprüfen.« So kann er die Anwesenden dort abholen, wo sie emotional sind, und sie bestmöglich begleiten.

Dieses Rezept können Sie auf jede erdenkliche Alltagssituation umlegen, in der Sie Ihre Empathie zum Ausdruck bringen wollen: Überlegen Sie sich, wo Ihre Gesprächspartner stehen, was Sie Ihnen vermitteln wollen und wie Sie dabei am besten klingen wollen, um mitfühlend und »echt« rüberzukommen. Auch in Geschäftsbesprechungen oder im Verkauf ist es kein Nachteil, Feinfühligkeit in Form einer warmen, ruhigen Stimmführung zu vermitteln. Und wenn Sie bei einer Hochzeit oder Firmenfeier eine Rede halten sollen oder möchten, sind Sie ebenso gut beraten, nicht nur auf eine passende Wortwahl zu achten, sondern zeitgleich darauf, dass Sie durch eine gute Vorbereitung so sattelfest im Thema und den Inhalt betreffend sind, dass Sie Ressourcen haben, um Ihren Fokus auf den Ausdruck in Ihrer Stimme legen zu können.

Was es mit Kindern macht, wenn Stimme und Sprechen keine Beachtung bekommen

Es gibt viele Arten von Störungen in den Bereichen des Sprechens, der Sprache und der Stimme und auch in Bezug auf das Schlucken und Hören – wir führen hier jene an, die die Sprache, das Sprechen und die Stimme betreffen. Viele von ihnen entstehen wie so vieles im Kleinkindalter. Damit Betroffene solchen Defiziten Herr werden können, sollte ihnen der Gang zum Logopäden nicht verwehrt werden. Sehen wir uns mal genauer an, was diese Spezialisten alles können: Der Betriff »Logopädie« kommt aus dem Altgriechischen und bedeutet nichts anderes als »Sprecherziehung«. Dieser Beruf gehört zu den »gehobenen medizinisch-technischen Diensten« und ist etwa in Österreich und Deutschland ein Bestandteil der medizinischen Grundversorgung. Die Logopädie steht auf den vier Säulen der Linguistik, Medizin, Pädagogik und Psychologie und bietet Beratung, Prävention, Untersuchung, Diagnostik und Therapie von angeborenen oder erworbenen Sprach-, Sprech-, Stimm-, Schluck- und Hörstörungen.

Kinder können eine Sprachentwicklungsverzögerung oder eine Sprachentwicklungsstörung haben, was verschiedene linguistische Ebenen betreffen kann: die phonetisch-phonologische Ebene bei den Artikulationsstörungen – das sind Störungen des Sprecherwerbs, durch die ein Ziellaut nicht korrekt gebildet werden kann, wie das etwa beim Lispeln der Fall ist – oder phonologische Prozesse wie das Ersetzen eines Lauts durch einen anderen, der somit die Wortbedeutung verändert, indem jemand beispielsweise »Tonne« statt »Sonne« oder »Tatze« statt »Katze« sagt oder einen Laut auslässt und somit aus dem »Schmetterling« ein »Metterling« oder aus der »Blume« eine »Bume« wird. Das Ganze kann auch gemischt als phonetisch-phonologische Störung auftreten. Dann gibt es noch die morphologisch-syntaktische Ebene, also Störungen in der Grammatik – wenn der Satzbau gestört ist und ein Patient »Ich Suppe kochen« sagt, oder die Wortform falsch sagt wie in »Ich bin dort hingelauft« –, die semantisch-lexikalische Ebene, also Wortschatzdefizite – wenn der Wortschatz des Kindes nicht altersgerecht ist – oder Wortfindungsstörungen, und die pragmatisch-kommunikative Ebene, was beispielsweise den fehlenden Zusammenhang bei Erzählungen betrifft. Zudem gibt es noch Lese- und Rechtschreibstörungen. Unter die Sprechstörungen fallen die Lautbildungsstörungen, zu den Störungen des Redeflusses gehören das bekannte Stottern und auch das Poltern – hier geht es unter anderem um Auslassungen von Lauten, Silben oder Wörtern, um ein Hinzufügen oder ein Vertauschen von Lauten oder um Verschmelzungen von Lauten und Silbenfolgen. Weiters gibt es neurologische Sprachstörungen: die Aphasie, mit der etwa Störungen im Bereich der Wortfindung und des Sprachverständnisses nach einem Schlaganfall gemeint sind, und Sprachstörungen bei Demenz. Als Nächstes sind neurologische Sprechstörungen zu nennen: Dysarthrie wird durch eine Schädigung des zentralen oder peripheren Nervensystems verursacht und beruht auf einer Beeinträchtigung der Steuerung und der Ausführung von Sprechbewegungen, Sprechapraxie, was eine Störung des Bewegungsplanes und der Bewegungsingangsetzung bezeichnet und die Lautbildung, Sprechmelodie, den Sprechrhythmus und das Sprechverhalten betrifft. Dann sind noch periphere Sprechstörungen zu nennen: Dysglossie meint eine durch Schädigung der Sprechorgane bedingte Sprechstörung, von der Atmung, Stimmgebung und Artikulation betroffen sind. Auch Lippen-Kiefer-Gaumen-Spalten und die dadurch verursachten Sprechstörungen fallen in diesen Bereich – ebenso die Laryngektomie, bei der es sich um eine Sprechstörung handelt, die durch eine teilweise oder gänzliche operative Entfernung des Kehlkopfes verursacht wird. Außerdem gibt es funktionelle und organische Stimmstörungen und etwa das relativ bekannte Näseln, bei dem Stimmklang und Artikulation betroffen sind, aber auch ein Muskelungleichgewicht im Mund- und Gesichtsbereich, die Lautbildungsfehler begünstigen können, und natürlich Störungen der Kommunikation wie die Entwicklungsstörung Autismus und den Mutismus, das psychogene Schweigen. Hinzu kommen audiogen bedingte Sprach-, Sprech- und Stimmstörungen, auditive Verarbeitungs- und Wahrnehmungsstörungen und Gesichtslähmungen.

Sie sehen schon: Da gibt es zahlreiche Probleme, die es zu beheben gilt, wenn sie gegeben sind, damit die Betroffenen keine Einschnitte in der Lebensqualität erfahren müssen. Wodurch aber entstehen diese Störungen überhaupt? Mögliche Ursachen für eine Sprachentwicklungsstörung sind organische Faktoren wie eine angeborene Hörstörung, häufige Mittelohrentzündungen und Paukenergüsse in der sprachsensiblen Phase sowie Lippen-Kiefer-Gaumen-Spalten, Neurologisches oder eine geistige Behinderung, genetische Faktoren, soziokulturelle Faktoren wie mangelnde sprachliche Anregung, sprachliche Überforderung oder Mehrsprachigkeit, psychische sowie Umweltfaktoren. Liegt keine dieser Ursachen vor, spricht man von einer spezifischen Sprachentwicklungsstörung. Defizite in der Geschwindigkeit der Informationsverarbeitung und des phonologischen Arbeitsgedächtnisses sowie eine zu geringe Speicherkapazität könnten hierfür mögliche Ursachen darstellen. Bei den Stimmstörungen, also Dysphonien, wird zwischen der funktionellen – hyper- oder hypofunktionellen oder der gemischten Form – und der organischen Stimmstörung unterschieden. Die funktionelle Dysphonie wird meist durch eine Überbelastung und/oder eine Fehlbelastung des Sprechapparates verursacht. Darunter leiden viele Kinder, die laut sprechen oder viel schreien, aber auch Erwachsene in Sprechberufen wie dem des Lehrers. Aus einer funktionellen Stimmstörung kann sich ohne Behandlung auf Dauer auch eine organische Stimmstörung entwickeln. Bei den organischen Stimmstörungen treten Veränderungen am Kehlkopf oder an den Stimmlippen auf: Stimmlippenknötchen zum Beispiel. Häufig gehen Stimmstörungen auch mit Missempfindungen, einem Räusperzwang oder Schmerzen einher. Abgesehen davon gibt es noch die psychogene Stimmstörung.

Die Logopädin Lisa Maria Babinetz ist wie wir davon überzeugt, dass ein »schönes Sprechen« in unserer Gesellschaft überall – ob im privaten Umfeld, in der Schule oder später im Berufsleben – einen hohen Stellenwert hat. Deshalb fällt eine Sprechstörung wie der Sigmatismus interdentalis, eine recht häufige Form des Lispelns, oder eine Redeflussstörung wie Stottern oder Poltern selbstverständlich auf. Auch Stimmstörungen, Störungen des Sprachverständnisses oder der Grammatik sind für andere Menschen erkenn- und hörbar. Umso wichtiger wäre es, dass das bei den Kleinsten erkannt wird und die Erziehungsberechtigten rasch handeln, damit dem entgegengewirkt werden kann. Leider kümmern sich viele Erwachsene aber zu wenig um derlei Dinge: »Die Kinder werden oft erst kurz vor Schuleintritt zu uns geschickt, was schon recht spät ist. Dabei sollten Kinder, die Laute durch andere Laute ersetzen oder generell für ihr Alter zu wenig sprechen, an und für sich schon früher als erst gegen Ende der Kindergartenzeit auffallen. Astrid Lindgren sagte einst: ›Es ist gefährlich, zu lange zu schweigen. Die Zunge verwelkt, wenn man sie nicht gebraucht.‹ Und sie hatte recht: Das zeitgerechte Behandeln von Defiziten vermeidet Probleme, die im Kindergarten oder später in der Schule auftreten würden. Kinder, die im Alter von zwei Jahren weniger als fünfzig Wörter und noch keine Zweiwortsätze sprechen können, werden ›Late Talker‹ genannt. Diese Kinder sollten schon ab dem zweiten Lebensjahr zur Einschätzung kommen, damit abgeklärt werden kann, ob ein Risiko für eine spätere spezifische Sprachentwicklungsstörung besteht oder ob das Kind zu einem ›Late Bloomer‹ heranwachsen könnte. Nicht jeder ordnet so etwas aber als problematisch ein. Oft wird zum Beispiel ein Lispeln als süß empfunden oder das Umfeld glaubt, die Störung werde von alleine weggehen – oder schlimmer noch: sie sei sogar egal«, schildert die Logopädin ihre Erfahrungen. Dabei ist so etwas gerade für Kinder alles andere als gleichgültig, denn die Folgen können in den unterschiedlichen Fällen Mobbing von Seiten anderer Kinder oder Lese- und Rechtschreibstörungen genauso sein wie schulische Probleme im Allgemeinen: Kinder, die aufgrund von vielen phonologischen Prozessen nicht ausreichend oder gar nicht verstanden werden, zeigen sich oft aggressiv oder isolieren sich immer häufiger, bis irgendwann keine Sprechfreude mehr vorhanden ist oder sie kein Mitteilungsbedürfnis mehr zeigen. Im schlimmsten Fall will so ein Kind dann gar nicht mehr sprechen. Die Probleme enden allerdings nicht mit der Kindheit – sie werden ins Erwachsenenalter und somit ins Berufsleben mitgenommen und führen oft zu Isolation, Aggression, Depressionen, geringem Selbstwertgefühl und niedrigem Selbstbewusstsein: Die Sprache, das Sprechen, ob wir verstehen und verstanden werden und uns mitteilen können – all das hat größten Einfluss auf unser ganzes Leben und Sozialverhalten. Wir dürfen nicht vergessen: Kommunikation ist unser Leben. Und unsere Stimme ist das stärkste Mittel, um unsere Gefühle und Emotionen auszudrücken.

Wir können somit festhalten: Störungen der Stimme, der Sprache und des Sprechens sollten ernstgenommen werden. Sie beeinträchtigen die Lebensqualität Betroffener und damit leider oft auch den kompletten Lebenslauf.

Die Ursachen für die Einschränkung durch Stottern sind übrigens noch nicht gänzlich erforscht. Viele Stotterer haben vermutlich eine Veranlagung, wobei auslösende und in weiterer Folge aufrechterhaltende Faktoren hinzukommen. Wie bereits erklärt, entsteht diese sprachliche Störung im Kindesalter und damit in einer Zeit, in der sich ein Mensch geistig, körperlich und emotional wie sprachlich enorm schnell entwickelt. Daher ist nur schwer feststellbar, welche Einflüsse aus dem psychischen, physischen, sozialen und sprachlichen Bereich bei der Entstehung eine Rolle spielen. Sicher ist, dass in der weiteren Entwicklung des Stotterns eine gewisse Anstrengung beim Sprechen beobachtbar ist, da das Kind sich darum bemüht, das Stottern zu vermeiden. Dadurch können Ängste und eine negative Haltung dem Sprechen gegenüber entstehen, was zu einem Teufelskreis führt: Angst, Vermeidung, Anstrengung und Frustration gehen so einher und verstärken das Problem weiter. Je länger jemand stottert, desto schwieriger wird es, dieses Sprechverhalten positiv zu verändern. Tom Hoopers Film »The King's Speech« aus dem Jahre 2010 hat dieses Phänomen thematisiert. Er zeigt in einer unterhaltsamen, sensiblen und anschaulichen Form, wie der von Colin Firth dargestellte britische König Georg VI. von einem selbstzweifelnden Stotterer zu einem würdigen und würdevollen Staatsoberhaupt wurde, das Großbritannien während des Zweiten Weltkriegs glaubwürdig Mut zusprechen musste. Eine Schlüsselszene befasst sich mit der Radioansprache vom 3. September 1939 zum Kriegseintritt des British Empire. Das für uns Interessante an diesem Film ist, die Entwicklung des Stotterers zu beobachten: Zunächst lernen wir einen adeligen Mann kennen, der aus einer Ansprache ein Fiasko produziert, weil er weder seine Nervosität noch das Stottern in den Griff bekommt, obwohl er schon mehrere Versuche gestartet hat, sich dahingehend therapieren zu lassen. Schließlich landet er – gedrängt von seiner Frau – bei einem unkonventionellen Sprachtherapeuten. Um seinem resignierenden Schützling zu beweisen, dass Stottern heilbar ist, lässt der den Thronfolger einen Monolog laut vorlesen, während dieser über Kopfhörer laut Musik eingespielt bekommt. Und siehe da: Der Stotterer hat den Text fehlerfrei vorgetragen, beweist die aufgenommene Schallplatte! Weil der Therapeut davon überzeugt ist, dass Stottern die Folge seelischer Traumata ist und deshalb mit reinen Sprechtechnikübungen nicht zu eliminieren ist, bringt er seinen Klienten dazu, über dessen unglückliche Kindheit zu sprechen: Er ist von seinem Kindermädchen seelisch misshandelt worden, musste sich als geborener Linkshänder mühsam auf den Gebrauch der rechten Hand umstellen und bekam außerdem zu wenig zu essen. Die Therapie schlägt an, wenn er allerdings unter Druck gerät, hat er nach wie vor mit dem Stottern zu kämpfen. Als er allerdings lernt, seine Wut und seinen Frust durch lautstarkes Fluchen herauszulassen, ist vom Stottern wiederum keine Spur. Seine eigene Krönung verläuft schließlich problemlos und als das Vereinigte Königreich nach dem deutschen Angriff auf Polen dem Deutschen Reich den Krieg erklärt, bereitet sich der neue König auf seine bisher bedeutendste Rundfunkansprache vor, die er mithilfe seines Sprachtherapeuten nicht nur frei von Fehlern, sondern mittels eines einfühlsamen Sprachduktus richtiggehend eindrucksvoll abhält.

Zurück in die Gegenwart und die reale Welt: Was kann man nun tun, wenn man feststellt, dass ein Kind in der eigenen Umgebung Schwierigkeiten mit der Stimme und dem Sprechen hat? Sich an die Fachleute wenden, denn die wissen, wie sie Probleme mit dem Stimm- und Sprechapparat beheben können: »Das zu Lernende wird auf spielerische Weise geübt, das heißt mit Brettspielen oder – bei ganz kleinen Kindern, die erst zur Sprache finden müssen – mit Hilfe der Puppenküche oder des Puppenhauses, mit Plastiktieren oder der Eisenbahn. Es gibt für jedes Störungsbild eine Vielzahl an logopädischem Therapiematerial, das in den Behandlungsprozess integriert wird. Ganz wichtig ist allerdings die Elternarbeit: Die Eltern müssen aufgeklärt und beraten werden, damit der Umgang mit der Störung des Kindes günstig verläuft und dem Kind bestmöglich geholfen werden kann.

Wie unsere Stimme bestimmt, wie Kinder sich verhalten und entwickeln

Nicht nur der Aspekt, der die Stimme und das Sprechverhalten von Kindern selbst betrifft, hat Auswirkungen. Auch der Einsatz von Stimme Kindern gegenüber ist ein Thema, das es sich zu beleuchten lohnt. Wenn wir darüber nachdenken, erscheint es uns sonnenklar, dass es einen Unterschied macht, ob man mit Kindern schreit und brüllt, ruhig zu ihnen spricht und mit ihnen redet, sich ewig in einer Art Kleinkindersprache mit ihnen unterhält, ihnen häufig vorliest oder nicht, ungefiltert neben ihnen Schimpfwörter und insgesamt eine unreflektierte Wortwahl verwendet oder ihnen eine unangenehme Art der Kommunikation vorlebt.

Die uns bereits bekannte Linguistin Lara Adaibat arbeitet aktuell als Vorschullehrerin und hat dadurch noch einen weiteren Blickwinkel auf die menschliche Stimme und das Sprechen dazugewonnen und merkt in diesem Beruf stark, dass die Stimme ein pädagogisches Mittel ist. Wenn sie verstummt und mit den Kindern gar nichts mehr redet, wirkt das Wunder: Die Kinder sind irritiert und es wird sofort ruhiger. Vielleicht kennen Sie das auch aus Ihren Erlebnissen mit Kindern? Wenn es extrem laut im Raum wird, müssen Kinder zwar erst einmal übertönt werden, doch dann ist es am besten, mit der eigenen Lautstärke komplett runterzugehen – das wirkt immer. Die Stimme ruhig und besonnen einzusetzen, ist der beste Weg, um laute Kinder zu besänftigen. Gemeinsames Singen ist das nächste Wundermittel gegen unausgelastete Kinder, denn Singen in einer Gruppe setzt Glückshormone frei. Abgesehen davon lernen sie durch die ständigen Wiederholungen in Liedern die Sprache auf spielerische Art und Weise. Das hilft natürlich vor allem Kindern mit Migrationshintergrund, die die Sprache des neuen Heimatlandes von Grund auf neu lernen müssen. Wo wir jetzt in Europa so viele Flüchtlingskinder zu betreuen haben, ist es wichtig, dass Pädagogen sich darauf besinnen, wie stark diese Kinder auf den richtigen Einsatz der Stimme angewiesen sind, weil sie zunächst nur durch die Art, wie etwas gesagt wird, halbwegs verstehen können, was gemeint sein könnte.

Was man im Umgang mit Kindern auch bedenken sollte: »Ironie verstehen Kinder erst ab elf, zwölf Jahren. Darum muss das, was man sagt, auch zum Stimmlaut passen, weil sie sonst verwirrt sind«, so Lara Adaibat. Also wenn wir als Erwachsene zueinander im Spaß sagen: »Heute seh' ich wirklich furchtbar aus!« und der andere entgegnet ironisch »Ja, an deiner Stelle wäre ich lieber im Bett geblieben, wo mich keiner sehen kann!«, verstehen wir natürlich, dass das schelmisch-augenzwinkernd gemeint ist. Doch ein Kind im Alter von höchstens zehn Jahren würde ein amüsiert klingendes »Um Gottes Willen, schäm' dich!« als Antwort auf »Mama, ich habe leider um einen Punkt die Bestnote verpasst!« unter Umständen gänzlich irritieren.

Christine Walther ist Museumspädagogin und führt ein traditionelles Kasperltheater. Als Puppenspielerin schafft sie es, ihre kleinen Zuschauer in eine völlig andere Welt zu entführen. Die Stimme zur jeweiligen Figur entsteht dabei bereits beim Anfertigen, schildert sie: »Ich bastle die neuen Figuren selbst und merke dabei immer, wie beim Modellieren und Anmalen der Puppe auch gleich ihre Stimme und der Dialekt entstehen.« Das bestätigt unsere Erfahrungen selbst in diesem spielerischen Bereich: Die Stimme unterstreicht das Äußere und bringt die Seele erst so richtig zum Ausdruck. Die unterschiedlichen Puppen werden von den Kindern auch schnell anhand ihrer Stimme erkannt: »Die Hauptstimme hat der Kasperl und der bekommt meine echte Stimmlage. Die Großmutter ist in ihrem Reden langsamer, ruhiger, ein bisschen gebrochen und melodiös. Die Gretl ist aufgeweckt und spricht schneller – und sie zutzelt, also lispelt, weil sie einen S-Fehler hat. Dadurch wirkt sie nicht gerade wie die Hellste.« Das rasche Switchen zwischen den Stimmlagen und Sprecharten fällt Christine Walther nicht schwer, denn sie ist geübt, allerdings gibt es doch auch heikle Momente: »Gretl und Kasperl haben annähernd dieselbe Frequenz, und wenn die beiden einen schnellen Schlagabtausch haben, muss ich aufpassen, dass der Kasperl nicht plötzlich den S-Fehler hat.« Auch die anderen Puppen haben Stimmen, die jeweils zu ihrem Charakter passen und viel über ihre Persönlichkeit verraten: Der Zwerg wirkt kindisch und ängstlich, er wird nicht ernstgenommen, weil er eine schrille, aufgeregte Art zu reden hat; die Prinzessin strahlt etwas Majestätisches aus, da sie eine weiche Stimme und eine klare Aussprache auszeichnet; der Riese als größte aller Figuren flößt durch seine sonore Stimme Respekt ein; und die Hexe klingt scharf und beißend, was ihre nicht allzu guten Absichten wiederspiegelt. Durch das Erleben eines Puppenstücks werden Kinder auf den Unterschied von Stimmen und die andersartige Wirkung sensibilisiert, was ihnen den Umgang mit dem eigenen Sprechwerkzeug erleichtert. Darum handelt es sich bei einem Besuch einer Kasperltheateraufführung wie auch beim Vorlesen von Geschichten, in denen die Erwachsenen bewusst mit verschiedenen Stimmen sprechen, durch die sich die einzelnen Figuren zu erkennen geben, um ein pädagogisch wertvolles Mittel, um Kindern die Bedeutsamkeit des bewussten Stimmeinsatzes näherzubringen.

Tatsache ist – und die Erfahrungen zeigen es: Nicht nur, was man Kindern sagt und wie man mit ihnen spricht, sondern auch, in welcher Stimm- und Tonlage, in welcher Lautstärke und mit welchem Tempo man das tut, hat enormen Einfluss auf ihr späteres Stimm- und Kommunikationsverhalten als Erwachsene. Wer als Kind etwa regelmäßig angeschrien worden ist, kann entweder zu einem unsensiblen und barschen Redner werden, der überall aneckt und sich folglich auch im beruflichen Umfeld schwertun wird, oder aber er wird ein stummes, verschrecktes Rehlein werden, das weitgehend versucht, sich unsichtbar zu machen, um nur ja nicht wieder angeschrien zu werden. Solche Menschen haben Schwierigkeiten, sich Raum zu verschaffen und für ihre Bedürfnisse einzustehen. Denn wer seine Anliegen erfolgreich vorbringen möchte, muss das stimmlich machen, muss sich sprachlich verständlich machen. Und das wiederum setzt voraus, dass wir uns trauen, uns etwas zu nehmen. Allgemein herrscht die falsche Meinung vor, Präsenz hätte mit der Fähigkeit, etwas zu geben, zu tun. Das ist völlig falsch: Wer stimmlich präsent ist, nimmt sich etwas – nämlich Raum, Zeit, Aufmerksamkeit und zumindest für den Moment die Führungsrolle. Für viele Menschen ist gerade das nicht einfach, weil sie von ihrer frühesten Kindheit an darauf konditioniert wurden, sich zurückzunehmen: »Du musst nicht immer im Mittelpunkt stehen!«, »Halt dich ein bisschen zurück!«, »Es geht nicht immer nur um dich!«, sind Sätze, die zwar inhaltlich sinnvoll erscheinen und – in überlegterer Form und mit wohlwollender, liebevoller, fürsorglicher Stimme – hier und da sicherlich gesagt werden müssen, aber bloß nicht unreflektiert, wütend und ohne passende Erklärung dazu. Auch wer seine ganze Kindheit über gehört hat: »Sei leise!«, »Red' nicht dazwischen!«, »Sei nicht so laut!« oder »Da hast du nicht mitzureden!«, wird es als Erwachsener schwer haben, in einer Besprechung, bei einer Präsentation, einem Vortrag oder einer Rede eine verbal und nonverbal erfolgreiche Performance hinzulegen. Solche Zurechtweisungen sind als Hauptursache für eine schwache, leise, piepsige oder heisere Stimme im nicht anatomischen Bereich zu sehen. Verstehen Sie uns nicht falsch: Sie sollen Ihre Kinder nicht zu egoistischen Mitmenschen erziehen, die nicht spüren, was in welcher Situation passend ist, aber es ist wichtig, darauf zu achten, wie Sie das stimmlich und mit welchen Worten Sie das, was Sie ihnen beibringen wollen und auch sollen, mitteilen, sodass Sie ihnen damit nicht zeitgleich die Stimmfähigkeit abdrehen. Auch ein »Zieh den Bauch ein« oder »Brust raus, Bauch rein« birgt Probleme in sich, wenn es brav umgesetzt wird: Wer sich früh angewöhnt (oder eben angewöhnen lässt, weil er es muss), den Bauch einzuziehen, atmet falsch. Denn zum raumfüllenden Sprechen benötigen wir nun mal als Basis die wesentlich gesündere Bauchatmung. Kinder – vor allem Mädchen – beginnen ohnehin früh genug, von sich aus den Bauch einzuziehen, wenn sie als Pubertierende meinen, zu dick zu sein und deshalb eine Hemmschwelle entwickeln, den Bauch herauszustrecken. Darum ist es wichtig, das nicht auch noch zu unterstützen oder sogar noch früher damit zu beginnen, ihnen die richtige Atmung abzugewöhnen.

Wenn wir bedenken, wie viel Einfluss all diese scheinbaren Kleinigkeiten auf die psychische und damit auch stimmliche Entwicklung hat, wird klar, warum es sich auch in diesem Lebensbereich lohnt, uns unserer Stimmqualitäten und Möglichkeiten bewusster zu werden und Kindern damit einen besseren Start in ihr Stimmleben zu gewähren.

Mickey Mouse oder der König der Löwen: Warum wir klingen, wie wir klingen

Jeder Mensch eignet sich bereits im Kindesalter unbewusst Sprech- und Stimmstrategien an, wenn er herausfindet, in welcher Stimmlage und mit welcher Art sich zu artikulieren er am schnellsten ans jeweilige Ziel kommt. Schon als Säugling, wenige Wochen nach unserer Geburt, wussten wir, wie wir schreien mussten, damit unsere Eltern schnellstmöglich an unser Bettchen gerannt kamen. Das bedeutet: Bevor noch Sprache stattfinden und sich entwickeln kann, haben wir uns bereits Stimmstrategien angeeignet.

Als Kinder sind wir noch nicht konditioniert und haben keine gefestigte Komfortzone, wodurch wir in unseren ersten Lebensjahren sprachlich und dramaturgisch weniger eingeschränkt sind als später im Erwachsenenalter. Davon weiß auch die Schauspielerin Barbara Kaudelka zu erzählen: »Als Kind hast Du keine Hemmungen, entdeckst den Spaß am Spiel mit unterschiedlichen Rollen, gibst automatisch unterschiedlichen Figuren unterschiedliche Stimmfärbungen. Du bist kreativ, ahmst natürlich auch die Profis vom Tonträger nach und hast einfach eine Riesengaudi bei der Sache.« Wenn wir die Jugend einmal hinter uns gelassen haben, sind wir durch die Sozialisierung und unsere Erfahrungen meist bereits festgelegt. Viele von uns scheinen unterbewusst beinahe Angst davor zu haben, etwas Neues auszuprobieren und fahren deshalb immer in den bereits bekannten Stimmmustern weiter. Wie befreiend es sein kann, einen lauten Schrei loszulassen, die eigene Stimme wie ein Instrument zu verwenden oder einfach mal ohne Hemmungen lauthals zu lachen – das ist etwas, das wir auch als Erwachsene nicht verlernen oder gar vergessen sollten. Allerdings wissen wir von Stimm- und Sprechtrainings sowie Rhetorik- und Moderationsseminaren in der Gruppe, wie vielen es vor allem zu Beginn ernstzunehmend unangenehm ist, unübliche Laute zu produzieren. Es braucht einfach doch einiges an Überwindung, um da mitzumachen. Weil wir, wenn wir nicht gerade im Chor gesungen oder auf andere Weise in der Schule mit unserer Stimme gearbeitet haben, keine Erfahrung damit haben, ist das für die meisten etwas komplett Fremdes und Gewöhnungsbedürftiges. Doch Sie werden sehen: Es zahlt sich aus!

Wenn brüllen nicht erwünscht war – wie eine Stimmstrategie entsteht

Eine meiner [*pyno*] Kursteilnehmerinnen kam mit dem sich wiederholenden Problem, dass sie sich einfach kein Gehör verschaffen konnte – und zwar sowohl im beruflichen als auch im privaten Kontext. »Nicht mal die Verkäuferin hinter der Wursttheke bemerkt mich, wenn ich schon zweimal gesagt habe, was ich gerne hätte!«, beschwerte sie sich frustriert. Durch nachdrückliches Nachfragen kam ans Licht, dass sie das mittlere Geschwister von drei Kindern war. Ihr älterer Bruder wollte ihr immer anschaffen, was sie zu tun hat – und er wurde auch von den Eltern gehört, weil er »der Große« war, der über das Verhalten seiner kleineren Schwestern Bescheid geben musste. Ihre kleine Schwester hat sich als Nesthäkchen schreiend bemerkbar gemacht, war sie doch die Bedürftigste, weil sie am längsten von den Eltern abhängig war. So blieb für sie wenig Platz, sich stimmlich auszutoben, da sie ständig übertönt wurde. Wenn sie auch mal lauthals ihre Bedürfnisse oder ihren Ärger ausdrückte, hörte sie meistens Sätze wie »Sei nicht so laut – die Kleine schläft!« oder »Hör auf deinen Bruder und mach es ihm nicht schwer!«, weshalb sie mehr und mehr verstummte und unbewusst sogar als Erwachsene das Gefühl hatte, sich beinahe entschuldigen zu müssen, wenn sie etwas brauchte oder wollte. Was als Kind für sie funktioniert hatte und wodurch sie sich die Liebe und Zufriedenheit ihrer Eltern sichern konnte, war, möglichst leise und zurückhaltend zu sein. Und so klang sie auch jetzt noch: schüchtern, zögerlich, entschuldigend, zart und vorsichtig. Ursprünglich war das eine klug gewählte Strategie, um gut durchs Leben zu kommen, doch heute war sie nur noch hinderlich und außerdem nicht mehr zielführend.

Eine Stimmstrategie besteht aus dem, was vom eigenen Umfeld am stärksten beantwortet wird, womit man die meisten Erfolge einheimsen kann. Trotzkinder werfen sich deshalb auf den Boden oder brüllen wie am Spieß, um zu erreichen, was sie wollen. Solche Menschen sind später laut in ihrem Sprechen und im Umgang mit ihrer Stimme. Wenn ein Kind aber Aufmerksamkeit und liebevolle Zuwendung erhält, sobald es still ist, oder früh gelernt hat, am besten ans Ziel zu kommen, wenn es die Dinge aussitzt, wird aller Wahrscheinlichkeit nach ein Erwachsener aus ihm, der in seiner Kommunikation zurückhaltend und leise ist. Diese »Wenn-dann«-Konsequenz gilt praktisch für jedes Stimmverhalten: Wer in Kindertagen mit einer besonders lieblichen Art erfolgreich war, wird auch im Erwachsenenalter durch eine sanfte »Babystimme« zu punkten versuchen, wer die Eltern durch Bestimmtheit um den Finger wickeln konnte, wird im Kommunizieren Dominanz walten lassen.

Die Krux ist, dass Kinder noch ständig damit beschäftigt

sind, die eigene Komfortzone zu verlassen: wenn sie sich das erste Mal aufsetzen genauso, wie wenn sie das erste Mal aufstehen, krabbeln oder gehen – sie müssen ihre Komfortzone im Zehn-Minuten-Rhythmus verlassen, um etwas Neues zu erlernen. Das ist der Grund, warum sich Dramaturgie und Sprachschatz im Kindesalter auch noch durchwegs gut entwickeln können. Doch genau das ändert sich mit fortschreitendem Alter.

Wie wir das Brüllen verlernen – wenn die Stimmstrategie zum Stimmideal wird

Eines Tages stoppt dieser Fortschritt nämlich und wir bekommen die Sozialisierung voll ab. Meist geschieht das bereits zum Zeitpunkt des Übertritts von der Volksschule ins Gymnasium oder in die Hauptschule, wenn wir uns im Alltagsleben nicht mehr so frei entfalten und bewegen dürfen wie bisher und im Zuge dessen auch die Komfortzone nicht mehr gleich häufig verlassen können und müssen. Das führt dazu, dass wir für gewöhnlich bei einer einzigen Stimm- und Sprechstrategie bleiben und nicht mehr fähig sind, zur Situation oder Rolle passend zu wechseln. So bleiben wir stehen, es gibt keine weitere Entwicklung mehr und damit meist auch kein Repertoire, aus dem wir wählen könnten, sondern wir bleiben in einer einzigen Vorgehensweise verhaftet – es gibt kein Dazulernen mehr, auch kein Ausprobieren, obwohl es doch möglich wäre, zur Bäckerin zu gehen und sich einen Spaß daraus zu machen, zu überprüfen, was passiert, wenn man in einer völlig anderen Tonlage mit ihr spricht als gewöhnlich.

Weil diese Art des Spielens mit unserer Sprache und Stimme plötzlich nicht mehr zum Alltag gehört, machen wir auch keine neuen Erfahrungen und sind gefangen in einer Strategie, die vielleicht gar nicht unserem Wesen oder unseren Fähigkeiten entspricht. Wir vergessen schlicht und einfach irgendwann, dass es sich bei unserer Art zu sprechen bloß um eine Taktik handelt, wodurch aus der einstigen Strategie völlig ungeplant und unbemerkt ein Stimmideal wird, obwohl dieses Ideal sehr wahrscheinlich nicht zum aktuellen Leben, unserer Persönlichkeit und der jeweiligen Situation passt. Und das hemmt und behindert uns sowohl im Alltag als auch in öffentlichen Sprechsituationen.

Manche Frauen beispielsweise wissen gar nicht, dass ihre recht hoch angesiedelte Stimmlage nicht das Ergebnis ihrer tatsächlichen Stimme ist, sondern lediglich eine Strategie war, die zum Ideal wurde und sie für ein unumstößliches Faktum hielten. Viele dieser Frauen kennen den echten Klang ihrer Stimme und die natürliche Eigentonlage folglich gar nicht, während andere aber merken, dass hier irgendetwas nicht »stimmen« kann. Wir Menschen können unbewusst die feinsten Nuancen und »Verstimmungen« heraushören und so können wir in der Stimme unseres Gegenübers Unsicherheit genauso wahrnehmen wie Unwohlsein oder Unterwürfigkeit. Mit zwanzig kommen Frauen mit einer kindlich hohen Stimmstrategie vielleicht noch recht gut damit durch, als »Püppchen« aufzutreten, weil das den Beschützerinstinkt bei – vor allem männlichen – Mitmenschen weckt. Wenn man sich im Alter von fünfundvierzig Jahren aber noch auf dieselbe Weise vermittelt, kippt diese unbewusste Taktik im schlimmsten aller Fälle ins Lächerliche. Auf jeden Fall wird sie aber nicht mehr zum Ziel führen, man wird nicht erreichen, was man sich vorgenommen hat. Es gilt daher, unsere Strategien dahingehend regelmäßig zu überprüfen, ob sie uns noch hilfreich und dienlich oder aber kontraproduktiv und unpassend geworden sind.

Vieles, das uns in der Kindheit geholfen oder geschützt hat, müssen wir als Erwachsene bewusst über Bord werfen, um unsere Stimme und unseren Sprechstil neu entdecken und formen zu können. Wir brauchen auch die Hemmung nicht mehr, die uns als Kind davor bewahren sollte, auf öffentlichen Plätzen laut herumzuplärren, weil wir durch die Erziehung schon gelernt haben, dass »man das nicht tut«. Diese Hemmung, laut zu sein, ist allerdings bei vielen von uns so tief und fest verankert, dass wir gar nicht mehr laut sein *können*, selbst wenn wir es wollen und »man es darf«. Darum ist es notwendig, diese Einschränkung loszulassen, weil ohne eine gewisse Lautstärke und vor allem die Fähigkeit, sie regulieren zu können, keine Raumpräsenz zustande kommen kann. Diese wenig unterstützende Konditionierung kann man loswerden, indem man in eine andere Rolle schlüpft, in der es nicht schwerfällt, laut zu sein. Denn dann ist ja jemand anders laut, und nicht wir selbst.

Das funktioniert allerdings nicht nur mit der Lautstärke, wie folgendes Beispiel aus der Praxis veranschaulicht: Ein Klient, der unter dem Asperger-Symptom, einer Form von Autismus, litt, hatte das Problem des Stotterns, das er gern beheben wollte. Das Erstaunliche war: Sobald er sich in der Rolle einer anderen, erfundenen oder historisch überlieferten Person befand, die nichts mit seinen Erfahrungen und seinem Seelenleben zu tun hatte, war auch das Stottern auf wundersame Weise wie weggeblasen. Der Background: Durch seine sprachliche Einschränkung war der junge Mann natürlich immer wieder mit Misserfolgen konfrontiert worden, was wiederum dazu geführt hatte, dass er wenig Selbstvertrauen aufbauen konnte. In der Rolle eines anderen jedoch gab es diese Problematik nicht, weil ein Fremder ja auch nicht unter denselben Unzulänglichkeiten leidet.

Wenn Mickey Mouse erwachsen wird: Wie Sie Ihre wahre Stimmlange entdecken

Der Klang der Stimme hängt naturgemäß mit der Beschaffenheit der Stimmbänder – in Fachkreisen auch »Stimmlippen« genannt – zusammen. Wie kurz oder lang Stimmbänder sind, entscheidet, wie tief oder hoch eine Stimme grundsätzlich ist: Lange, kräftige Stimmbänder erzeugen tiefere Töne, während kurze, wulstige Stimmlippen höhere Töne bilden. Männliche Stimmlagen liegen freilich in anderen Bereichen als weibliche, aber auch innerhalb der Stimmlagen von Männern beziehungsweise Frauen untereinander gibt es Unterschiede, die die meisten von Ihnen bestimmt aus dem Bereich des Gesangs kennen: Männer können eine Bass-, eine Bariton- oder eine Tenorstimme haben und Frauen haben grundsätzlich entweder eine Sopran-, eine Mezzosopran- oder eine Altstimme. Aber nicht nur das Geschlecht, sondern auch der Körperbau eines Menschen bestimmt das Stimmbild mit: Kleine und korpulente Personen haben eher hohe Stimmen, während große und schlanke eher tiefe Stimmen haben.

Unsere authentische, »echte« Stimme ist in jedem Fall jene Tonlage, die auch die ökonomischste Art zu sprechen bewirkt und »Indifferenzlage«, »natürliche Sprechstimmtonlage« oder auch »mittlere Eigentonlage« genannt wird. Sie ist die natürliche, authentische Eigentonlage eines Menschen. Wenn wir in der Indifferenzlage sprechen, bedeutet das den geringsten Aufwand an Muskelkraft, weshalb wir in ihr auch nicht ermüden. Unsere natürliche Stimmlage liegt im unteren Drittel des stimmlichen Sprechbereichs. Sie produziert die kontaktfördernde und zeitgleich physiologisch ökonomischste Art zu sprechen. Außerhalb dieses Bereichs kann es zu unterschiedlichen Problemen kommen. Wenn wir uns beim Sprechen in einem darunterliegenden Bereich bewegen, kann die Stimme nicht ohne stärkere Muskelspannung und mehr Atemdruck erzeugt werden, und wenn wir oberhalb der Indifferenzlage sprechen, schädigt das die Stimme, führt zu Ermüdung, Heiserkeit und Räusperzwang. Eine natürliche, freie Stimme hat helle Bereiche, die Freude und Fröhlichkeit vermitteln, und dunkle Bereiche, die Ruhe, Sachlichkeit und Kompetenz zeigen. Je größer die Fehlspannungen, desto kleiner ist der Teil, der funktioniert. Die Wohlspannung liegt wie so oft in der Mitte, in diesem Fall somit zwischen der Unter- und der Überspannung.

Wie aber findet man heraus, wie die eigene strategiefreie Stimme klingt? Wenn Sie glauben, sie gar nicht zu kennen, dann machen Sie sich auf die Suche nach ihrer Indifferenzlage! Es gibt einen relativ einfachen Trick, wie Sie Ihre wahre Stimmlage finden können: Stellen Sie sich eine wohlschmeckende Mahlzeit vor und sagen Sie dann mit Leidenschaft mehrmals hintereinander »Mmmmm, das schmeckt mir, mmmmm, das schmeckt mir wirklich richtig gut, das ist meine Lieblingsspeise!« Atmen Sie tief in den Bauch und summen Sie so tief wie möglich dieses »Mmmmm«, und halten Sie den Summton so lange, bis die gesamte Luft ausgeströmt ist. Dann beginnen Sie nochmal von vorne! Dadurch werden Sie hören, wie Ihre Stimme wirklich klingt, denn das Summen bringt Sie in diese Indifferenzlage und damit in jene Tonhöhe, in der Sie problemlos lange sprechen können – und das ist dann Ihre wahrhaftige Stimme.

Ach ja, und selbst mit anatomisch oder medizinisch gesehen nicht einwandfreien Stimmbändern lässt es sich unter Umständen ganz wunderbar sprechen, singen oder reden, wie uns Schriftsteller Walter Müller, der auch viele eigene Kinderlieder komponiert und für diverse CDs selbst gesungen hat, wissen hat lassen: »Als mein jüngerer Bruder mit neunundvierzig Jahren an Zungengrundtumor starb, wollte ich bei einem Hals-Nasen-Ohren-Arzt meine Stimm- und Schluckorgane überprüfen lassen, zur Sicherheit. Der Experte schob also ein metallenes Rohr mit einer Minikamera in meinen Schlund und erklärte einer offenbar neuen Hilfskraft mit Blick auf den Monitor, wie ausgeleiert meine Stimmbänder seien. Er referierte das mit einer Theatralik, als sei es äußerst erstaunlich, dass jemand – also ich – so überhaupt noch sprechen könne. Das Singen der Kinderlieder funktionierte trotzdem prächtig. Weil ich es liebte. Zur Straffung der Stimmbänder habe ich übrigens nichts unternommen.«

Warum Frauen mit ihrer Stimme auf Kriegsfuß stehen

Viele Frauen sehen sich automatisch im Nachteil, weil es immer wieder heißt, Wohlfühlstimmen hätten eher die Vertreter des starken Geschlechts. Was sicher ist: Frauen leiden viermal häufiger an Stimmproblemen als Männer. Und das, obwohl sie vom auffälligen Stottern wesentlich seltener betroffen sind: Doppelt so viele Jungen wie Mädchen beginnen im Kindesalter zu stottern und Mädchen verlieren diese Sprechstörung auch häufiger wieder, wodurch das Verhältnis sogar auf fünf zu eins anwächst. Wenn es allerdings um auf den ersten Blick weniger auffällige Probleme wie eine recht dünne, zu leise Stimme oder ein Wegkippen der Stimme beim öffentlichen Reden geht, haben die Damen die Nase vorn. Ist das nicht bemerkenswert? Viele Frauen in Führungspositionen sehen aus wie Managerinnen, aber stimmlich klingen und wirken sie wie kleine Mädchen, weil sie nicht ausdrucksstark sprechen können. Woran liegt das? Beim Großteil der Frauen ist der Stimmsitz nach oben verrutscht. Das heißt: Sie sprechen mit einer zu hohen Stimme. Das liegt vor allem an der inneren Haltung, die wiederum durch die jahrelange Sozialisierung in eine bestimmte Richtung entstanden ist. Viele Frauen, die mit beiden Beinen im Berufsleben stehen, machen sich mit Sprache und Stimme kleiner. Das ist ein Verhaltensmuster aus der Kindheit und Jugend, das ins Erwachsenenalter mitgenommen worden ist.

Mädchen, die hübsch aussehen, den Kopf beim Sprechen zur Seite neigen und mit einer eher hohen Stimme sprechen, können ihre Anliegen leichter durchsetzen, weil dadurch beim Erwachsenen der Beschützerinstinkt ausgelöst wird. Außerdem erwartet man in unserer Gesellschaft von einem Mädchen, dass es lieb und brav und nett ist. Viele Frauen haben im Kindesalter gehört: »Sei ruhig!«, »Halt den Mund!«, »Sei still!«, »Sei leise!«, »Halt dich zurück!«, »Reiß dich zusammen!«, »Du kannst nicht einfach sagen, was du dir denkst!« oder »Mädchen schreien nicht so rum!« Das führt in den meisten Fällen unweigerlich dazu, dass betroffene Frauen irgendwann aufhören, ihren Mund zu öffnen. Hier schließt sich der Kreis zur Unternehmergattin Christine – Sie erinnern sich? Sie gehörte zu genau diesen Fällen, in denen Frauen verstummen, weil sie lange Zeit nichts sagen durften. Bei ihr ging das ja so weit, dass sie ständig heiser war und unter einem chronischen Kratzen im Hals litt, für das diverse HNO-Ärzte keine medizinische Ursache finden konnten. Und erst, als sie mit Unterstützung einer Psychotherapie eigene Lebensbereiche fand, in denen sie etwas zu sagen hatte, und mithilfe des Stimmtrainings eine neue Stimmstrategie gefunden hat, die zu diesem neuen Lebensabschnitt passte, schaffte sie es auch tatsächlich, anders zu klingen. Erstaunlich, oder?

Die Fernsehmoderatorin Johanna Setzer erinnert sich: »Meine Mutter hat von meiner Kindergartentante Anita immer wieder gehört: ›Frau Setzer, Ihr Kind ist zu laut!‹ Ich war eben ein höchst kommunikatives Kind.« Und das ist auch gut so! Gerade kleinen Mädchen wird das aber oft nicht zugestanden, dabei sollte man das Kindern nicht gewaltsam abdrehen. Das bedeutet ja im Umkehrschluss nicht, dass Kinder kleine Egoisten sein sollen, die ihre Umgebung nicht wahrnehmen und sich rücksichtslos verhalten, aber sie sollen sich in ihrer Stimmentwicklung nicht eingeschränkt fühlen, weil sie dadurch noch früher damit aufhören könnten, den eigenen Sprechapparat zu erforschen.

Raphael Spitzer, der als blind Geborener unheimlich viel aus Stimmen rausfiltern kann, wie wir bereits festgestellt haben, hört häufig überspitzte Frauenstimmen: »Bei Frauen ist es so, dass eine zu gellend hohe Stimme schnell schrille Töne produziert und das ist mir unsympathisch. Wenn eine Frau aufgeregt ist, höre ich das an einer Art des hysterischen Kreischens in ihrer Stimme, und das ist wirklich unangenehm. Da das häufig vorkommt, gehe ich davon aus, dass Frauen sich das angewöhnt haben, weil sie weiblich klingen wollen und tiefe Stimmlagen als unweiblich gelten. Angeblich finden Männer ja hohe Stimmen erotischer. Aber selbst wenn man vom erotischen Faktor weggeht, hat man als Frau natürlich eher ein Problem, was die Stimme betrifft, denn wenn man am besten mittels Tiefe Empathie vermitteln kann, ist das mit hohen Frauenstimmen freilich schwieriger. Meiner Erfahrung nach kann eine Frau trotzdem unglaublich viel Empathie in ihre Stimme legen, aber sie muss das eben anders als durch reine Tiefe tun. Da geht es mehr um das Fließende, Ruhige oder um positive Lebendigkeit. Da darf eine Frau dann auch höher klingen oder schneller sprechen, wobei sie aber selbstsicher klingen muss, damit es einnehmend wirkt – aber das ist womöglich für manche nur schwer vom unsympathischen Schnattern zu unterscheiden. Vielleicht liegt das Problem also daran.«

Viele Frauen weichen von ihrer wahren Stimme ab, indem sie weit über ihrer natürlichen Stimmlage agieren und sich dafür auch noch unnötig anstrengen müssen, denn diese hohen Frauenstimmen gibt es in Wirklichkeit gar nicht – sie sind lediglich antrainiert und aufgesetzt, weil das irgendwann eingeübte Kindchenschema als funktionierende Strategie verinnerlicht und nie mehr überprüft worden ist.

Wenn Sie nicht sicher sind, wie Sie wirken, nehmen Sie doch mal ein Video auf, in dem Sie zu sehen und zu hören sind, während Sie eine kurze Rede halten. Das Thema ist in diesem Fall gar nicht so wichtig, sondern nur die Möglichkeit, sich von außen wahrzunehmen und beobachten zu können, was Sie tun und wie Sie klingen. Mit den heutigen Smartphones braucht es dazu keine Videokamera mehr, sondern es reicht, wenn Sie Ihr Handy jemandem, dem Sie vertrauen und dem Sie sich öffnen wollen, in die Hand drücken und loslegen. Seien Sie nicht verwundert, wenn das bewegte Bild, das Sie dann sehen, und der Ton, den Sie hören, nicht mit dem übereinstimmen sollten, was Sie erwartet haben: Viele Frauen wirken mädchenhafter als sie glauben und beabsichtigen und sind überrascht bis erschüttert, wenn sie das zum ersten Mal wie durch fremde Augen sehen und durch fremde Ohren hören. Das ist ein wirklich verbreitetes Phänomen. Festmachen kann man das am ehesten an einer Art »Aura«, aber auch an bestimmten Fakten: Wenn der Kopf leicht zur Seite geneigt ist, lieblich gelächelt und ein wenig schüchtern dreingeschaut wird, die Knie eng beieinander sind, die Ellbogen direkt am Körper liegen oder man mit der Hüfte einknickt, man wenig Raum einnimmt und dafür viel Eigenkörperkontakt hat, vermittelt man eine Art Opferhaltung – ob man will oder nicht. All das empfindet ein Zuseher als mädchenhaft und wenig selbstbewusst, was noch verstärkt wird, wenn die Stimme dünn, besonders hoch oder einfach nur viel zu leise zum Einsatz kommt. Eine erwachsene, taffe Frau steht breitbeiniger da als ein kleines Mädchen, sie hat die Ellbogen ausgestreckt, hält ihren Kopf gerade, das Kinn ein bisschen hoch und lächelt – aber eben nicht zu lieblich und »unschuldig«. Und: Sie klingt präsent, hat eine volle, kräftige Stimme und traut sich auch mal, laut zu sein. Sie weiß eben, wie sie brüllen muss, um zu gewinnen!

Unsere Erfahrung, was hinter diesem Phänomen stecken könnte: Starke Frauenpersönlichkeiten machen sich häufig kleiner, um die Angriffsfläche zu minimieren. Denn wer gesellschaftlich etwas darstellt, eine tolle Ausstrahlung hat oder in etwas besonders gut ist, wird bei Menschen, die sich das auch wünschen, aber nicht haben, oder bei solchen, die es selbst haben und nicht teilen wollen, anecken. Hochstatus lädt nämlich zum Streiten ein. Aus diesem Grund gewöhnt man sich die »Ich tu dir nichts, tu du mir auch nichts«-Strategie an, um zu vermitteln: »So toll bin ich gar nicht, du brauchst gar nicht auf mich herzutreten, ich stehle dir nicht die Show!«

Bei Männern ist es übrigens so gut wie nie zu beobachten, dass sie sich selbst kleiner machen – sie sind in ihrer Kommunikation allerdings stärker statusorientiert als Frauen. Sie haben eher die Problematik der fehlenden oder zu geringen Struktur im Sprechen. Männer, die bereit sind, an ihrer Stimme und Sprechweise zu arbeiten, wollen deshalb auch in erster Linie schneller zum Punkt kommen und durchsetzungsstärker wirken. Wenn man diese Ziele hat, muss man vor allem darauf achten, die Weichmacher aus dem Sprachbild zu nehmen und klare Aussagen zu formulieren. Moderatorin Johanna Setzer kann das aus ihrem Privatleben bestätigen: »Eine Stimme kann bei einem Mann viel zerstören, also da brauche ich schon Testosteron in der Stimme!«

Die gute Nachricht, die wir Ihnen nicht vorenthalten wollen: Die Stimmen von Frauen haben sich in den vergangenen Jahrzehnten im Schnitt um eine Terz, also um immerhin zwei bis drei Halbtöne, gesenkt. Das ist wohl als eine Folge der Emanzipation zu deuten, vermuten Soziologen. Eine Piepsstimme ist eben nicht vereinbar mit dem Selbstbild moderner Frauen! Forscher fanden sogar Unterschiede zwischen einzelnen Ländern, die sich dahingehend interpretieren lassen: So sind etwa die Stimmen von Norwegerinnen tiefer als die der Britinnen oder Italienerinnen. Das liegt möglicherweise daran, dass die Emanzipation in Skandinavien bereits weiter fortgeschritten ist als in vielen anderen

Staaten. Wobei durchaus auch Britinnen um die Macht einer tiefen Stimme wissen: Die ehemalige britische Premierministerin Margaret Thatcher war eine der ersten Politikerinnen, die ihre Stimmhöhe mittels harten Trainings um eine halbe Oktave senkte, weil sie wusste, dass ihre »Klein-Mädchen-Stimme« nicht nur als unangenehm empfunden wurde, sondern sie vor allem wenig kompetent und souverän wirken ließ. Da ihre innere Haltung aber die einer eisernen Lady war, glückte das Vorhaben und sie fand zu einer tieferen Stimme, die zu ihrer Einstellung und ihren Fähigkeiten passte und damit stimmig war.

Die innere Haltung ist folglich nicht vom Kommunikationsverhalten trennbar. Was heißt das nun konkret? Ganz einfach: Wer sich fühlt wie ein Mäuschen, der kann nicht brüllen wie ein Löwe! Darum reicht es auch nicht, sich um eine möglichst klare und deutliche Aussprache zu bemühen, an der Lautstärke der eigenen Stimme beim öffentlichen Reden zu arbeiten und eifrig an der Atemtechnik zu feilen, solange wir nicht fähig sind, unsere innere Einstellung zu adaptieren, sodass wir im Sprechen auch stimmig, authentisch und damit richtig wirken.

Die Stimme unterliegt zu einem gewissen Anteil immer auch der Psychosomatik, die davon ausgeht, dass wir alles, was wir erleben, nicht nur im Gehirn, sondern auch im Körpergedächtnis speichern. Und die Art und Weise, wie wir sprechen sowie der Klang unserer Stimme sind stark davon abhängig, welche Körpersprache wir haben. Ein anschauliches Beispiel dafür sind jene Fälle, in denen Menschen nach einem traumatischen Erlebnis einige Tage lang nicht einvernommen werden können, weil sie durch den Schock ihre Sprache, ihre Fähigkeit, sich zu artikulieren, vorübergehend verlieren. Stimme und Sprache sind demnach untrennbar mit der Befindlichkeit und der Psyche eines Menschen verbunden.

So lernen Sie stimmig brüllen!

Die drei Säulen für eine schöne Stimme und präsentes Sprechen – und daraus resultierend begeisterndes Reden – bilden die klassische Stimm- und Sprechtechnik, ein spezielles Verhaltenstraining, das auf bestimmte Punkte abzielt, die für dieses Ziel unterstützend wirken, und eine Veränderung der inneren Haltung. Diese drei Bereiche müssen Hand in Hand gehen, um optimal klingen, kommunizieren, reden und sprechen zu können. Die Kombination dieser Ansätze führt dazu, dass Sie präsenter werden, wenn Sie sprechen, und dass Sie folglich in sämtlichen Lebensbereichen mehr erreichen werden. Wenn Sie regelmäßig üben – und dafür wird Ihnen dieses Kapitel das nötige Rüst- und Werkzeug in die Hand geben –, werden Sie auf diese Weise schon nach wenigen Wochen erste Verbesserungen erkennen und sich nach ein paar Monaten über eine nachhaltige Veränderung freuen können!

Das regelmäßige Sprechverhaltenstraining ist für den Erfolg nicht zu unterschätzen, weil man nicht authentisch sein kann, wenn man während des Sprechens darüber nachdenken muss, wie man etwas sagt und wie man dabei wirkt. Darum muss man das Neue so lange üben und in den Alltag integrieren, bis es zu einem natürlichen Verhalten wird. Denn erst, wenn es zum eigenen Verhaltensrepertoire dazugehört, ist es auch authentisch. Das Gehirn braucht nun mal seine Zeit, bis es eine neue, dauerhafte Gewohnheit daraus gemacht hat. Darum ist es hilfreich, regelmäßig zu üben, bis das neue Sprechverhalten in Fleisch und Blut übergegangen ist.

Wozu gut brüllen, warum an Stimme und Sprechweise arbeiten?

Es gibt unterschiedliche Motivationsfaktoren, warum Menschen an ihrer Stimme und ihrem Sprechen arbeiten wollen. Die häufigste Antriebsfeder ist vermutlich wenig überraschend Eitelkeit: Die meisten wünschen sich einfach, schöner zu klingen. Viele bemerken etwa, dass sie während eines Vortrags, den sie halten, oder bei einer Rede, die sie zum Besten geben, häufig unterbrochen werden oder aber auf unaufmerksame Zuhörer treffen. Das macht unsicher, kratzt am Ego, gibt kein gutes Gefühl. Vielleicht haben Sie ja gerade aus diesem oder einem ähnlichen Grund zu diesem Buch gegriffen, weil Sie schon so eine Ahnung hatten, dass uns eine gute Sprechweise attraktiver macht, uns Respekt und Anerkennung verschafft und dazu beiträgt, zu zeigen, was wir wissen und können. Fakt ist tatsächlich: Durch ein Arbeiten an der eigenen Art zu sprechen, klingt manch einer plötzlich, als hätte er diverse fachliche Aus- oder Fortbildungen absolviert, weil er insgesamt wie von Wunderhand klüger und gebildeter wirkt, sobald er eloquent ist und sich gewählt auszudrücken vermag. In Wahrheit ist er aber nicht intelligenter geworden, sondern er kann endlich sagen und damit nach außen hin zum Ausdruck bringen, was er schon längst in sich trug. Nicht zuletzt aus diesem Grund ist die Beschäftigung mit Stimme und Sprechen eine überaus effiziente Methode, an der gesamten Persönlichkeit eines Menschen zu feilen. Umgekehrt nützt es nämlich nichts, wenn jemand enorm clever ist und inhaltlich Bedeutendes, ja Interessantes zu präsentieren hätte, solange ihm die Fähigkeit fehlt, es so rüberzubringen, dass man ihm gern und aufmerksam zuhört.

Interessant ist außerdem der Zusammenhang zwischen Sprechschwächen und Lücken im Wohlbefinden, wie wir in den vorangegangenen Kapiteln zu veranschaulichen versucht haben. Wer ständig unter Halsschmerzen leidet, ein regelmäßiges Kratzen im Hals hat oder sich immer wieder räuspern muss, wenn er etwas sagen möchte, der hat meist auch ein Problem mit seiner Stimmstrategie (wenn es keine medizinische Ursache gibt) und dahinterliegend mit irgendeinem Thema aus seiner Vergangenheit. Es kann auch rein technische Ursachen haben, wie das bei Balletttänzern der Fall ist: Sie haben von Kindesbeinen an gelernt, den Bauch einzuziehen, wodurch sie nur ganz flach atmen können, was man nach all den Jahren des harten Trainings kaum mehr wegbekommt. Darum können die meisten Balletttänzer auch unmöglich moderieren, denn solange sie tanzen, sind sie bei schlechter Stimme, weil diese beiden Fähigkeiten einander ausschließen. Musicaldarsteller tanzen hingegen locker und haben daher einen anderen Tonus, aber Balletttänzer haben wegen dieser dauernden Spannung im Körper in den allermeisten Fällen ernsthafte Probleme, eine gute Stimme zu bekommen.

Manche Menschen – wieder vorwiegend Frauen – sind im Hals so eng, dass die Töne ihren Weg heraus gar nicht finden können. In solchen Fällen helfen zu Beginn ganz primitive Seufz-Übungen, um die betroffene Körperregion zu lockern und aufzuwärmen. Menschen, die nuscheln, haben wieder ein anderes Problem: Sie öffnen das Kiefer nicht weit genug. Dieses technische Fehlverhalten ist glücklicherweise relativ einfach behebbar, und zwar hilft hier oft schon eine ganz simple Übung: Wer beim Sprechen Silben oder Wortenden verschluckt, der braucht nämlich häufig lediglich eine Zusatzbeschäftigung fürs Gehirn. Beispielsweise eine liegende Acht mit der Hand in die Luft zu zeichnen, kann hierbei darum eine erste gute Abhilfe schaffen. Durch diese Aktion ist das Gehirn mit etwas anderem beschäftigt und das verhindert, dass Sie zu schnell sprechen. Denn bei dieser Sprechschwäche ist es so, dass Luft, Ohr, Mund und Inhalt langsamer sind als das Gehirn, weshalb solche Menschen häufig über ihre eigenen Wörter zu stolpern drohen und darum Endsilben oder einzelne Wörter in der Hitze des Gefechts weglassen (müssen), um nicht ins Strudeln zu geraten.

Jetzt geht's los! Vorbereitung auf ein neues Stimmleben

Überlegen Sie sich doch als Erstes, was Sie gerne verändern, was Sie konkret verbessern möchten. Ein stimmiger Wunsch könnte etwa sein, eine zu Ihrer Persönlichkeit passende Stimme zu finden, also sich etwa eine weichere oder eine bestimmtere Stimmlage anzueignen. Gehen Sie in den kommenden Tagen und Wochen am besten äußerst bewusst in die Selbstbeobachtung: Sehen Sie sich an, in welchen Situationen Sie wie sprechen, auf welche Weise Sie mit den Menschen reden, und wie Sie sich dabei fühlen. Notizen dazu verschaffen Ihnen einen besseren Überblick – vielleicht möchten Sie sich ja ein kleines Büchlein oder Heftchen zulegen, das Sie für die kommende Zeit mit sich tragen, um jederzeit die Möglichkeit zu haben, etwas aufzuschreiben, das Ihnen gerade aufgefallen ist.

Wenn Sie beginnen, Ihre Stimme auf neue Art und Weise einzusetzen und ein bislang unbekanntes Sprechen auszuprobieren, werden Sie rasch merken: Es passiert Ihnen nichts, wenn Sie Ihre gemütliche und wohlbekannte Komfortzone verlassen! Im Gegenteil: Wenn Sie es nicht tun, kann sich auch nichts verändern und verbessern. Und diese Feststellung ist schon der erste Schritt in ein neues Verhältnis zu Ihrem Stimmapparat, in eine bessere Beziehung mit Ihrem Sprechwerkzeug.

In dieser Vorbereitungszeit soll es auch wertfrei um reine Wahrnehmung gehen, nämlich darum, zu erkennen, wie Sie sprechen, wie Sie klingen, was Sie während des Redens sonst noch machen: Haben Sie womöglich Ihre Hände oft im Gesicht oder – bei Frauen weit verbreitet – fahren Sie sich regelmäßig durch die Haare, etwa um sie hinters Ohr zu klemmen? Wenn Sie nach einer Weile glauben, genügend Beobachtungen angestellt und inzwischen ein halbwegs umfassendes Bild von sich selbst zu haben, was diese Dinge betrifft, dann nehmen Sie sich vor, ab sofort die gewohnte Komfortzone zu verlassen und sich neu auszuprobieren. Nochmal: Es geht hierbei darum, neue Erfahrungen zu sammeln und die Erkenntnis zu erlangen, dass nichts Schlimmes passieren kann, wenn Sie sich stimmlich neu erfinden.

Lassen Sie sich an dieser Stelle von uns an der Hand nehmen und auf Ihrem Weg zu Ihrer wahren Stimme und zu persönlichkeitsunterstreichendem Sprechen und Reden begleiten! Wir führen Sie Schritt für Schritt durch den Dschungel der Stimm- und Sprechgeheimnisse, bis Sie den Wald trotz all der vielen Bäume wieder gut sehen können.

1. Das Technische: »Wie sag' ich's richtig?«

Wenn Sie meinen, keine Ahnung vom Technischen in Bezug aufs Sprechen zu haben, dann dürfen wir Sie trösten: Damit sind Sie nicht allein! In unserem Schulsystem stehen – mit wenigen Ausnahmen an Musischen Gymnasien, wo durch Vokalmusik zumindest ein Fach besteht, in dem man sich mit der Stimme beschäftigt – Stimmbildung und Sprechtechnik leider nicht auf dem Lehrplan. Folglich werden höchstwahrscheinlich weder unsere Eltern noch unsere Lehrer begnadete Sprecher gewesen sein. Wenn Sie sich nicht zufällig später im Leben dafür interessiert haben, ist es gar nicht so einfach, ein technisch einwandfrei sprechender Mensch zu werden, denn die Vorbilder, die Ausbildung und das Training fehlen meist gänzlich. Technisch richtig sprechen zu können, ist allerdings die Voraussetzung für einen guten Redner und folglich dafür, dass einem die Leute zuhören, weil man präsent und am Punkt ist. Darum gilt es, den einen oder anderen »Fehler« zu beheben, wenn Sie künftig besser wirken möchten.

Und genau darum geht es beim Sprechtechnischen: zu lernen, wie wir Laute richtig bilden können. Menschen, die nicht besonders gut verständlich oder nicht präsent sind, öffnen in den meisten Fällen beim Sprechen schlicht und ergreifend den Mund zu wenig. Das ist in unseren Gefilden weit verbreitet, weil gerade wir in Mitteleuropa den Mund ständig geschlossen haben, während Menschen in südlicheren Gebieten das Kiefer auch immer wieder mal unkontrolliert und locker nach unten hängen lassen, wenn sie gerade nicht sprechen. Dass das an und für sich die natürliche Haltung wäre, können wir aber auch in unseren Breiten beobachten, und zwar wieder einmal bei den Kindern: Ist Ihnen schon mal aufgefallen, dass die meisten Kinder, während sie sich konzentriert auf eine Sache einlassen, etwa gespannt einem Film im Fernsehen folgen oder etwas spielen, den Mund offen haben? Achten Sie mal darauf! Doch das unterbinden die Erwachsenen relativ schnell, indem sie die Kleinen dazu auffordern, den Mund zu schließen, damit kein Speichel rausfließen und keine Mücke hineinfliegen kann – demnach durchaus aus gut gemeinten Gründen. Das hilft allerdings nicht dabei, ein Unterkiefer zu haben, das es gewöhnt ist, schön locker zu sein und sich weit zu öffnen.

Raus mit dem Bauch! Die richtige Atmung als Basis für gutes Klingen und exaktes Sprechen

Die Schwierigkeiten beginnen allerdings schon einen Schritt vorher, nämlich bei der Atmung: Wer zu flach und zu kurz atmet, seinen Atem sozusagen verbläst und damit Luft ungenutzt entweichen lässt und verschwendet oder etwa hörbar, weil geräuschvoll Atem holt, zu viel Luft auf einmal einsaugt oder aber wem der Atem ausgeht, der wird nicht optimal sprechen können.

Widmen wir uns darum zunächst der richtigen Atmung: Die findet nämlich nicht, wie wir es uns alle angeeignet haben, in der Brust, sondern im Bauch statt. Aber beginnen wir von vorne: Zwischen Atmung und Stimme besteht ein direkter Zusammenhang. Die falsche Atmung sorgt für ein Verrutschen des Stimmsitzes – denn bei gesunden Menschen folgt die Stimme unweigerlich dem Atem. Wenn Babys zur Welt kommen, atmen sie – vorausgesetzt, sie sind gesund – ganz von allein richtig. Das bleibt im Kindesalter so bestehen. Doch nicht nur Kinder, auch Tiere atmen richtig. Und wie steht es um erwachsene Menschen? Nun, solange Erwachsene gesund sind, atmen sie zumindest im entspannten Zustand und während des Schlafens ebenfalls richtig.

Wir Menschen können im Bereich der Brust und im Bereich des Bauches atmen. Bei der Brustatmung bewegt sich wenig überraschend der Brustkorb. Bei dieser Atmungsform bekommt der Körper weniger Sauerstoff, was das Sprechen in der mittleren Sprechstimmlage, die wir bereits kennengelernt haben, eher schwierig, ja oft sogar unmöglich macht. Ganz anders verhält es sich mit der Bauchatmung, auch Abdominalatmung, Zwerchfellatmung oder Diaphragmalatmung genannt. Sie ist eine ruhigere Form des Atmens – die natürliche Atmung, mit der wir geboren werden – und führt dazu, dass wir uns beim Sprechen eher in der Indifferenzlage befinden als bei der Brustatmung. Denn während der Bauchatmung wölbt sich beim Einatmen der Bauch und der

Brustkorb bleibt wesentlich ruhiger. Das Einatmen erfolgt durch das Zusammenziehen des Zwerchfelles, wodurch ein Unterdruck entsteht. Diesem Unterdruck folgend dehnt sich die Lunge aus und dadurch wird Luft angesaugt. Sänger, Blasmusiker, sowie gute Redner setzen diese Atmung ein, aber auch in vielen asiatischen Kampfkunstarten kommt sie bewusst zum Einsatz, weil sie die gesündeste Form der Atmung ist.

Um hautnah zu erfahren, worum es dabei geht, machen Sie am besten folgende Übung:

Übung zur Bauchatmung

Legen Sie sich auf den Rücken, lassen Sie Ihre Hände auf Ihrer Bauchdecke ruhen und beobachten Sie Ihre Atmung! Wenn Sie entspannt sind, atmen Sie automatisch richtig – geben Sie sich deshalb ein wenig Zeit, um in die Entspannung zu kommen, wenn Sie gerade einen hektischen Tag hinter sich haben sollten. Fühlen Sie, wie sich Ihr Bauch beim Einatmen hebt und beim Ausatmen senkt. Haben Sie es? Das ist die richtige, die Bauchatmung.

Ein nächster Schritt befasst sich damit, diese Atmung in Ihren Alltag zu integrieren: Denken Sie in wiederkehrenden Situationen wie etwa beim Zähneputzen, Abwaschen oder bei jedem Telefonat, das Sie führen, oder jedes Mal, wenn Sie in einen Fahrstuhl oder in den Bus oder Ihr Auto einsteigen, daran, sich bewusst auf die Bauchatmung zu konzentrieren! Falls Sie Schwierigkeiten haben sollten, in die Bauchatmung zu finden, legen Sie eine Hand auf Ihren Bauch und stellen Sie sich vor, wie

Sie beim Einatmen einen Ballon aufblasen, der sich unter Ihrer Bauchdecke befindet.

In einem weiteren Schritt denken Sie auch während des Sprechens an die Abdominalatmung und daran, Pausen zu machen und während dieser Pausen in Ihren Bauch zu atmen!

Selbst Sprechprofis trainieren Atmung und Stimme regelmäßig, wie auch ein Pianist nicht irgendwann einfach aufhören kann, Klavier zu üben, wenn er gleichbleibend gut oder gar besser werden will. Und wenn ein Musiker sein Saiteninstrument nicht regelmäßig stimmen würde, würde das ebenso wenig schön klingen wie eine menschliche Stimme, die nicht in Übung ist. Nachrichtenmoderatorin Katrin Prähauser etwa genießt daher ihr Stimm- und Sprechtraining jedes Mal in vollen Zügen: »Da rutscht die Stimme immer nach unten, dorthin, wo sie hingehört, und wird eine Terz tiefer. Das empfinde ich als extrem angenehm: als würde man Tee trinken und es wird einem ganz warm im Bauch.«

Das Stimmhauskonzept nach Jochen Waibel

Besonders hilfreich, um zu verstehen, was unterschiedliche Sprechweisen bewirken, ist das Stimmhauskonzept, das der Hamburger Wirtschaftscoach und Mediator Jochen Waibel in den Neunzigerjahren entwickelt hat: Es besagt, dass die einzelnen Vokale für innere Haltungen stehen und wir unsere Stimme in einem oder mehreren von ihnen ansiedeln. So steht das I für Hysterie, Panik und Alarm, das E für Schärfe, Unsicherheit und Distanz, das A für Verbindlichkeit, Ruhe oder auch Erotik, das O für Bodenständigkeit, Durchsetzungsstärke oder Rohheit und das U für Uriges.

Durch den Einsatz eines bestimmten Vokalbereichs verrät der Sprechende so immer etwas über sich und löst zeitgleich beim Zuhörenden etwas aus. Denn die Spiegelneuronen im menschlichen Gehirn, die wir weiter vorne kennengelernt haben, bauen nun mal alles, was wir auditiv und visuell wahrnehmen, so nach, als wären wir selbst in der Situation. Nochmal zur Veranschaulichung: Wenn das Gegenüber sich schneidet, haben wir bis auf den Schmerz selbst genau die gleichen Reaktionen im Körper wie die Person, die sich geschnitten hat. Wir kennen das zumindest alle vom Gähnen, denn jeder weiß, wie ansteckend es wirkt, wenn jemand in der Umgebung zu gähnen beginnt. Und die Spiegelneuronen reagieren genauso stark auf Töne: Wenn jemand extrem hoch, schrill oder aufgeregt – und damit im I-Bereich – mit uns spricht, haben wir nach einer Weile einen Hormoncocktail im Blut, der uns die Situation als anstrengend empfinden und uns selbst ermüden lässt.

Menschen, die distanziert sind, sprechen im E-Bereich. Je urbaner eine Gegend ist, desto mehr wird im *E* gesprochen, weil die Menschen die Notwendigkeit haben, Distanz zu signalisieren, wenn die Bevölkerungsdichte hoch ist. Zur Veranschaulichung: Man steigt in der Früh in einen überfüllten Lift oder in eine U-Bahn ein, nimmt automatisch das Kinn zurück, um Abstand zu den vielen fremden Menschen zu gewinnen und landet emotional und damit auch stimmlich im *E*. Das geht für Großstädter im Großraumbüro dann weiter, weil man auch dort irgendwie signalisieren muss, dass man nicht ständig gestört werden möchte, da man sich immerhin auf die Arbeit zu konzentrieren hat.

Am Land hingegen hört man häufiger das O: Hier kommen Gemütlichkeit und Bodenständigkeit durch und es gibt genug Platz, um auch mit der eigenen Stimme Raum einzunehmen, was in der Stadt nicht möglich ist, wo man sich zurücknehmen muss, weil Chaos herrschen würde, wenn jeder sich breitmachen und laut sein würde. Die U-Lage hört man vorrangig bei cool wirken wollenden Jugendlichen und Menschen mit geringem Bildungsniveau.

Die ideale Tonlage liegt im oberen Bereich des unteren Drittels der stimmlichen Möglichkeiten, die wir beim Sprechen haben und bildet einen Mix aus allen Vokalbereichen im Stimmhaus. Selbstverständlich sind diese Lagen aber auch situationsbedingt passend oder unpassend. Wenn man beispielsweise jemandem mitteilen möchte, er möge Distanz wahren, ist es kontraproduktiv, ihm das im A-Bereich zu sagen, weil dieser Nähe und Erotik mitschwingen lässt, wodurch man nicht ernstgenommen werden würde. Für ein solches Statement wäre somit das distanzierende E die richtige Lage. Wenn man das A in eine Aussage mischt, kann man nämlich allein durch den Ton für eine Reziprozität sorgen.

Übungen zum Stimmhauskonzept

Sie möchten distanziert wirken, sich abgrenzen, jemanden auf Abstand halten, vermitteln, dass er nicht an Sie herankommen soll, oder Sie wollen einfach nur für den Moment ungestört bleiben und Ihre Ruhe haben? Dann ziehen Sie Ihr Kinn leicht zurück und bringen Ihren Hals und Ihre Ohren zum Klingen, indem Sie sich vorstellen, Sie hätten Lautsprecher an den Ohren und Sie leiten damit den Schall innerhalb Ihres Körpers in den Hals und in die Ohren. Achten Sie dabei darauf, dass Sie nicht auch die Stirn klingend machen, denn das würde Alarm signalisieren.

Sie möchten Nähe erzeugen, Vertrauen schaffen, Erotik ausstrahlen? Dann bringen Sie den Brustkorb zum Klingen und stellen Sie sich dabei vor, wie Sie sich beim Wandern auf eine Bank setzen, um zu rasten, wenn Ihnen die Füße schon weh tun, und stoßen Sie ein »Aaaahhh!« aus!

Sie wollen durchsetzungsstark wirken, Bodenständigkeit vermitteln oder einfach überzeugen? Dann imitieren Sie den Ton, den der Weihnachtsmann von sich gibt: »Houhouhou!«

Übungen fürs stimmige Klingen

Lesen Sie die (inhaltlich zugegeben eher sinnlosen) folgenden Texte immer wieder laut vor, um ein Gefühl dafür zu entwickeln, wie das Stimmhauskonzept in der Praxis funktioniert, was es auslöst und wie es wirkt!

Das I schwingt und tönt im Kopf:
Wie Sissi lieblich schnieft,
im Spiegelbild ihr Liebes sieht –
friedlich, sinnlich, dies ist sie,
niedlich schließlich ist sie nie.

Das E schwingt und tönt im Hals und in den Ohren:
Wenn der Gegner eben steht,
redlich seine Seele hebt,
bewegend jeden Schmerz erregt –
von jeher eben überlebt!

Das A schwingt und tönt im Brustraum
und im Atmungssystem:
Als Barbara Johanna sah,
war Abraham dem Hange nah,
sprach langsam, zaghaft Ada an,
dann Ada gleich vom Abhang sprang.

Das O schwingt und tönt im oberen Magen:
Große Ohren froren rot,
der Postler war in großer Not.
Otto hieß der große Bote,
roch nach ner besond'ren Note.

Das U schwingt und tönt im Magen und im Unterleib:
Voller Mut tut es ihm gut,
Ruth zu schenken diesen Hut.
Ruhen musst' er Stund' für Stund',
blutend aus der alten Wund'.

Üben Sie die Ausformungen des Stimmhauskonzepts so lange, bis Sie das Gefühl haben, dass Sie alle Stationen, also alle Vokale, zum Klingen bringen und damit in jedem der beschriebenen Töne sprechen können.

Die korrekte Aussprache im Deutschen

Wenn Sie die Bauchatmung erst verinnerlicht haben, geht es einen Schritt weiter: Nun kümmern wir uns um die richtige Aussprache. Wie es für die deutsche Sprache ein Rechtschreibregelwerk gibt, so existiert nämlich auch ein Aussprachregelwerk, das besagt, wie welches Wort oder welche Silbe oder auch nur welcher Laut ausgesprochen werden sollte. Wer falsch oder nicht exakt artikuliert, der ist provokant gesagt in den meisten Fällen einfach faul beim Sprechen, weil der Mensch von seinem Wesen her dazu neigt, Energie sparen zu wollen. In Bezug auf den Akt des Sprechens bedeutet das, dass jemand, der nicht optimal verständlich ist, den Mund nicht weit genug öffnet, die Zahnreihen vorwiegend geschlossen hält, zu wenig Lippenspannung einsetzt oder eine schwere Zunge hat. Am ehesten fällt uns das auf, wenn jemand das *S* nicht sauber bildet oder das *R* nicht exakt rollt, aber es gibt freilich noch andere Schwächen, die regional unterschiedlich sind: So werden etwa die Zwielaute »au« und »ei« in Österreich häufig zu eng und an falscher Stelle im Mundraum gebildet, weil der Kieferöffnungswinkel zu klein ist, wodurch die Stimme nicht richtig heraus kann und dadurch nicht offen klingt, sondern alles immer ein wenig eng bleibt, während in Deutschland an vielen Orten etwa besonders nasal gesprochen wird. Krach- und Zischlaute, wie sie im Wort »Kirche« vorkommen, sind ebenfalls dafür bekannt, vielerorts meist falsch gebildet zu werden. Was wir alle gemeinsam haben, ist, dass unsere Artikulationsbewegungen mit dem Fortschreiten unseres Alters kleiner werden. Darum ist es wichtig, immer wieder bewusst dafür zu sorgen, dass der Raum im Mund wieder größer wird, damit diese Bewegungen wieder mehr Platz bekommen, denn wenn wir zu wenig Platz im Mundraum haben, können wir nicht ordentlich sprechen.

Neben den unsauberen Lautbildungen, die auch die Struktur in der Sprache beeinflussen, gibt es Wortverschleifungen, die vielen passieren, weil es wiederum bequemer ist, Wörter beim Sprechen nicht hörbar voneinander zu trennen, sondern sie zusammenzuhängen. Selbst wenn klar artikuliert wird, leidet die Verständlichkeit, wenn die Wörter nicht voneinander getrennt werden. Das kennen Sie vielleicht von

Fremdsprachen, derer Sie nicht auf Muttersprachenniveau mächtig sind: Wenn sich jemand in seiner Ihnen nicht zu hundert Prozent geläufigen Muttersprache mit Ihnen unterhält, bei dem ein langer Satz so klingt, als würde er aus einem einzigen Wort bestehen, tun Sie sich vermutlich schwer, ihm zu folgen und alles zu verstehen.

Was die Verständlichkeit ebenso beeinflusst, ist, ob man Satzzeichen – allen voran Punkte am Satzende – hört oder nicht. Denn auch das ist der Struktur dienlich und fällt unangenehm auf, wenn es nicht berücksichtigt wird. Nicht nur Wörter kann man unsauber voneinander trennen, sondern eben auch Sätze. Viele ziehen am Ende eines Satzes ihre Stimme hoch und verbinden ihn so gleich mit dem nächsten Satz, wodurch elendslange Girlandensätze entstehen, was wiederum dazu führt, dass zu wenig Zeit und Platz fürs Atmen ist.

Sie sehen schon: Es hängt alles zusammen! Das richtige Atmen als Basis ist unumgänglich, und dann geht es darum, alle Einheiten korrekt zu formen, und zwar von der kleinsten Einheit, dem Laut, über die des Wortes bis hin zu jenem des Satzes.

Abgesehen von der Sprechtechnik ist selbstverständlich auch die Stimmtechnik bedeutend, anders gesagt die praktische Beantwortung der Frage »Wie bringe ich meinen ganzen Körper zum Klingen?« Dazu werden Sie im nächsten Kapitel über das Dramaturgische noch Ausführliches erfahren, doch zu Beginn können Sie sich schon mal mittels einer darauf ausgerichteten Übung aufwärmen. Das Schlüsselwort heißt hier: summen! Wenn Sie in allen möglichen Lauten summen, werden Sie spüren, wie Ihr gesamter Resonanzkörper zu schwingen beginnt. Kraft und Ton kommen nämlich nicht aus dem Halsbereich, denn dann würde es schwierig mit dem Artikulieren werden, sondern aus dem Bauch- und Brustraum.

Ebenfalls hilfreich sind Rufübungen. Achten Sie dabei auf den feinen Unterschied: Rufen trainiert die Stimme, aber schreien macht sie kaputt! Denn rufen kommt aus dem Bauch-, schreien aber aus dem Halsraum. Auch das haben Sie vermutlich schon einmal erlebt: Wenn Sie auf einem Rockkonzert waren und voller Begeisterung den ganzen Abend lauthals mitgegrölt haben, werden Sie ziemlich sicher am nächsten Tag heiser gewesen sein. Wenn Sie allerdings aus dem Bauch heraus Lautstärke erzeugen und von ganz tief unten »Haaaaaallooooo!« rufen, macht das der Stimme gar nichts aus. Wer regelmäßig Rufübungen macht, dessen Präsenz beim Reden wird sich nachhaltig verbessern. Denn wir sind erst dann stimmlich präsent, wenn der Schall an die nächstgelegene Mauer geworfen und wieder zurückgeworfen wird, sodass die Stimme durch den Hall im Raum gedoppelt wird. So hören uns auch Leute gut, die hinter uns stehen, weil der Raum zum Klingen gebracht wird.

»Gombedend klingt nicht kompetent!« Die häufigsten Aussprachefehler und wie Sie sie vermeiden

Welche Aussprache wir an den Tag legen, prägt die Wirkung auf unsere Zuhörerschaft, auf unser Umfeld. Ob das nun fair ist oder nicht: Wir haben bereits erklärt, dass Menschen mit einer sauberen Aussprache automatisch und unbewusst ein höherer Bildungsgrad und mehr Kompetenz zugetraut wird. Vor allem die richtige Aussprache der harten Konsonanten – der Buchstaben R, P, T und K – ist deshalb immens wichtig. Spricht jemand diese Mitlaute hart aus, wirkt seine Sprache insgesamt selbstbewusster und der Sprechende damit leistungsfähiger. Werden diese Buchstaben hingegen besonders weich artikuliert, sodass ein hartes P wie ein weiches B wirkt, fällt das negativ auf den Sprechenden zurück. Unter uns gesagt: Darum werden Kärntner zwar gern als »lieb und sympathisch« eingeordnet, aber selten als »kompetent und professionell«. Was diesen österreichischen Dialekt ebenfalls kennzeichnet, ist etwas, das leider genauso dazu führt, dass die Sprache an sich weich und lasch wirkt: das R zwischen Vokal und Konsonant ständig wegzulassen und demnach »Moad« statt »Mord«, »wiad« statt »wird« oder »Mitaabeiter« statt »Mitarbeiter« zu sagen. Sie werden schon bemerkt haben: *Damit* sind die Kärntner nicht allein, das hören wir in vielen Gebieten so! Auch die richtige Aussprache der Diphthonge spielt eine große Rolle.

Viele Österreicher sprechen den Laut »nf« falsch aus, indem sie »mf« sagen. Anhand dieser Beispiele werden Sie sofort wissen, was damit gemeint ist: Die Betreffenden sagen dann »fümf« statt »fünf«, »Semf« statt »Senf« oder »Zukumft« statt »Zukunft«. In Deutschland weit verbreitet ist hingegen die Unart, ein Z statt des Lauts »ps« auszusprechen: »Zychologie« statt »Psychologie« heißt es dort fast durch die Bank. Und wenn die Silben »ch« und »sch« in einem Wort vorkommen, machen Deutsche das »sch« zum »ch« beziehungsweise das zweite »ch« zum »sch«, also beide Laute werden gleich ausgesprochen: »chinesisches Essen« wird dann fälschlicherweise als »schinesisches Essen« artikuliert.

Typisch österreichisch ist es wiederum, die Zahl »zehn« in Verbindung mit anderen Zahlen zu kurz auszusprechen, indem »siebzen« statt »siebzehn« gesagt wird. Was uns hier zudem häufig passiert, weil wir es falsch gelernt haben: Wir artikulieren Diphtonge – das sind Zwielaute – nicht so, wie sie gehören. Da kommen dann die »Frou« statt der »Frau« oder die »Mouer« statt der »Mauer« raus. Und die Auslautverhärtung ist auch ein recht häufig zu beobachtendes Phänomen: Hierbei wird »sin« statt »sind« oder »un« statt »und« gesagt, weil das D am Ende eines Wortes verschluckt wird.

Es ist wenig überraschend, aber Aussprachefehler gewöhnen sich die meisten Menschen schon in ihrer Kindheit an. Das ist ganz simpel erklärt: Sprechen erlernen wir wie so vieles andere auch durch Nachahmung, und weder die durchschnittlichen Eltern noch Kindergartenpädagoginnen haben im Normalfall eine Sprechausbildung absolviert. So kommt es, dass die meisten Kinder bereits bis zum Volksschulalter zahlreiche Aussprachefehler verinnerlicht haben. Eine nachhaltige Korrektur gelingt dann nur noch durch intensives Training. Und dieses Training wird überhaupt nur umgesetzt, wenn die sprachlichen Schwächen jemandem im Umfeld auffallen, was recht selten passiert, wie uns die Logopädin bereits geschildert hat.

Trotzdem: Es ist nie zu spät! Darum halten Sie ja vielleicht dieses Buch in Händen. Und das ist gut so, denn mit den folgenden Übungen können Sie schon viel erreichen, was Ihre Stimm- und Sprechtechnik betrifft – vor allem werden Sie es durch sie gewohnt werden, sich mit Ihren Sprechwerkzeugen zu beschäftigen.

Übungen für eine saubere Aussprache

Die gute, alte Korkenübung ist nach wie vor nicht zu verachten, weil man durch sie gezwungen ist, den Mund weit zu öffnen, also nehmen Sie am besten einen Korken in den Mund und lesen Sie verschiedene Texte aus Büchern, Zeitungen oder Zeitschriften laut vor! Wenn Sie einen gewissen Ekel davor empfinden, einen Korken zwischen Ihre Zähne zu klemmen, können Sie alternativ auch auf Ihren Zeige- und Ihren Mittelfinger »beißen«.

Artikulationsübungen von A bis Z

Sprechen Sie zu jedem Buchstaben des Alphabets hier einige Wörter, Sätze oder kurze Texte – an so manchen aus dem Volksmund bekannten Zungenbrecher werden Sie sich sicherlich erinnern können –, um sich darin zu üben, wie die unterschiedlichen Laute klingen können und wie sie klingen sollten. Bei Zungenbrechern soll man die Artikulation übrigens maßlos übertreiben: Wangen, Nase und Hals müssen sich mit den Lippen mitbewegen!

A

Allergischer Algerier, algerischer Allergiker

B

Bäcker Braun backt braune Brezeln. Braune Brezeln backt Bäcker Braun.

Bismarck biss Marc, bis Marc Bismarck biss!

Braune Bürstenborsten bürsten besser.

Blaukraut bleibt Blaukraut und Brautkleid bleibt Brautkleid.

Wenn der Benz bremst, brennt das Benz-Bremslicht.

D

Der dicke Dachdecker deckte das dicke Dach.

Dann trug der dicke Dachdecker die dicke Dame durch den dicken Dreck.

Dann dankte die dicke Dame dem dicken Dachdecker, dass der dicke Dachdecker die dicke Dame durch den dicken Dreck trug.

Es reiten dreiunddreißig Reiter flott und munter den Berg dreiunddreißigmal hinauf und herunter.

E

Esel essen Nesseln nicht, Nesseln essen Esel nicht.

F

Hinter dichtem Fichtendickicht picken dicke Finken tüchtig.

Unter einer Fichtenwurzel hörte ich einen Wichtel furzen.

Fischers Fritz fischt frische Fische, frische Fische fischt Fischers Fritz.

Fischers frisch frisierter Fritze frisst frisch frittierte Frischfischfrikadellen.

Fischer, die als Floßfahrer auf Flussflößen auf Floßflüssen fahren, sind fischende Floßflussflussfloßfahrer.

Wenn die fischenden Floßflussflussfloßfahrer aus den Floßflüssen Fische fischen, sind's nicht Floßfische – auch nicht bloß Fische –, es sind Floßflussfische, es sind Flossenfische, es sind Floßflussflossenfische.

Wenn Fliegen hinter Fliegen fliegen, dann fliegen Fliegen Fliegen nach.

G

Eine gut gebratene Gans mit einer goldenen Gabel gegessen, ist eine gute Gabe Gottes.

Graben Grabgräber Gräben? Grabengräber graben Gräben.

Grubengräber graben Gruben. Grabgräber graben Gräber.

Wenn hinter Griechen Griechen kriechen, kriechen Griechen Griechen nach.

H

Hinter Hermann Hannes' Haus hängen hundert Hemden raus, hundert Hemden hängen raus hinter Hermann Hannes' Haus.

Hinter'm hohen Haus hackt Hans hartes Holz.

Hartes Holz hackt Hans hinter'm hohen Haus.

K

Wer karrt den klappernden Ratterkarren durch das knarrende Karrengatter?

Der mürrischer, murrende, knurrende, klapperdürre Ratterkarrenkarrer.

Die Katzen kratzen im Katzenkasten, im Katzenkasten kratzen Katzen.

Es klapperten die Klapperschlangen, bis ihr Klappern schlapper klang.

Klaus Knopf liebt Knödel, Klöße, Klöpse. Knödel, Klöße, Klöpse liebt Klaus Knopf.

Kleine Kinder können keine kleinen Kirschkerne knacken.

Der Kottbusser Postkutscher putzt den Kottbusser Postkutschkasten.

Ein krummer Krebs kroch über eine krumme Schraube, über eine krumme Schraube kroch ein krummer Krebs.

L

Nicht alle Leute können es ertragen, wenn Lautenspieler laut die Lauten schlagen, drum spielen heute laute Lautenspieler leise Laute, weil manchen Leuten vor den lauten Lautenlauten graute.

M

Wenn mancher Mann wüsste, was mancher Mann wär', gäb' mancher Mann machem Mann manchmal mehr Ehr'.

Max, wenn du Wachsmasken magst, dann mach Wachsmasken!

Mischwasserfischer heißen Mischwasserfischer, weil Mischwasserfischer im Mischwasser Mischwasserfische fischen.

Müller, mahl mir mein Maß Mundmehl – morgen muss mir meine Mutter mehliges Milchmus machen.

P

Der Flugplatzspatz nahm auf dem Flugplatz platz.

Auf dem Flugplatz nahm der Flugplatzspatz platz.

Der Potsdamer Postkutscher putzt den Potsdamer Postkutschkarren.

R

Rauchlachs mit Lauchreis

S

Sechs sächsische Säufer zahlen zehn tschechische Zechen.

Schnecken erschrecken, wenn Schnecken an Schnecken schlecken, weil zum Schrecken vieler Schnecken Schnecken nicht schmecken.

Neunundneunzig Schneeschaufler schaufeln Schnee.

Schneiderschere schneidet scharf, scharf schneidet Schneiderschere.

Schnellsprechsprüche spreche ich schwer schnell.

Spanier lieben spannende Spiele.

Ein sehr schwer, sehr schnell zu sprechender Spruch ist ein Schnellsprechspruch, auch ein nur schwer schnell zu sprechender Spruch heißt Schnellsprechspruch.

Der Schweizer Schweißer schwitzt und schweißt.

Der Schweizer Schwitzer schweißt und schwitzt.

Schwitzend schweißt der Schweizer Schweißer.

Schuster, schnall schnell die Schnallen an die schönen Schuh'!

Ein Speckbröckel und zwei Speckbröckel sind drei Speckbröckel.

Drei Brocken Speck und drei Bröckl Speck sind sechs Speckbröckel.

T

Drei tropfnasse traurige Trogträger trugen triefende Tröge treppauf und treppab.

Wenn du Trottl zu mir Trottl sagst, sag ich Trottl zu dir Trottl so lange Trottl, bis du Trottl zu mir Trottl nie mehr Trottl sagst, du Trottl!

U

In Ulm, um Ulm und um Ulm herum.

W

Max wachst Wachsmasken.

Was wachst Max?

Wachsmasken wachst Max.

Wenige wissen, wie viel man wissen muss, um zu wissen, wie wenig man weiß.

Wer nichts weiß und weiß, dass er nichts weiß, weiß mehr als der, der nichts weiß und nicht weiß, dass er nichts weiß.

Wir Wiener Wäscherweiber wollen weiße Wäsche waschen.

Wenn wir wüssten, wo warmes Wasser wäre.

Warmes Wasser wissen wir, weiße Wäsche waschen wir.

Z

Zehn Ziegen zogen zehn Zentner Zucker zum Zoo.

Zwanzig Zwerge zeigen Handstand: zehn im Wandschrank, zehn am Sandstrand.

Der Zweck hat den Zweck, den Zweck zu bezwecken – und wenn der Zweck den Zweck nicht bezweckt, dann hat der Zweck überhaupt keinen Zweck.

Zwischen zwei Zwetschgenbäumen zwitschern zwei Schwalben.

Übung »Die Fünf«

Denken Sie daran, immer sauber »fü*n*f« auszusprechen, also niemals ein M, sondern stets ein N zu artikulieren, und dann lesen Sie einfach laut:

5

55

555

5.555

55.555

555.555

15,5

55,55

5/5 mal 5,5 sind 555.555

15,5 mal 555 sind 55/5

5.5.1515

15.5.5555

A5 zwischen Fünfhausen und Fünfstadt 55 Kilometer Stau bei Kilometer 55,5

Zukunft

Auskunft

Unfall

Senf

Hanf

Sänfte

Zunft

künftig

Wörter ohne R-Bindung

Bei folgenden Wörtern wird das R in der Mitte nicht gebunden, sondern abgesetzt ausgesprochen. Der Akzent liegt auf der zweiten Silbe. Es heißt demzufolge nicht »errinnern« wie bei »rinnen«, sondern »er-innern«.

erinnern
Erinnerung

Erinnerungsvermögen
erinnernswert
Verein
Vereinsbayer

veranschaulichen
Vereinsgeschichte

überall
vereinsamen
verinnerlichen
Vereinsmeierei

K und G im Wechsel

Kabel – Gabel – Klasse – Gasse – Kasse

Gram – Kram – kläglich – glücklich – pflücke

Kegelkugel – Kaffeekrüge – Gnadenakt – Gleitflug

Knigge – Grabkammern – Kronzeuge – Grobkorn

Gnade – Knabe – Knoten – Gnom

Glatzkopf – Krautgarten – Graukopf – Gleichklang

Guten Tag, Gruß und Kuss, grobes Korn, welkes Gras, geh weg!

Das Wagnis ist geglückt, grausiges Gequietsche, geflickte Flaggen.

Der Krieger kam gnädig weg, Kinder quälen Käfer zum Vergnügen.

Grauer Kies lag auf dem Weg, dem Glücklichen schlägt keine Stunde.

Übungstext zum Buchstaben A[7]

Mit achtundzwanzig Jahren kam Adam Kraft als Pfarrer in unser Tal. Bald kannte man den schlanken Landpfarrer in der Nachbarschaft, bald im ganzen Tal. Sonntag für Sonntag schallte sein gewaltiger Bass von der Kanzel. Was Pfarrer Adam Kraft sagte, das war klar und sachlich. Als aber dann auch nach Monaten nur alte Damen zur Andacht kamen, begann Pfarrer Kraft scharf nachzudenken. Bald erkannte er, dass er der Talschaft nicht hart genug die Wahrheit gesagt hatte. Von da an hatte niemand mehr etwas zu lachen, nicht einmal die braven verschlafenen alten Damen. Wahrheit um Wahrheit prasselte auf die Andachtsversammlung herab. So kam es, dass nach wenigen Sonntagen auch die alten Damen nicht mehr da waren. Aber auch die anderen kamen nicht. Fortan hallte der tragende Bass des tapferen Landpfarrers Adam Kraft in einen leeren Saal.

Übungstext zum Zwielaut »ei«[8]

Einst war Heinrich Geier ein kleiner Schreiber in der Gemeindekanzlei meiner Heimatgemeinde. Die meisten seiner Arbeiten meisterte er mit Eifer und Fleiß. Aber ein kleiner Schreiber zu bleiben, genügte dem kleinen Heinrich keineswegs. Einmal, auf dem Heimweg von der Gemeindeversammlung, leistete sich einer der drei Oberschreiber eine Kleinigkeit: Er beteiligte sich an einer Keilerei. Heinrich Geier teilte dieses Ereignis sogleich dem Gemeinderat mit, und nach einiger Zeit war eigenartigerweise Heinrich Geier einer der drei Oberschreiber. Die beiden gleichgestellten Schreiber verleitete er, sich kleine Ungereimtheiten zu leisten. Diese Kleinigkeiten weitete er vor dem Gemeinderat dreist zu Gemeinheiten aus. Nach einiger Zeit war der kleine Heinrich dann der alleinige Gemeindeschreiber.

Übungstext zum Zwielaut »au«[9]

Paul auf der Mauer war ein baumlanger, kauziger Bauer. Das sauber ausschauende Bauernhaus wurde von manchem Beschauer bestaunt, auch von Ausländern. Außer Hauses war Paul nur auf dem graubraunen Gaul zu sehen. Trotz der lauten Autos traute sich Paul auf dem schnaubenden Graubraunen in den Hauptort, auch auf den Hauptstraßen tauchte er zum Erstaunen der Autofahrer auf. Im August zog er von Haus zu Haus. Laut: »Pflaumen! Blaue Pflaumen!« ausrufend, baute er sich vor den Haustüren auf und lockte die Hausfrauen aus dem Haus heraus. Seine Frau Claudia saß in der sauberen blauen Bauerntracht auf den Pflaumen und passte auf, dass niemand Pflaumen klaute und dass beim Pflaumenverkauf auch etwas herausschaute, da Paul nicht aufs Geld aus war. Es sah aus und man glaubte, die Auf der Mauers seien reiche Bauern. Man staunte, als Paul Auf der Mauer seinen Bauernhof samt des Bauernhauses verkaufte. Es kam heraus, dass er mit Kaufen und Verkaufen alles, auch das Brautgut seiner Frau, verbraucht hatte. Aus dem Verkaufserlös kaufte er von Ausländern Bauland, welches zum Bauen untauglich war, so dass er strauchelte und auch den Graubraunen verkaufen musste. Aus dem Bauern wurde zunächst ein Maurer. Doch auch dazu taugte Paul nicht. Bald traute er sich kaum mehr außer Haus. Das traurige Ende von Paul Auf der Mauer nahte, als man ihn mit zerrauftem Haupt auf seinem verkauften Bauernhof umherlaufen sah. Aber dennoch erschauerte die Frau des neuen Bauern, als Paul eines Morgens an einem Pflaumenbaum baumelte.

Übungstext zum Unterschied zwischen T und D

Tann – dann – Tank – dank

Tasse – das – Teer – der

Tenne – denn – Text – des

Tier – dir – Till – Dill

Tom – Dom – Ton – Don

Tunke – Dunkel – Taube – Daube

Matte – Made – Wetter – weder

Liter – Lieder – wittern – Widder

Bote – Boden – Otter – oder

Rute – Ruder – Pute – Pudding

Leiter – leider – freute – Freude

Antrag – Andrang – Trug – Eindruck

Tollwütig stürzte der Dackel auf den durchtriebenen Täter. Tante Toni dachte stets an die Tanzveranstaltung und das Treiben im Dorfe.

Übungstext zum Unterschied zwischen P und B

Paar – bar – Palast – Ballast

Poren – bohren – Puder – Bude

Pille – billig – Pracht – brachte

Prise – Brise – Protz – Brot

Blatt – Platz – Prinz – Brief

Oper – Ober – Pinsel – Bild

Privatbad – Brausepulver – Brustpanzer – Prunkbild

Bockbier – Bundpapier – Probe – bleib

Beinbruch – Beiprogramm – Knappe – Knabe

bepackt – bebaut – Lappen – laben

Pappel – Babel – bepackt – bebaut

Liebe – Lippe – im Bad – am Pass

Das Ballprogramm beschrieb das beliebte Püppchen penibel pauschal. Parkautomaten bringen den Buben zum Überschnappen.

Hilfestellung bei zu langen Satzkonstruktionen

Wir haben es im Kapitel über das Schreiben für Hörer und über das Sprechdenken bereits festgehalten: Was in Schriftstücken richtig gebraucht als ästhetisch schön gelten kann, ist beim Sprechen selten hilfreich – gemeint sind zu lange Satzgebilde. Wenn es Ihnen beim Reden schwerfällt, kurze Sätze zu bilden, kann es Ihnen helfen, zu überlegen, wie ein Schulkind seinen Tagesablauf erzählen würde. Das greift ins Dramaturgische vor, das den zweiten Schritt in diesem Programm ausmacht. Durch diese Übung lernen Sie, über Ihr Ohr Ihr Bremspedal zu betätigen. Ein Kind würde sagen: »Heute Morgen bin ich aufgestanden. Dann bin ich ins Bad gegangen. Dort habe ich mir die Zähne geputzt.« Natürlich spricht man so nicht im Alltag, sondern fügt Gliedsätze ein, aber die Faustregel fürs Reden heißt dennoch: Eine Botschaft pro Satz reicht! Wer mehr als einen Gedanken in einen Satz packt, überfordert nämlich sein Gegenüber, das nicht mehr alles entschlüsseln kann, was gesagt wurde, wenn es zu viel auf einmal war. Woran das liegt, ist schnell erklärt: Bei zu vielen Informationen erleidet das Gehirn eine Reizüberflutung, wodurch es beim Abspeichern überfordert werden kann.

2. Das Dramaturgische: »I'm the Queen!«

Kennen Sie das? Sie nehmen sich vor, Ihrem Kollegen endlich mal die Meinung zu sagen, weil Sie sich in den vergangenen Wochen mehrfach über ihn geärgert haben. Wenn Sie ihm aber gegenüberstehen, kommen Sie sich irgendwie dumm und kleinlich oder gar klein vor. Im Gespräch prallen Ihre Argumente einfach an ihm ab – Sie schaffen es nicht, ihm Ihren Standpunkt näherzubringen, geschweige denn, ihn von etwas zu überzeugen, das Ihnen wichtig wäre – und das vielleicht sogar, obwohl Sie sich intensiv auf diesen Diskurs vorbereitet haben.

Woran liegt das? Was ist passiert? Wir haben es wiederholt gehört: Die innere Haltung wirkt sich ungefiltert auf unsere Stimme, unsere Sprechweise und unser Redeverhalten aus. Das liegt daran, dass es eine starke Körper-Geist-

Wechselwirkung gibt: Der Körper wirkt auf unsere Gedanken und Emotionen und das in Kombination beeinflusst wiederum unsere Stimme und unsere Sprechweise. Auch unser Atem wirkt auf unseren Körper, auf das gesamte vegetative Nervensystem, aber auch auf unsere Gedanken und Emotionen und damit ebenfalls wieder auf Stimme und Sprechweise. Haben Sie schon einmal ausprobiert, sich gut zu fühlen, während sie in gebückter »Trauerhaltung« sitzen oder stehen? Selbst wenn Sie dabei laut sagen »Wow, mir geht's so richtig gut!«, wird das nicht überzeugend klingen. Umgekehrt ist es genauso: Es reicht nicht, lautstark zu jammern, wie unglücklich man ist, um sich schlecht zu fühlen, wenn man in der Superman-Siegerpose dasteht. Wenn Sie das ausprobiert haben, wird Ihnen klarwerden, wie stark Körper und Stimme – und damit unsere Überzeugungskraft – aufeinander wirken.

Da haben wir es wieder, Sie erinnern sich: Wer sich wie ein Mäuschen fühlt, kann nicht brüllen wie ein Löwe! Gut brüllen und damit gewinnen kann folglich nur, wer seine innere Dramaturgie verändert, sodass sie dazu passt. Keine Bange, Sie müssen keine Schauspielausbildung absolvieren, um das zu schaffen! Es reicht, wenn Sie es regelmäßig üben, in andere Rollen zu schlüpfen. Sie werden sehen: Sobald Sie sich innerlich in einer anderen Rolle befinden, verändert sich auch ohne Anstrengung Ihre Stimme mit! Die Zutaten, die Sie dafür benötigen, um das zu erlernen, finden Sie alle im »Statusspiel«.

»Wer ist hier der Chef?« – das Statusspiel

Zurück zur Gesprächssituation von vorhin: Warum oder wie konnte Ihr Gegenüber Oberwasser gewinnen? Das ist recht schnell erklärt: Wenn zwei Menschen aufeinandertreffen, läuft automatisch ein Spiel um den Status ab. Es dauert nur wenige Augenblicke, aber in dieser kurzen Zeitspanne entscheidet sich, wer welchen Status einnimmt, wer wo steht. Dabei gibt es nur zwei Möglichkeiten:

- Eine Person begibt sich in den Hochstatus, demonstriert durch ihr Verhalten Überlegenheit, übernimmt die Kontrolle – und die andere Person geht in den Tiefstatus, demonstriert durch ihr Verhalten Unterlegenheit und gibt die Kontrolle ab.
- Die beiden Personen befinden sich im Gleichstatus, demonstrieren durch ihr Verhalten die Ebenbürtigkeit, teilen die Kontrolle.

Dieses Statuskonzept geht auf Keith Johnstone, einen in Kanada lebenden britischen Dramaturgen und Begründer des modernen Improvisationstheaters, zurück. Er beschreibt das Spiel zwischen zwei Menschen mit dem Prinzip der Wippe: »Ich geh rauf und du gehst runter.« Statusspiele werden immer gespielt, wenn Menschen zusammenkommen – von allen Menschen in allen Altersklassen, überall auf der Welt, und zwar völlig automatisiert und ständig, Tag für Tag. Der Hochstatus ist dabei übrigens nicht besser oder sympathischer als der Tiefstatus. Der Status selbst hat auch nichts damit zu tun, ob ein Mensch freundlich oder unfreundlich ist, sondern damit, welche Strategien er einsetzt, um seine bewussten oder unbewussten Ziele zu verfolgen.

Während des Statusspiels kann eine Person ihr Gegenüber durch einseitiges Verhalten in den Hoch-, Tief- oder Gleichstatus drängen. Das Statusspiel, so wie es Keith Johnstone versteht, unterscheidet sich in der Regel vom sozialen Status, der uns durch eine Funktion, eine Stellung oder eine Rolle zugeteilt wird. Der jeweilige Status einer Person zeigt sich in der verbalen Kommunikation über die Sprache und Art des Sprechens, im nonverbalen Kommunizieren über die Körpersprache und das Verhalten und über paraverbale Merkmale wie die Stimme und die Stimmung.

Kommunikationsform	**Beschreibung**
verbale Kommunikation	Inhalt (worüber geredet wird) Fachsprache Umgangssprache Fremdsprache
nonverbale Kommunikation	Mimik (Mund, Augen, Augenbrauen, Stirn) Gestik (Hände, Haltung der Arme) Physiologie (Körperhaltung, Atmung, Kopfhaltung, Haltung der Beine, Fußstellung)
Paraverbale Kommunikation	Sprechtempo Stimmklang Lautstärke Sprechrhythmus

All diese Signale drücken aus, ob sich eine Person im Hoch- oder Tiefstatus befindet. Wie schon angedeutet ist dieser unabhängig von der Rolle, die eine Person einnimmt. In der nachfolgenden Tabelle sind die wichtigsten Punkte in einem Überblick zusammengefasst:

Kommunikationsform	**Hochstatus**	**Tiefstatus**
Kopfhaltung	Kopf hoch	Kopf schräg nickt
Fußstellung	nach außen	nach innen
Körperhaltung	straff	zusammengesunken

Bewegung	raumeinnehmende Schritte »Der Raum gehört mir!« zielgerichtete Bewegungen aufrechter Gang	eher an der Wand stehend nimmt kaum Platz ein macht anderen sofort Platz
Atmung	ruhige und gleichmäßige Atmung	eher flache und schnelle Atmung
Blick	sucht und hält Blickkontakt zwinkert und blinzelt selten horizontal oder nach oben der Blick ist ruhig	sucht Blickkontakt, hält ihn nicht zwinkert und blinzelt häufig schaut nach unten der Blick schweift oft umher
Arme und Hände	ruhige Bewegungen Arme am Körper angelehnt Hände bleiben ruhig in der Körpermitte	fahrige Bewegungen häufiges Berühren des Gesichtes

Verhalten	**Hochstatus**	**Tiefstatus**
Berührungen	kein Berühren des eigenen Körpers	häufiges Berühren des eigenen Körpers
Gang	geht ohne mit der Wimper zu zucken zielstrebig auf andere zu	zusammengesunken
Reden	redet, wann er will lässt sich nicht unterbrechen	schweigt, wenn andere reden lässt sich unterbrechen

Sprache (verbale Kommunikation)	**Hochstatus**	**Tiefstatus**
Inhalt	klare Aussagen Argumente sind hieb- und stichfest	ausweichende Aussagen redet um den heißen Brei herum
Fehler	behauptet, er habe sich nichts zu Schulden kommen lassen	neigt zur Entschuldigung
Geschichten	die Geschichten, die er erzählt, sind noch prächtiger als die aller Vorredner	besitzt das Montagsauto ist bei jedem Stau dabei

Sprache (paraverbale Kommunikation)	**Hochstatus**	**Tiefstatus**
Stimmung	lacht herzhaft klare Stimme	lacht gekünstelt hüstelt, räuspert sich stottert
Stimme	volle Stimme normal lautes Sprechen eher tiefe Stimmlage macht Punkte am Satzende	dünne Stimme leises Sprechen eher hohe Stimmlage macht keine Punkte am Satzende
Laute	Mmh, ja	Ääh, tja

In der nachfolgenden Tabelle ist beschrieben, wie man sich seinen eigenen Status bewusstmachen kann, um ihn dann dafür einzusetzen, die eigenen Ziele in der jeweiligen Interaktion mit dem Gegenüber zu verwirklichen:

Wahrnehmen des eigenen Status	In welchem Kontext findet das Statusspiel statt? In welchem Status befinde ich mich gerade innerlich? Wie verhalte ich mich in diesem Statusspiel (Körpersprache, Stimme, Inhalt)? In welchem Status befinde ich mich gerade äußerlich? Sind innerer und äußerer Status im Einklang?
Wahrnehmen des Status der anderen Person	Welchen Status zeigt mein Gegenüber? Welchen Status weist mir der andere zu? Wirkt mein Gegenüber in sich kongruent?
Welche Entscheidungen treffe ich bezüglich des Statuseinsatzes?	Nehme ich das Statusangebot meines Gegenübers an? Mache ich ein eigenes Statusangebot?

Sie werden es schon erkannt haben: Wer vor anderen spricht oder mit anderen redet, muss dies aus dem Hochstatus heraus tun, weil er ansonsten nicht ernstgenommen werden wird. Wenn man im Tiefstatus zu kommunizieren beginnt, ändert sich auch passend zur Stimme die Wortwahl. Viele

Redner sagen dann etwa: »Meine Damen und Herren, ich darf Sie recht herzlich begrüßen, ich möchte Ihnen jetzt kurz erklären ...« Im Hochstatus klingt das Ganze automatisch auch inhaltlich anders, unterstrichen von der Stimme: »Herzlich willkommen! Schön, dass Sie da sind. Sie werden heute Abend die Gelegenheit haben, ...!« Denn aus dem Tiefstatus heraus senden wir komplett andere körperliche und stimmliche Signale als vom Hochstatus aus. Gerade Frauen befinden sich häufiger im Tiefstatus, als ihnen lieb sein dürfte, wenn es ihnen erst mal bewusstgeworden ist.

Den Hochstatus lernen und üben Sie, indem Sie sich in die Rolle einer Königin beziehungsweise eines Königs begeben, wohingegen Sie den Tiefstatus vermutlich nicht trainieren werden müssen – denn den nehmen wir ohnehin ständig unbewusst ein.

Damit Sie uns richtig verstehen: Der Tiefstatus hat durchaus in unterschiedlichen Lebenssituationen seine Berechtigung – beispielsweise unter Freunden oder innerhalb der Familie, wo wir uns zugunsten einer guten Beziehung und aus Liebe zum anderen sehr wohl mal zurücknehmen können, aber wir haben ihn durch die Sozialisierung wirklich perfekt intus und müssen ihn daher nicht auch noch üben oder gar erst erlernen.

Außerdem gibt es noch den freundlichen Hochstatus, den man wunderbar in der Rolle des Gastgebers üben kann. In diesem Status sollten Sie sich befinden, wenn Sie beispielsweise ein Seminar leiten, also wenn eine fürsorgliche Komponente hinzukommen sollte, weil Sie sich um die Teilnehmer kümmern wollen und sollen.

Anfangs werden Sie sich ziemlich sicher schwer damit tun, in andere Rollen zu schlüpfen und den, meist ungewohnten Hochstatus einzunehmen. Womöglich kommen Sie sich sogar richtiggehend lächerlich dabei vor, aber das wird mit der Zeit vergehen und dann wird es Ihnen Spaß machen –

vor allem, wenn Sie Ihre Fortschritte erleben und neues Feedback erhalten, weil die Menschen in Ihrer Umgebung plötzlich komplett anders auf Sie reagieren und auf Sie zukommen.

Wenn Ihnen das Üben und das Spiel mit anderen Rollen ungeahnte Freude bereiten sollte, werden Sie doch Teil einer Laientheatergruppe, um diese neue Seite in Ihnen zu perfektionieren! Sie können aber auch das passive Erleben zur Gewohnheit werden lassen, indem Sie sich bewusst viele Filme ansehen, häufiger ins Kino gehen und eventuell zum Cineasten werden. Auch das wird Sie weiterbringen, denn woher wüssten wir Menschen aus dem 21. Jahrhundert sonst, wie sich eine Königin anhört, wenn wir nicht gerade mit Angehörigen des schwedischen oder spanischen Königshauses zu tun haben? Durch das eigene Schauspielern und das Beobachten anderer dabei lernen Sie, die unterschiedlichsten Rollen einzunehmen. Das wird Ihr Repertoire an Stimmstrategien enorm erweitern – und das ist wichtig für Ihre Stimmbildung, denn völlig ohne Dramaturgie können wir Menschen nun mal nicht besonders gut kommunizieren.

Dramaturgieübung

Stellen Sie sich vor einen großen Spiegel und sprechen Sie wie eine Königin respektive wie ein König! Verinnerlichen Sie dabei, welche Attribute und Eigenschaften einen Herrscher ausmachen, der etwa vom Balkon herab zu seinem Volk spricht – dann wird Ihnen von allein klarwerden, worauf es ankommt: Sprechen Sie raumeinnehmend, erhaben, souverän und überaus präsent!

Sie werden sehen, wie sich in diesem absoluten Hochstatus automatisch Ihr gesamtes Kommunikationsverhalten inklusive Stimme, Ausdrucksweise,

Tonalität und Lautstärke verändert: In diesem extremen Hochstatus eines idealen Herrschers spricht man in kürzeren Sätzen, hört auf, sich selbst zu schmälern und strahlt absolutes Selbstbewusstsein aus. Denn ein Herrscher ist nicht gewählt worden, wie das bei Politikern der Fall ist, sondern er wurde in diese Rolle und Funktion hineingeboren und ist somit nicht auf die Gunst des Volkes angewiesen. Deshalb sind Könige wie Königinnen im besten Fall erhaben, haben es nicht notwendig, zu schimpfen, zu meckern oder böse zu sein.

Einen solchen Herrscher zu spielen, sollte nicht damit verwechselt werden, dass man hochmütig oder böse ist! Die Rolle macht während der Übung jemanden aus Ihnen, der auf ganzer Linie glänzen kann. Starten Sie zwar ruhig mit dem unsympathischeren Hochstatus, indem Sie zunächst den strengen Herrscher markieren: Gehen Sie gedanklich hinaus auf den Balkon Ihres Palasts und beginnen Sie Ihre Rede mit den Worten »Niedriges Volk, hier spricht die Königin/der König! Die Getreidekammern sind leer und müssen wieder gefüllt werden. Darum erlasse ich hiermit, dass vom heutigen Tage an von früh bis spät gearbeitet wird, bis die Speicher wieder voll sind. Sollten die Getreide- und auch die Schatzkammern nicht binnen zwei Monaten bis zum Bersten voll sein, so sehe ich mich gezwungen, dem Nachbarkönig den Krieg zu erklären. Dann müssen Eure Brüder, Söhne und Väter in den Krieg ziehen.« Machen Sie mehrere Anläufe, bis die innere Haltung nachzieht und es glaubwürdig klingt!

In einem zweiten Schritt machen Sie eine Selbstpräsentation, die Sie zwar noch mit »Niedriges Volk!« beginnen, in der Sie allerdings im Anschluss erzählen, wer Sie sind, wie Sie leben, was Sie ausmacht. Sie werden feststellen: Sie sprechen in dieser Situation mit festerer, tieferer Stimme, machen den Mund weiter auf, bilden kürzere Sätze und bringen den Inhalt auf den Punkt. Selbst die schmälernden Elemente werden mit hoher Wahrscheinlichkeit verschwunden sein.

Damit Sie nicht dauerhaft überheblich oder auch nur unauthentisch wirken, mildern Sie das Ganze mit der nächsten Übung ab, indem Sie sich vorstellen, wieder der gestrenge Herrscher von vorhin zu sein und dass Ihr Volk es geschafft hat, die Getreidespeicher zu füllen und Sie ihm nun erlauben, drei Tage lang auf Ihre Kosten zu feiern, zu essen und zu trinken: »Niedriges Volk, hier spricht die Königin/der König! Ihr habt wunderbar gearbeitet! Ich bin stolz auf euch!«

Eine mögliche Zusatzübung sieht so aus, dass Sie sich nicht mehr in die Rolle eines Herrschers versetzen, sondern in die eines Gastgebers, der zu einer großen Party geladen hat, gerade in seinem Haus auf der Galerie steht und seine Gäste willkommen heißt. Durch diese Haltung können Sie sich an den wohlwollenden Hochstatus gewöhnen und werden den Unterschied zum extremen Hochstatus schnell erspüren. Der dahinterliegende Prozess ist rasch erklärt: Sie müssen zuerst in ein neues, unbekanntes Extrem fallen, um sich langsam dem für Sie Passenden anzunähern und schließlich die passende Stimm- und Sprechstrategie für sich zu finden.

Falls Sie trotzdem immer noch den Eindruck haben sollten, unsympathisch anzukommen, wenn Sie das in realen Alltagssituationen üben, schlüpfen Sie am besten in die Rolle einer liebevollen Mutter, die mit ihren Kindern spricht: wohlmeinend, behütend, beschützend. Oder Sie zeichnen mit der Hand liegende Achten, während Sie sprechen. Wenn man runde Bewegungen macht, kann man nicht eckig sprechen. Das ist freilich nicht empfehlenswert, wenn Sie gerade in »der freien Wildbahn« üben, sondern nur bei Ihrem Training zu Hause.

Tiefstatus kennen und können die meisten von uns ganz gut, aber wenn Sie Lust haben oder sich tatsächlich unsicher im Tiefstatus fühlen sollten, so können Sie ihn natürlich auch üben, und zwar, indem Sie jemanden bewunderen und so in die Rolle eines Groupies schlüpfen: »Das ist so toll, was Sie machen, ich finde das einen Wahnsinn!« Sie werden bemerken, wie weich und sanft Ihre Stimme sich dabei anhört!

Übung zum raumeinnehmenden Sprechen

Wenn Sie noch unsicher sind, was das Raumeinnehmende betrifft, so wird Ihnen diese Übung helfen, denn Rufübungen erhöhen die Stimmpräsenz deutlich. Rufen Sie so nach einer fiktiven Person, von der Sie sich vorstellen, sie sei weit von Ihnen entfernt: »Haaaaaallloooooo!« Versuchen Sie dabei, Ihre Stimme so weit wie möglich wegzuschicken. Achten Sie darauf, dass Sie wirklich rufen, nicht schreien oder brüllen. Der Unterschied? Schreien beschädigt die Stimme – rufen hingegen trainiert sie. Schreien kommt aus dem Hals, rufen aus dem Bauch.

Beispiele der Veränderung

Eine selbstbewusste Frau, die beruflich in einer Führungsposition ist, klingt stets ruppig und bedrohlich und bekommt von der Personalabteilung regelmäßig rückgemeldet, dass sich die Lehrlinge vor ihr fürchten und ihre Art nicht gut ankommt. Sie bekommt als Übung mit auf den Weg, in jedes Gespräch ein Kompliment an das Gegenüber einzubauen. Das hilft automatisch, auch die Stimme zu verändern, da man ein Kompliment schwer auf ruppige Art und Weise machen kann. Dadurch bekommt sie langsam, aber sicher ein anderes Feedback von außen und braucht folglich nicht mehr so hart sein.

Eine Angestellte muss interne Firmenveranstaltungen moderieren. Als ein prominenter Moderator mit ihr durch den Abend führen soll, verschreckt er sie mit seinem Hochstatus derart, dass sie auf seine Witze nur mehr wie ein kleines Mädchen reagieren kann. Nach einer Zeit des Trainings kann sie bei einem ähnlichen Event in den Hochstatus wechseln, wodurch er sich gar nicht mehr traut, wie beim letzten Mal mit ihr umzugehen.

Eine Dame ist für die Überprüfung der Arbeitssicherheit zuständig. Das fängt beim Notlicht an und geht bis zur psychischen Gesundheit am Arbeitsplatz. Ihre Aufgabe beinhaltet das Evaluieren der Ergebnisse und infolge die Zurechtweisung der betreffenden Abteilungs- oder Firmenchefs samt Auflage, was sie wie zu verändern haben. Es liegt in der Natur der Sache, dass sie sich angewöhnt hat, streng zu klingen, was wiederum dazu geführt hat, dass sie in ihrem Betrieb relativ unbeliebt ist. Sie findet das richtiggehend unfair, da sie aus ihrer Perspektive bloß den Entscheidungsträgern hilft, deren

Auflagen zu erfüllen. Würde das jemand von außen machen, könnte das immerhin noch wesentlich unangenehmer ausfallen. Ihr hartes Sprachbild und ihre kurze Angebundenheit werden als Überheblichkeit interpretiert. Ihre neue innere Dramaturgie als die wohlwollende Gastgeberin, die ein Fest organisiert hat und sich um das Wohl ihrer Gäste kümmert, dafür sorgt, dass sie alles haben und nicht über den Teppich stürzen und es ihnen an nichts mangelt, schafft Abhilfe: Das Ergebnis ist eine sanftere Stimme und eine harmonischere Ausdrucksweise.

Bei all diesen Übungen geht es nicht darum, dass Sie bewusst versuchen, Ihre Stimme oder Sprechweise zu verändern, sondern lediglich um Ihre innere Einstellung, um die Vorstellung, in eine bestimmte Rolle zu schlüpfen. Konzentrieren Sie sich nicht darauf, wie Sie klingen wollen, sondern lediglich darauf, wer Sie in der jeweiligen Situation sein wollen!

Übungen, um neue Stimmstrategien zu erfahren

Zur Erklärung, bevor Sie beginnen: Die innere Statushaltung wirkt sich eins zu eins auf das Kommunikationsverhalten aus – unter anderem auf die Körperspannung, die Atmung, die Kehlkopfstellung und damit auf den Klang der Stimme. Mit diesen Statusübungen lernen Sie, Ihre innere Haltung gezielt zu ändern, also einen starken Hochstatus zu erlangen. Der daraus resultierende Effekt wird sein, dass Ihr Kommunikationsverhalten mitzieht und Sie dadurch mit festerer, lauterer und tieferer Stimme sprechen können. Schauspieler denken während des Spielens nicht ständig darüber nach, wie sie sprechen, klingen, wirken – sie arbeiten lediglich mit der Veränderung der inneren Haltung und der Rest zieht automatisch mit. Der Status wird im Schauspiel häufig thematisiert und eingesetzt. In Komödien finden wir es witzig, wenn der Status vertauscht wird, wenn etwa ein Diener, der gerade die Schuhe seines Herrn putzt, mit diesem aus dem absoluten Hochstatus heraus spricht.

Das gesellschaftlich erwünschte Statusspiel zwischen den Geschlechtern: Ein Mann und eine Frau befinden sich in einer Dating-Situation. Der Mann möchte der Frau ein Kompliment machen und geht dafür in den Hochstatus. Das sieht meistens so aus, dass er sich umsetzt, sich großmacht und sagt: »Es ist ein Wahnsinn, wie fesch du in diesem Kleid bist!« Und die Frau antwortet vom Tiefstatus aus, indem sie sich kleinmacht, mit den Haaren spielt oder sich durch das Gesicht fährt, um etwas in der Art zu sagen wie: »Aber geh, das Kleid hab ich doch schon lang – und momentan bin ich eigentlich auch ein bisserl zu dick dafür!«

Die alltägliche Restaurantsituation: Zwei Personen sitzen im Restaurant und es geht hin und her, weil beide im Tiefstatus sind: »Welchen Wein wollen wir denn bestellen?« – »Mir ist es egal, darfst gern du entscheiden!« – »Nein, entscheide gern du!« So wird klar, dass einer in den Hochstatus wechseln muss, damit eine Entscheidung getroffen werden kann.

Match mit einem überheblichen Kellner: Manche Kellner haben einen unglaublichen Hochstatus inne, sodass man als Gast beinahe das Gefühl hat, sich entschuldigen zu müssen, weil man etwas bestellen möchte. Die Übung besteht darin, einen solchen Kellner in den Tiefstatus zu bringen, indem man selbst im Hochstatus mit ihm spricht. Anstatt »Entschuldigen Sie, dürfte ich bitte etwas bestellen« zu sagen, übt man Folgendes: »Herr Ober, ich hätte gern einen Milchkaffee und eine Sachertorte, und bitte möglichst schnell, da ich einen Termin habe, den ich pünktlich wahrnehmen möchte!«

Ein Nachmittag voller Stimmstrategien: Gönnen Sie sich einen Nachmittag in der Stadt (oder bei Schlechtwetter in einem Einkaufszentrum) und nehmen Sie sich vor, jedes Mal, wenn Sie mit jemandem reden, so zu sprechen, wie Sie es sonst nie tun: beim ersten Mal so, als wären Sie eine steinreiche Erbin, beim zweiten Mal wie jemand aus dem Proletariat, als Nächstes wie eine Universitätsprofessorin und dann wie eine überaus schüchterne Frau, gefolgt von einer Sprechweise, die jemand an den Tag legen würde, der landesweit der einzige Spezialist auf einem bestimmten Fachgebiet ist. Dadurch werden Sie recht unterschiedliche Reaktionen erleben und das erweitert augenblicklich den eigenen Horizont, was das Sprechverhalten und die Stimmlage betrifft.

Sie werden durch diese Übungen feststellen, wie unterschiedlich Sie sich fühlen können, und auch, wie sich die Menschen in Ihrem Umfeld fühlen. Wenn Sie etwa für Ihre Einschätzung beinahe übertrieben den Hochstatus ausleben, streng und dominant wirken wollen und viel Raum einnehmen, werden Sie beobachten können, wie Ihr Gegenüber irgendwie kleiner und seine Stimme sich nach einer gewissen Zeit dünner und höher anhören wird. Umgekehrt werden Sie sich unbedeutend bis unterdrückt fühlen, wenn Sie jemandem den Hochstatus kampflos überlassen und freiwillig in einen extremen Tiefstatus gehen. Sobald Sie den Unterschied dieser beiden Extreme am eigenen Leib erfahren haben, wird das Ihre Möglichkeiten für immer verändern!

3. Das Verhalten: »Show me, Baby!«

Es gibt Frauen, die eine gute Stimme in mittlerer Tonlage haben – bis ein Mann den Raum betritt. Kennen Sie solche »erwachsenen Mädchen«? Sie merken es gar nicht, wollen auch gar nicht so klingen, aber ihre Stimme geht eine gefühlte Oktave nach oben und sie beginnen, schier zwitschernd zu flöten, wenn ein Vertreter des starken Geschlechts anwesend ist, sodass man sie kaum wiedererkennt. Woran liegt das? Kommunikation ist eine Form des Verhaltens. Der Einsatz von Sprache und Stimme zählt demnach ebenfalls dazu. Je nach Erziehung, Sozialisierung, Charakter und Lebensumständen haben wir es uns angewöhnt, so zu kommunizieren, wie wir am einfachsten und mit geringstmöglichem Aufwand vorwärtskommen und den geringsten Widerstand von unserem Umfeld erhalten. Als kleine Mädchen haben die vorhin beschriebenen Frauentypen von Papa, Opa und Onkel alles bekommen, was sie sich gewünscht haben, wenn sie sich besonders lieblich verhielten – und zum Augenaufschlag und dem süßen Lächeln gehörte damals das ebenso zielführende hohe Stimmchen. Bei Strategien wie dieser handelt es sich um Verhaltensmuster, die überhaupt nicht mehr zur aktuellen Lebenssituation passen, wie wir bereits erörtert haben.

Ein Verhaltensmuster zu ändern, ist gar nicht so einfach. Es reicht nicht, zu wissen, dass man beim Sprechen mehr Raum einnehmen sollte, die Stimme tiefer und voller einsetzen könnte oder den Mund beim Sprechen mehr bewegen müsste, um so zu klingen, wie es den eigenen Vorstellungen entsprechen würde. Sobald wir uns nicht darauf konzentrieren, werden wir nämlich kurzerhand wieder so sprechen wie all die Jahre zuvor. Denn bei der Fähigkeit und dem Wissen allein handelt es sich um die »bewusste Kompetenz«. Solange wir aus dieser bewussten Kompetenz heraus sprechen, verlieren wir leider auch an Authentizität, weil wir uns quasi verstellen, um anders zu klingen. Das neue Verhalten muss deshalb zur unbewussten Kompetenz werden, und das funktioniert nur durch die Kombination aus Wissen, Sprechtechnik und Verhaltenstraining. Die Kompetenzstufenentwicklung – ein Modell aus der Entwicklungspsychologie –, das die Entwicklung vom inkompetenten zum kompetenten Individuum beschreibt, wird häufig Abraham Maslow zugeschrieben, wurde allerdings in den Siebzigerjahren von Noël Burch, einem Mitarbeiter von Gordon Training International, einem Bildungsunternehmen in Kalifornien, entwickelt. Diese Methode kommt leicht abgewandelt ebenfalls zum Einsatz, wenn es darum geht, Ihnen hier und jetzt das wichtige Rüstzeug für Ihre stimmliche Metamorphose mitzugeben:

- *Bewusste Kompetenz* bedeutet: Jemand versteht oder weiß, wie er die Dinge anpacken muss, um ein Ziel zu erreichen. Trotzdem erfordert es eine hohe Konzentration und Bewusstheit, das Können und Wissen zu zeigen. Der Anwender muss ein komplexes Vorgehen in Teilschritte zerlegen, um es bewusst ausführen zu können. Personen mit bewusster Kompetenz können ihr Vorgehen analysieren. Wenn wir etwa als Fahrschüler beginnen, das Autofahren zu erlernen, stellen wir uns zunächst noch ein wenig ungeschickt an, sind womöglich damit überfordert, an so viele Dinge gleichzeitig denken zu müssen. Nach einer Weile sind wir fähig, einen Wagen sicher zu lenken, aber wir müssen uns noch gut auf alles konzentrieren, was hierfür notwendig ist. Zu lenken, Gas- und Bremspedal im richtigen Moment zu treten, die Kupplung zu aktivieren, wenn das nötig ist und den Gang einzulegen – all das sind einzeln betrachtet Kleinigkeiten, die sich zu einem Ganzen fügen.

- *Unbewusste Kompetenz* bedeutet: Ein Individuum hat so viel praktische Erfahrung mit seinen Fähigkeiten, dass es sie gänzlich verinnerlicht hat und sie jederzeit abgerufen werden können, ohne höhere Konzentration in Anspruch nehmen zu müssen. Eine solche Person kann ihre Fähigkeiten, da sie sich ihrer nicht bewusst ist, nicht problemlos weitervermitteln. Mit unbewusster Kompetenz handeln Menschen zwar intuitiv richtig, können ihr Handeln aber nicht mehr analysieren. Auch hierfür ist das Autofahren ein wunderbares Beispiel, denn es gehört in dem Moment zu den unbewussten Kompetenzen, in dem wir keine Anfänger mehr sind und deshalb nebenbei Radio hören, uns unterhalten oder die vorbeiziehende Landschaft genießen können. Was unsere Füße und die Hand, mit der wir schalten, machen, ist dann automatisiert. Wenn uns jemand dazu auffordert, zu beschreiben, welchen Fuß wir wann auf welches Pedal stellen, haben wir schon nach einigen Monaten des regelmäßigen Autofahrens oft Schwierigkeiten, das konkret zu erklären – weil wir es inzwischen so unbewusst machen, dass wir schon beinahe vergessen haben, wie es theoretisch geht, während wir praktisch kompetent darin geworden sind.

Grundsätzlich kann man sagen, dass es nichts bringt, nur an den Fähigkeiten zu arbeiten, wenn man im Alltag nicht entsprechend handeln kann. Es ist so ähnlich wie in Bezug auf unser Essverhalten: Wir wissen genau, dass Hausmannskost dick und müde macht, weil wir heutzutage beinahe überinformiert sind, was derlei Wissen betrifft. Trotzdem greifen wir beim Einkaufen zu jenen Lebensmitteln, die wir schon kennen – und es landet wieder Hausmannskost auf dem Tisch oder Schokolade in unserem Mund. Der Grund auch hier: Das Wissen allein hilft nicht – wir müssen unser Essverhalten grundlegend ändern. Wer keine Probleme mit dem Gewicht oder Essverhalten hat, der kennt Ähnliches vielleicht vom Rauchen oder Sporteln.

Was hilft also? Ersatzhandlungen, neue Gewohnheiten aufbauen: Auch bei der Rauchentwöhnung sollte man ein Glas Wasser trinken oder einen Kaugummi kauen anstatt wie bisher zur Zigarette zu greifen. Ähnlich sollte es ablaufen, wenn Sie Ihr Sprechverhalten ändern möchten: Wenn Sie jedes Mal, wenn Sie ein Geschäft betreten, mit zunächst noch bewusst tieferer Stimme und deutlich lauter als bisher »Guten Tag« oder »Grüß Gott« sagen und das so lange machen, bis es völlig normal für Sie geworden ist, wird die bewusste Kompetenz in dieser Situation nach etwa zehn bis zwölf Wochen zur bewussten Kompetenz geworden sein. Und das machen Sie am besten mit allen Fähigkeiten, die Ihre Stimm- und Sprechkompetenz betreffen!

Wenn Sie sich entschieden haben, Ihr Sprechverhalten dauerhaft zu verändern, dann gilt es, mehrere Ebenen zu berücksichtigen, die auf den neurologischen Ebenen des in den USA und darüber hinaus bekannten NLP-Trainers Robert Dilts gründen und die wir Ihnen hier vereinfacht und mit anderen Methoden kombiniert vorstellen möchten:

- *Werte & Glaubenssätze:* Hier geht es darum, sich bewusst zu machen, dass eine Veränderung und Verbesserung möglich ist. Da Sie sich für dieses Buch entschieden haben (egal ob Sie es selbst gekauft oder geschenkt bekommen haben – Sie lesen es immerhin zum jetzigen Zeitpunkt), dürften Sie davon bereits überzeugt sein, was eine wunderbare Voraussetzung für die stimmliche und sprecherische Entwicklung ist, die Sie angehen wollen.

- *Ideale:* Hierbei sind Vorbilder und Idole gefragt: Wie glauben Sie, sollte ein guter Redner klingen, wohin soll die Stimmreise gehen, was möchten Sie für sich erreichen? Das sind Fragen, deren Antworten Sie sich überlegen sollten.
- *Fähigkeiten:* Denken Sie daran, dass Sie die Fähigkeit besitzen, Ihre Stimme lauter, bewusster, tiefer und voller einzusetzen – damit Sie brüllen können wie ein Löwe!

Theoretisch wissen Sie nun schon so viel über Stimme und Sprechen, dass Sie sich ja nur umstellen und Ihre Stimme so zum Einsatz bringen müssten, wie Sie inzwischen verstehen, dass sie klingen sollte, damit Ihr Umfeld Sie als kompetenter, durchsetzungsstärker, selbstbewusster, taffer und professioneller wahrnimmt. Doch ganz so einfach ist es nicht, denn zwischen die Fähigkeit und das Verhalten hat sich noch jemand eingeschlichen: alte Muster.

- *Alte Muster:* Alte Muster fungieren wie eine Grenze, die verhindert, dass Sie sich Ihren Fähigkeiten entsprechend verhalten. Weil die bewusste Kompetenz noch nicht zu einer unbewussten Kompetenz geworden, also noch keine Gewohnheit daraus entstanden ist. Darum werden Sie sich zunächst noch konzentrieren müssen, wenn Sie anders klingen wollen, und womöglich das Gefühl haben, sich verstellen zu müssen, um tiefer und lauter sprechen zu können.
- *Verhalten:* Nach einer Zeit des regelmäßigen Anwendens – zehn bis zwölf Wochen sollten Sie dieses Verhaltenstraining allerdings mindestens durchziehen – und Übens werden Sie dennoch gelernt haben, sich automatisiert Ihren Fähigkeiten entsprechend verhalten zu können.
- *Umfeld:* Und dann werden Sie hautnah erfahren, wie sich Ihr Umfeld anders gestaltet – je nachdem, wie Sie

sich verhalten, verhält es sich nämlich ebenfalls unterschiedlich.

Das Wichtigste auf diesem Weg zur Veränderung – wir können es nicht oft genug betonen – ist, regelmäßig zu üben, damit es zu einer Gewohnheit wird und eines Tages völlig normal für Sie ist, wie Sie mit Ihrer wahren Stimme klingen!

Suchen Sie sich deshalb am besten wiederkehrende Alltagssituationen, in denen Sie zunächst bewusst so sprechen, wie Sie es in Zukunft immer tun wollen: Versuchen Sie etwa, jedes Mal, wenn Sie mit einem Dienstleister sprechen – sei es mit der Friseurin, dem Verkäufer oder der Zahnärztin –, mit einer tieferen Stimme als Sie es gewohnt sind, zu sprechen oder bewusst in den Hochstatus zu wechseln. Nehmen Sie sich zudem täglich ein Zeitfenster von einer Stunde, innerhalb dessen Sie umsetzen, was Sie geübt haben!

Lassen Sie einen Brüller los – auf in ein neues Stimmleben!

Sie wissen nun Bescheid, wie verräterisch Unsicherheit, Ärger, Nervosität oder Unzufriedenheit sein können, weil die Stimme jede Gefühlsregung ungefiltert nach außen transportiert, wenn man keinen bewussten Umgang mit ihr pflegt. Sie haben erfahren, was die meisten Menschen als angenehm und gewinnend empfinden, wenn es um das Zuhören geht. Und Sie haben eine Anleitung in die Hand bekommen, wie Sie Ihre echte Stimmlage finden können. Außerdem ist Ihnen an diesem Punkt nun klar, dass die körperlichen Fähigkeiten so gut wie immer gegeben sind, um das eigene angestrebte Stimmideal zu erreichen – und dass es im anderen Fall Spezialisten gibt, die sich des Problems annehmen.

Wenn Sie sich ab sofort entsprechend verhalten, werden Sie auf Ihr Umfeld schon bald sympathischer, kompetenter und durchsetzungsstärker wirken. Gut, zwischen den Fähigkeiten und dem konkreten Verhalten liegen veraltete Muster und Strategien, die auf Ihren früheren Erfahrungen aufbauen – auch das haben wir besprochen. Sie wissen aber auch: Diese Barriere können Sie loswerden, indem Sie ein neues Verhalten trainieren. Ein erster Schritt ist die Bewusstmachung, was Sie eigentlich tun. Dieses Buch sollte Sie bei dieser Bewusstwerdung bestmöglich unterstützt haben – zudem haben Sie nun einen Pool an Wissen, der Ihnen dafür zur Verfügung steht. Weiter geht es jetzt somit mit dem Tun an sich. Darum spinnen Sie am besten ein Netz aus Alltagsgelegenheiten: Jedes Mal, wenn Sie telefonieren, könnten Sie bewusst in Ihrer Indifferenzlage reden. Jedes Mal, wenn Sie sich mit einer bestimmten Person unterhalten, könnten Sie den Mund weiter öffnen als gewohnt. Jedes Mal, wenn Sie zu einem Dienstleister sprechen, könnten Sie das aus dem ungewohnten Hochstatus heraus tun. Nach zehn bis zwölf Wochen disziplinierten und regelmäßigen Übens wird sich die Veränderung Ihrer Stimme und mit ihr die Ihres Verhaltens abzeichnen!

Ach ja: Vergessen Sie bei all dem nicht, Spaß daran zu haben, Ihre Stimme neu zu erleben, die Reaktionen auf Ihr neues Auftreten zu genießen und es mit der Leichtigkeit eines Kindes anzugehen, wenn Sie die Artikulationsübungen machen, die Ihnen wahrscheinlich zu Beginn ein Gefühl bescheren werden, durch das Sie sich ein bisschen seltsam bis peinlich berührt vorkommen. Ihre Stimme ist Teil Ihrer Persönlichkeit, sie ist Ausdruck Ihrer Empfindungen und sie drückt Ihre Gedanken aus. Darum hat sie es verdient, ja darum haben *Sie* es verdient, das Beste aus ihr herauszuholen, um keine Schwierigkeiten mehr damit zu haben, gut zu brüllen, wenn es darum geht, gewinnen zu wollen!

Viel Experimentierfreude wünschen Ihnen

Pamela Obermaier & Petra Falk

Dankbar gebrüllte Worte zum Schluss

Wir möchten uns an dieser Stelle bei unseren vielen Gesprächspartnern für dieses Buch bedanken, und zwar in alphabetischer Reihenfolge: Mag. Lara Adaibat, Lisa Maria Babinetz, BSc, Dominik Borde, Dr. Elia Bragagna, Frank Hoffmann, Mag. Barbara Kaudelka, Dr. Hermann Josef Künzel, Katharina Lennartz, Manuela Lindlbauer, MBA, Chris Lohner, Walter Müller, Christian Nehiba, Karin Pallinger, Eric Papilaya, Dr. Isabel Pirsic, Katrin Prähauser, Jessica Schwarz, Mag. Johanna Setzer, Raphael Spitzer, Patricia Staniek, Dr. Marcus Täuber, Mag. Christine Walther und Georg Wawschinek. Ohne Ihre/Eure Expertise, Ihre/Eure Erfahrung und Ihre/Eure Offenheit wäre dieses Buch um viele spannende Momente ärmer. Vielen Dank für all die packenden, persönlichen und interessanten Einblicke!

Ich, Pamela Obermaier, möchte mich zusätzlich bei ein paar für mich ganz besonderen Menschen bedanken, die wichtig für mich und meinen Zugang zu Stimmen waren. Die erste der eindringlichsten Stimmen, an die ich mich erinnern kann, gehörte *Hans Paetsch.* In den Achtzigerjahren, als ich ihm voller Bewunderung lauschte, wenn er auf meinen Lieblingskassetten »Erzähl mir was« Märchen und Geschichten für Kinder vortrug, wusste ich freilich nicht, um wessen tiefe, sonore, beruhigende Stimme es sich handelte. Viel später fand ich heraus, dass meine Lieblingserzählerstimme einem bekannten deutschen Schauspieler und Synchronsprecher gehörte. Inzwischen weilt der 2002 verstorbene Hörspielsprecher leider nicht mehr unter uns Lebenden, aber seine Stimme wird mir immer im Gedächtnis bleiben.

Ein großes Dankeschön geht an meine Gesangslehrerinnen *Claudia Löscher* und *Elisabeth Kainz*. Erstere hat mir meine Schulzeit versüßt, weil der Unterricht in Vokalmusik mir körperlich wie seelisch entspannende und glücksbringende Stunden bereitet hat. Dass sie mich nicht ausgelacht hat, als ich ihr bei der Aufnahmeprüfung emotionsgeladen »Spending my time« von Roxette vorgesungen habe, wo sie vermutlich ein klassisches Stück erwartet hätte, rechne ich ihr hoch an! Und Zweitere hat mich auf unvergesslich freundschaftliche und humorvolle Art und Weise durch die weitere Ausbildung meiner Stimme im Erwachsenenalter geführt. Ein weiteres »Danke!« geht in eine andere als unsere Welt: an die viel zu jung verstorbene *Edith Hagg*, die als damalige Chefredakteurin des ORF-Landesstudios Salzburg an mich, meine Stimme und mein Moderationstalent geglaubt und mir deshalb auch ohne Vorkenntnisse und bereits vorhandene Sprecher- und Moderationserfahrung – und der einen oder anderen Gegenstimme zum Trotz – jene Stelle beim Radio gegeben hat, die ich rückblickend als Startschuss für diesen Zweig meiner Karriere verstehe. Danke auch an den damaligen Programmchef des Hauses, *Peter Dollack*, der sich mir gegenüber wie ein wohlwollender Mentor verhalten und abseits der Arbeitszeiten mit mir Sendungen aufgezeichnet hat. Weiters bedanke ich mich an dieser Stelle beim Schauspieler *Werner Friedl* und bei der Sprecherin und Moderatorin *Brigitte Trnka*, die meine wichtigsten Sprechtrainer waren – die Zweitgenannte hat mich auf wunderbar überraschende Weise ins kalte Wasser geworfen, was dem ersten On-Air-Gehen den Schrecken genommen hat. Außerdem gilt mein Dank meiner Moderationsausbildnerin *Ursula Güntner*, die mich in ihrem Unterricht genau da abgeholt hat, wo ich war und mir meine Eigenheiten niemals zugunsten einer Norm abdrehen wollte – und die mir inzwischen sogar eine Freundin geworden ist. Und last but not least: »Gut gebrüllt und schon gewonnen« wäre nicht ohne meine Co-Autorin *Petra Falk* entstanden, deren Erfahrungsschatz aus dem Stimm- und Sprechtraining samt ihres eigens entwickelten Trainingsprogramms diesem Buch eine besondere Note in Bezug auf den Lesernutzen gegeben hat. Und ohne *Verena Minoggio-Weixlbaumer* und *Mag. Elmar Weixlbaumer* und das ganze Team von Goldegg – allen voran *Mag. Maria Schlager-Krüger*, *Mag. Anna Sulik* und *Adrian Minoggio* – gäbe es dieses mein viertes Buch ebenfalls nicht. Danke für die stets spannende, kreative und konstruktive Zusammenarbeit!

Ich danke Ihnen und Euch allen für die Inspiration, die Wegbegleitung und unvergessliche Momente rund um das besondere Thema, das diesem Buch zugrunde liegt!

Und ich, Petra Falk, bedanke mich an erster Stelle bei all jenen, die mir Einblick in Ihr Stimmleben gewährt und damit ermöglicht haben, dieses überaus wertvolle Instrument zu erforschen. Nur so war es möglich, zu erkennen, dass Stimme mehr ist, als wir im Allgemeinen lernen. Es braucht viel Vertrauen, um sich einer Trainerin stimmlich anzuvertrauen, denn man muss sich öffnen, sein Innerstes nach außen kehren. Jeder einzelne Mensch, der bei mir im Training war, hat zu meiner beruflichen Weiterentwicklung beigetragen, deshalb liegt an dieser Stelle mein ganz besonderes Augenmerk auf diesen Menschen.

Ein großes Dankeschön auch an meine Lehrer *Uwe Hackbarth* und *Eggolf von Lerchenfeld* in München. Dank der tollen Ausbildung bei Ihnen habe ich ruckzuck meinen ersten Radiojob bei Welle 1 in Salzburg gehabt und durfte von dort weg durchstarten. Auch *Ulrike Buch Quante* von Voice Power hat mir wichtige Impulse gegeben und mir das Stimmhauskonzept nähergebracht. Erst durch sie bin ich auf die Idee gekommen, dass Stimme mehr ist als ein bloßes Instrument.

Aber auch meine Vorbilder, die ich zum Teil persönlich kennenlernen durfte, haben maßgeblich dazu beigetragen, dass ich diesen wunderbaren Beruf ergriffen habe und damit bis heute erfolgreich bin. Da war zum Beispiel *Frank Hoffmann*, der mich mit seiner Stimme schon als Jugendliche verzaubert hat und später ein unglaublich toller Kollege und Ratgeber war. Oder *Ingrid Amon*, bei der ich mich bedanken möchte, dass Sie das Thema »Stimme« vor vielen Jahren ins Rampenlicht gerückt hat und nicht müde wird, auf die enorme Bedeutung der Stimme aufmerksam zu machen.

Es hat noch viele andere wichtige Wegbegleiter gegeben. Ich erinnere mich gut, wie ich wochenlang mit Kollegen auf den Sendestart von Kronehit hingearbeitet habe. Stunden um Stunden haben wir gemeinsam daran gearbeitet, den zum damaligen Format passenden Ton zu finden und auf Knopfdruck abrufen zu können. Von dieser Zeit zehre ich noch heute. Da waren tolle Menschen wie *Martin Ganster*, *Susanne Plattner*, *Peter Leinfellner*, *Mischa Kronenfels*, *Larissa Fischer* und viele andere. Vielen Dank an *Claus Hörr*, der als mein damaliger Chef ein Mentor war, wie man ihn selten erlebt.

Nicht möglich gewesen wäre die Entstehung dieses wunderbaren Buches ohne meine Co-Autorin *Pamela Obermaier*. Durch ihre schriftstellerische Erfahrung und ihr brillantes Gespür für Themen und Menschen war es möglich, das Thema »Sprache und Stimme« von einer Seite zu beleuchten, wie es zuvor noch nie der Fall war.

Herzlichen Dank und stimmige Grüße!

Quellenverzeichnis

Basler-Eberle, Vera: Sprechtechnisches Übungsbuch. Ein Unterrichtsbehelf aus der Praxis für die Praxis. Wien: ÖBV Pädagogischer Verlag 1994.

Gutknecht, Christoph: Codewort Schibboleth. Wenn falsche Betonung das Leben kostet. In: Jüdische Allgemeine, 7. 7. 2011.

Jelinek, Gerhard: Reden, die die Welt veränderten. Salzburg: Ecowin 2009.

Obermaier, Pamela: Walter Müller. Eine Monografie. Diplomarbeit zur Erlangung des Magistergrades am Institut für Germanistik an der Paris-Lodron-Universität Salzburg 2000.

Obermaier, Pamela/Täuber, Marcus: Gewinner grübeln nicht. Richtiges Denken als Schlüssel zum Erfolg. Wien: Goldegg-Verlag 2016.

Plöchl, Friederike: Momentaufnahme mit Chris Lohner. In: Moments. Das Magazin für die schönsten Augenblicke. Linz: 10/2016, S. 114–116.

Rellstab, Felix: Sprechtechnik-Übungen. Wädenswil: Verlag Stutz Wädenswil 1991.

Trommer, Jochen: Anatomische Grundlagen der Sprach-Produktion und –Per-zeption (sic!). Universität Leipzig 2007.

Wachtel, Stefan: Schreiben fürs Hören. Trainingstexte, Regeln und Methoden. Konstanz: UVK-Verlagsgesellschaft 2013.

Wawschinek, Georg: Charisma fällt nicht vom Himmel. Wie Sie mit Coretelling andere für sich begeistern. Wien: Goldegg-Verlag 2015.

https://de.statista.com/statistik/daten/studie/258499/umfrage/die-haeufigsten-aengste-der-menschen/

http://www.dw.com/de/beim-reden-nicht-zu-laut-sprechen/a-15511938

http://www.filmfutter.com/escape-plan-danneberg-sauer-ueber-synchron-desaster/

http://home.edo.tu-dortmund.de/hoffmann/ABC/Schibboleth.html

http://klock.comsult.at/files/Redeangst_2016.pdf
http://www.kulturinstitut.org/fileadmin/user_upload/SPRACHSTELLE/Nachlese/Interview_Cordula_Nitsch.pdf
http://www.textlog.de/37852.html
https://www.welt.de/print/die_welt/politik/article106497887/Wie-elf-Worte-die-Welt-veraendert-haben.html
https://www.50plus-treff.at/forum/wienerisch-dialekte-und-ausdruecke-aus-%C3%96sterreich-t15410.html

Anmerkungen

1. Ein Oszillogramm ist der Verlauf der Luftdruckschwankungen (senkrechte Achse) als Funktion der Zeit (waagrechte Achse).
2. Dieses psychische Krankheitsbild wird heutzutage in Fachkreisen »bipolare affektive Störung« oder kurz »BAS« genannt.
3. RAF als Abkürzung steht für eine linksextremistische terroristische Vereinigung in der Bundesrepublik Deutschland, die sich selbst »Rote Armee Fraktion« nannte und für dreiunddreißig Morde an Führungskräften aus Politik und Wirtschaft verantwortlich war.
4. Vgl. Trommer, Jochen: Anatomische Grundlagen der Sprach-Produktion und -Perzeption (sic!). Universität Leipzig: 2007.
5. Ein Alveolar wird am oberen Zahndamm, also dem Wulst hinter den oberen Schneidezähnen, gebildet.
6. Der Ausdruck »pacen« kommt aus dem NLP, wo Pacing eine Methode ist, um eine erfolgreiche Gesprächsbasis zu schaffen. »Pacing« meint dabei, den anderen in positiver und sensibler Weise nachzuahmen und sich so auf seine Welt einzulassen.
7. Siehe Reilstab, Felix: Sprechtechnik-Übungen. 1991.
8. Siehe ebd.!
9. Siehe ebd.!

Wer's glaubt
Widersprüche und Kurioses rund um Kirche und Religionen
GOLDEGG
Elmar Weixlbaumer